# 한국어 교사를 위한 속담·관용어가 있는 문화교육 활용서

**한국어 교사**를 위한
**속담·관용어**가 있는 **문화교육** 활용서

**초판 1쇄 인쇄** 2019년 5월 22일
**초판 1쇄 발행** 2019년 5월 28일

**지 은 이** 김주희 외(국제한국어교육자협회)
**펴 낸 이** 박찬익
**편 집 장** 황인옥
**책임편집** 유동근

**펴 낸 곳** (주)**박이정**
**주 소** 서울시 동대문구 천호대로 16가길 4
**전 화** (02)922-1192~3
**팩 스** (02)928-4683
**홈페이지** www.pjbook.com
**이 메 일** pijbook@naver.com
**등 록** 2014년 8월 22일 제305-2014-000028호

**I S B N** 979-11-5848-440-8 (93710)

* 책값은 뒤표지에 있습니다

# 한국어 교사를 위한 속담·관용어가 있는 문화교육 활용서

국제한국어교육자협회 지음

(주)박이정

# 머리말

국제한국어교육자협회에서 준비한 교사 재교육 프로그램 '나도람, 한국어선생'이 서울시 평생교육 프로그램에 선정되어 5개월 동안 진행되었습니다. 많은 한국어 선생님들이 오셔서 한국어를 가르치기 위한 다양한 정보를 얻고 수업 기술을 익히면서 한국어 교육 전문가로서 도약할 수 있었습니다. 이 교재는 프로그램이 진행되는 동안 논의했던 문화 교재에 대한 열정의 결실입니다. 한국어를 가르치면서 필요했던 교재를 우리 손으로 만들어 보자는 의지의 표현이며 더 잘 가르치고 싶다는 소망의 결정체입니다.

나누고 도와주는 사람의 의미인 '나도람'처럼 한국어 교사는 외국어로서 한국어를 배우는 학습자들이 원활하게 의사소통을 할 수 있도록 적극적으로 지원합니다. 학습자가 중급 이상이 되었을 때 양적으로나 질적으로나 향상된 언어 능력을 요구 받게 된다는 사실에 주목하여 한국어 속담과 관용어를 가르치는 것이 효과적이라는 현장의 경험을 바탕으로 교재의 틀을 잡았습니다. 한국어를 배울 때 속담이나 관용어는 한 나라의 역사적인 배경이나 문화적 배경을 담고 있어서 한국 사람들은 무의식적으로 사용하지만 외국인 학습자의 경우는 배우지 않으면 이해하기 힘듭니다. 외국인 학습자가 한국어의 많은 어휘를 알고 있더라도 속담이나 관용어의 속뜻의 알지 못하면 의사소통에 장애가 생길 뿐만 아니라 실패할 가능성이 높습니다. 속담과 관용어를 배우고 나서 원활하게 사용할 수 있도록 활동지를 구성하고 다양한 현장을 체험하면서 표현과 이해 활동을 높이도록 했습니다. 이를 바탕으로 문화 비교를 통해 문화의 다양성을 인정하는 학습자가 되도록 한국 문화와 자국 문화, 더 나아가 세계 문화를 상호 문화적 관점에서 학습할 수 있는 항목을 선정하여 지도할 수 있도록 구성했습니다.

이 교재에는 영하 10도가 넘게 내려간 날에 국립한글박물관에 가서 해설사의 해설을 녹음하고 전사하는 열정이 있습니다. 미혼이신 선생님이 한국의 전통 혼례복 체험을 하면서 느꼈던 즐거움이 담겨 있고 통일전망대에 가서 통일에 대한 염원을 활동지에 빼곡히 적은 노력이 있습니다. 그리고 동영상 강의를 찍으면서 더 잘 할 수 있다고 몇 날을 다시 찍으신 선생님의 땀이 담겨있습니다.

이 교재가 한국은 물론 한국어를 가르치는 세계 여러 곳에서 잘 사용되기를 바랍니다. 교사는 훌륭한 교재를 통해 훌륭한 교사가 된다고 합니다. 좋은 교재를 더 잘 만들어 교사에 도움이 되고 학습자에게 동기를 부여하는 더욱 발전하는 국제한국어교육자협회가 되겠습니다. 10개월 동안 함께 교재를 만든 선생님들께 감사를 드리며 출간을 허락해 주신 (주)박이정출판사에 감사를 드립니다.

2019. 5

저자 일동

# 소개

## 국제한국어교육자협회 소개

이 책의 출간에 도움을 준 국제한국어교육자협회는 2011년 4월에 창립한 한국어 교사를 위한 단체입니다. 현재 서울시 비영리민간단체에 소속되어 있으며, 한국어 교육으로 봉사를 신청해 봉사를 할 수 있는 봉사 수급 단체로 등록되어 있습니다. 2011년 창설 이래 현직의 한국어 교사는 물론 한국어 교사를 희망하는 이들을 대상으로 특강 및 워크숍, 교재 편찬, 연구 모임이 이루어졌으며, 현재는 한국뿐만 아니라 일본이나 중국, 태국, 미국 등 다양한 국가의 한국어교사들과 함께 한국어교육의 미래와 새로운 도약을 위해 힘써 준비하고 있습니다. 또한 한국어 교사의 정보 교류와 친목을 위해 만들어진 '국제한국어교육자협회' 네이버 카페는 네이버 상위 1%의 대표 카페로 자리매김했으며, 한국어교사와 한국어교육을 사랑하는 이들의 보금자리가 되고 있습니다. 앞으로도 우리 협회는 한국어를 사랑하고 한국어교육을 위해 큰 뜻을 펼치는 모든 이들을 위해 앞장서서 준비하고, 계획할 것입니다.

## 국제한국어교육자협회 로고 소개

'ㄱ'과 'ㄴ'의 조화를 바탕으로 한국어를 아끼고 사용하는 교육자들의 열정과 마음을 새싹이 피어나는 모습으로 만들어 보았습니다. 올바른 한국어 교육의 미래와 희망을 키워가는 협회의 취지와 목표를 담고 있습니다.

## 국제한국어교육자협회의 주요 사업 소개

### 협회의 주요 목표와 방향

협회는 질적으로 우수한 한국어 교사의 재교육을 위한 '연구' 모임을 주목적으로, 국내외 한국어 교사를 위한 '지원' 활동, 한국어 교사의 자발적인 참여를 통한 '봉사', 끊임없는 자기 계발과 미래의 가치 창조를 위한 정보의 '나눔'을 목표로 쉼 없이 달려가고 있습니다. 국제한국어교육자협회에서 편찬된 교재는 협회 소속 교사들이 주축이 돼서 편찬하고 있으며, 출간된 교재의 인세 일부는 협회의 나눔 활동 및 장학 활동을 위해 저자들이 발전 기금으로 기부하고 있습니다.

### 주요 활동 소개

| | |
|---|---|
| **교재 출판 모임 지원** | 한국어 교사들의 현장에서의 경험과 지혜를 살릴 수 있는 교재 출판 지원 |
| **정기 특강** | 자칫 정체될 수 있는 한국어 교사의 질적인 성장을 위해 매년 두 차례 이상 각 분야의 전문가를 초청한 특강 실시 |
| **연구 모임 지원** | 자발적으로 문형과 교안을 연구하거나 논문을 준비하는 교사들을 대상으로 구성원 모집 지원 및 장소 지원 |
| **한글날 관련 행사** | 한국어 퀴즈 대회, 부교재 공모전, 사진 콘테스트 등 한글날과 관련한 온 · 오프라인 행사 |
| **한국어교사 지원** | 한국어교사에게 필요한 온라인 강좌나 서적 구매, 자원 봉사 활동 등을 할 수 있도록 관련 단체 및 기관과의 협약 |
| **온라인 커뮤니티 활성화** | 네이버 대표 카페 '국제한국어교육자협회'를 통해 채용 정보, 교육 정보 등의 다양한 정보 지원 및 교사 간의 소통의 장 마련 |

**국제한국어교육자협회 대표 이메일:** iakll@iakll.or.kr

**전화:** 0505-3055-114 **팩스:** 02 -6280-1018

**국제한국어교육자협회 누리집:** www.iakll.or.kr

**국제한국어교육자협회 커뮤니티:** http://cafe.naver.com/forkorean

**주소:** 서울시 강남구 언주로 727, 9층

# 일러두기

이 교재는 한국어 교사를 위한 수업 활용서입니다. 이 교재에 선정된 속담과 관용어는 토픽 1회에서 41회까지 5회 이상 나온 것, 국제통용한국어표준교육과정(2단계)애서 제시한 것, 한국어교육 어휘 내용 개발 보고서(2013), 외국인을 위한 한국어 학습 사전 등에서 공통적으로 나온 것입니다. 속담 7개와 관용어 21개를 10장으로 나누어 설명하였습니다.

각 장은 국제통용한국어표준교육모형에서 문화를 문화 지식, 문화 실행, 문화 관점 등으로 나눈 것을 참고하여 문화 지식, 문화 체험, 문화 관점으로 나누어 각 수업에 활용할 수 있도록 구성하였습니다. 각 부분을 자세히 설명하면 다음과 같습니다.

## 문화 지식

### 1. 속담 관용어 대화

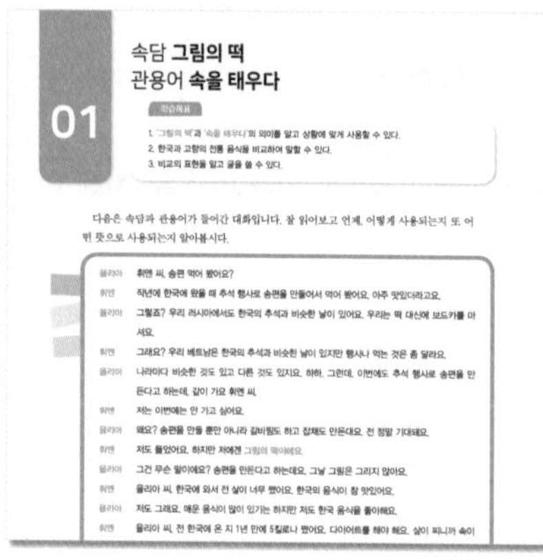

01

속담 **그림의 떡**
관용어 **속을 태우다**

학습목표

1. '그림의 떡'과 '속을 태우다'의 의미를 알고 상황에 맞게 사용할 수 있다.
2. 한국과 고향의 전통 음식을 비교하여 말할 수 있다.
3. 비교의 표현을 알고 글을 쓸 수 있다.

다음은 속담과 관용어가 들어간 대화입니다. 잘 읽어보고 언제, 어떻게 사용되는지 또 어떤 뜻으로 사용되는지 알아봅시다.

율리아 휘엔 씨, 송편 먹어 봤어요?
휘엔 작년에 한국에 왔을 때 추석 행사로 송편을 만들어서 먹어 봤어요. 아주 맛있더라고요.
율리아 그렇죠? 우리 러시아에서도 한국의 추석과 비슷한 날이 있어요. 우리는 떡 대신에 보드카를 마셔요.
휘엔 그래요? 우리 베트남은 한국의 추석과 비슷한 날이 있지만 행사나 먹는 것은 좀 달라요.
율리아 나라마다 비슷한 것도 있고 다른 것도 있지요. 하하. 그런데, 이번에도 추석 행사로 송편을 만든다고 하는데, 같이 가요 휘엔 씨.
휘엔 저는 이번에는 안 가고 싶어요.
율리아 왜요? 송편을 만들 뿐만 아니라 갈비찜도 하고 잡채도 만든대요. 전 정말 기대돼요.
휘엔 저도 들었어요. 하지만 저에겐 그림의 떡이에요.
율리아 그건 무슨 말이에요? 송편을 만든다고 하는데요. 그날 그림은 그리지 않아요.
휘엔 율리아 씨, 한국에 와서 전 살이 너무 쪘어요. 한국의 음식이 참 맛있어요.
율리아 저도 그래요. 매운 음식이 많이 있기는 하지만 저도 한국 음식을 좋아해요.
휘엔 율리아 씨, 전 한국에 온 지 1년 만에 5킬로나 쪘어요. 다이어트를 해야 해요. 살이 찌니까 속이

속담과 관용어가 사용될 수 있는 담화 상황을 대화로 보여주었다. 외국인 학습자가 속담과 관용어를 어떻게 사용하는지 무엇을 잘못 이해하고 있는지를 대화를 통해 알 수 있게 하였다.

### 2. 문화 지식 〈교안〉

한국어 교사가 각 장에 나온 속담과 관용어를 교수할 수 있도록 교안을 제시하였다. 교안은 2차시 100분으로 50분씩 나누어서 수업을 할 수 있다. 제시된 교안을 활용하고 참고하여 수업을 진행할 수 있을 것이다.

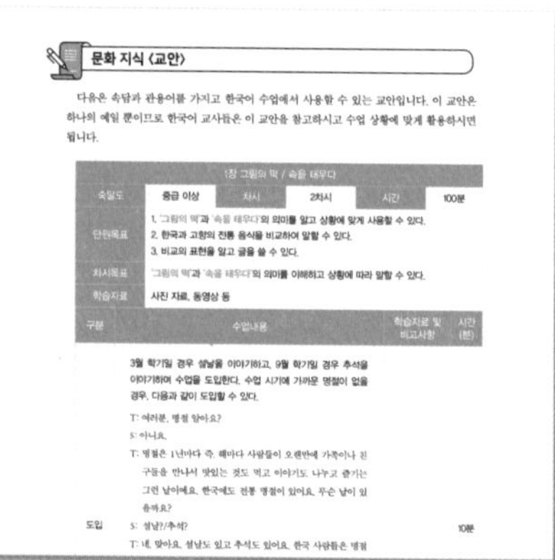

문화 지식 〈교안〉

다음은 속담과 관용어를 가지고 한국어 수업에서 사용할 수 있는 교안입니다. 이 교안은 하나의 예일 뿐이므로 한국어 교사들은 이 교안을 참고하시고 수업 상황에 맞게 활용하시면 됩니다.

| 1장 그림의 떡 / 속을 태우다 | | | | | |
|---|---|---|---|---|---|
| 숙달도 | 중급 이상 | 차시 | 2차시 | 시간 | 100분 |
| 단원목표 | 1. '그림의 떡'과 '속을 태우다'의 의미를 알고 상황에 맞게 사용할 수 있다.<br>2. 한국과 고향의 전통 음식을 비교하여 말할 수 있다.<br>3. 비교의 표현을 알고 글을 쓸 수 있다. | | | | |
| 차시목표 | '그림의 떡'과 '속을 태우다'의 의미를 이해하고 상황에 따라 말할 수 있다. | | | | |
| 학습자료 | 사진 자료, 동영상 등 | | | | |
| 구분 | 수업내용 | | | 학습자료 및 비고사항 | 시간(분) |
| 도입 | 3월 학기일 경우 설날을 이야기하고, 9월 학기일 경우 추석을 이야기하여 수업을 도입한다. 수업 시기에 가까운 명절이 없을 경우, 다음과 같이 도입할 수 있다.<br>T: 여러분, 명절 알아요?<br>S: 아니요.<br>T: 명절은 1년마다 즉, 해마다 사람들이 오랜만에 가족이나 친구들을 만나서 맛있는 것도 먹고 이야기도 나누고 즐기는 그런 날이에요. 한국에도 전통 명절이 있어요. 무슨 날이 있을까요?<br>S: 설날?/추석?<br>T: 네, 맞아요. 설날도 있고 추석도 있어요. 한국 사람들은 명절 | | | | 10분 |

## 3. 활동지 1,2,3,4

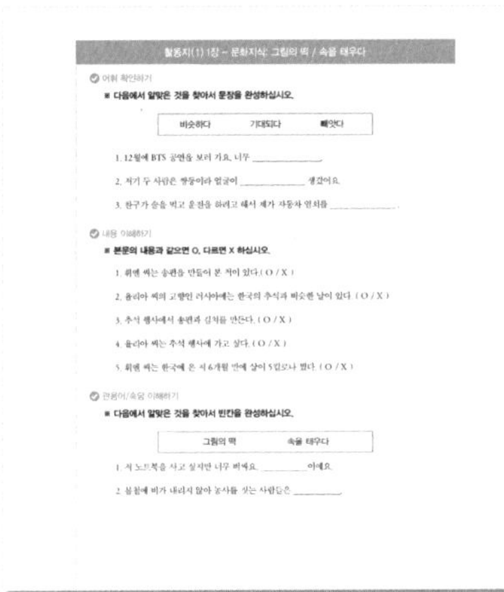

활동지(1) 1장 – 문화지식: 그림의 떡 / 속을 태우다

어휘 확인하기

※ 다음에서 알맞은 것을 찾아서 문장을 완성하십시오.

| 비슷하다 | 기대되다 | 빼앗다 |
|---|---|---|

1. 12월에 BTS 공연을 보러 가요. 너무 ________.
2. 저기 두 사람은 쌍둥이라 얼굴이 ________ 생겼어요.
3. 친구가 술을 먹고 운전을 하려고 해서 제가 자동차 열쇠를 ________.

내용 이해하기

※ 본문의 내용과 같으면 O, 다르면 X 하십시오.

1. 휘엔 씨는 송편을 만들어 본 적이 있다.( O / X )
2. 율리아 씨의 고향인 러시아에는 한국의 추석과 비슷한 날이 있다. ( O / X )
3. 추석 행사에서 송편과 김치를 만든다. ( O / X )
4. 율리아 씨는 추석 행사에 가고 싶다. ( O / X )
5. 휘엔 씨는 한국에 온 지 6개월 만에 살이 5킬로나 빠졌다. ( O / X )

관용어/속담 이해하기

※ 다음에서 알맞은 것을 찾아서 빈칸을 완성하십시오.

| 그림의 떡 | 속을 태우다 |
|---|---|

1. 저 노트북을 사고 싶지만 너무 비싸요. ________이에요.
2. 봄철에 비가 내리지 않아 농사를 짓는 사람들은 ________.

속담과 관용어 수업을 하면서 활동지를 할 수 있도록 구성하였다. 활동지는 각 장마다 3개에서 4개 정도 제시하였고 수업 시간에 활용할 수 있도록 구성하였다. 활동지의 정답은 교안 뒤에 제시하여 한국어 교사가 수업 시간에 활용하기 편하도록 구성하였다.

# 문화 체험

## 4. 문화 체험 전

속담과 관용어 수업이 끝났다면 속담과 관용어에 관련된 주제나 전체 주제에 맞게 문화 체험을 할 수 있도록 제시하였다. 문화 체험은 문화 체험 전 과정을 구성하여 〈한국 문화를 배워요〉라는 제목으로 체험 전에 미리 알아두면 좋은 한국 문화 지식이나 체험에 필요한 지식을 학습할 수 있도록 하였다.

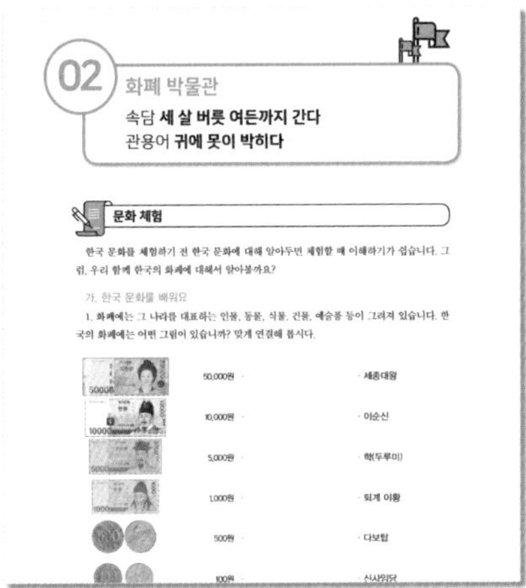

02 화폐 박물관

속담 **세 살 버릇 여든까지 간다**

관용어 **귀에 못이 박히다**

**문화 체험**

한국 문화를 체험하기 전 한국 문화에 대해 알아두면 체험할 때 이해하기가 쉽습니다. 그럼, 우리 함께 한국의 화폐에 대해서 알아볼까요?

가. 한국 문화를 배워요

1. 화폐에는 그 나라를 대표하는 인물, 동물, 식물, 건물, 예술품 등이 그려져 있습니다. 한국의 화폐에는 어떤 그림이 있습니까? 맞게 연결해 봅시다.

| | |
|---|---|
| 50,000원 · | · 세종대왕 |
| 10,000원 · | · 이순신 |
| 5,000원 · | · 학(두루미) |
| 1,000원 · | · 퇴계 이황 |
| 500원 · | · 다보탑 |
| 100원 · | · 신사임당 |

## 5. 문화 체험

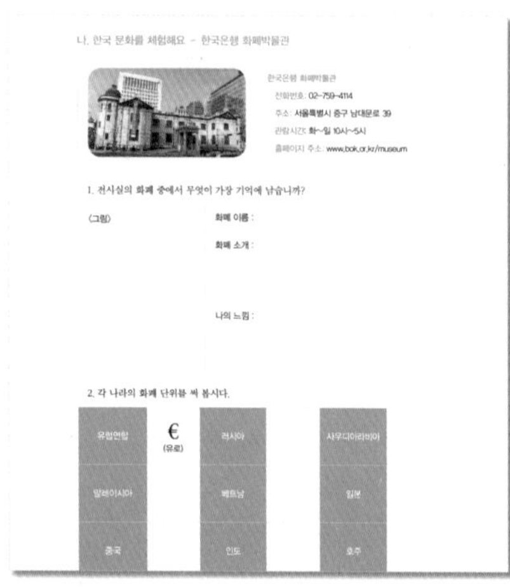

나. 한국 문화를 체험해요 - 한국은행 화폐박물관

한국은행 화폐박물관
전화번호: 02-759-4114
주소: 서울특별시 중구 남대문로 39
관람시간: 화~일 10시~5시
홈페이지 주소: www.bok.or.kr/museum

1. 전시실의 화폐 중에서 무엇이 가장 기억에 남습니까?

〈그림〉

화폐 이름 :

화폐 소개 :

나의 느낌 :

2. 각 나라의 화폐 단위를 써 봅시다.

| 유럽연합 | € (유로) | 러시아 | | 사우디아라비아 | |
|---|---|---|---|---|---|
| 말레이시아 | | 베트남 | | 일본 | |
| 중국 | | 인도 | | 호주 | |

문화 체험에서는 실제 체험하면서 할 수 있는 활동을 제시하였다. 체험 장소에서 할 수 있는 것, 체험 장소에서 찾을 수 있는 내용 등을 메모하고 기록하면서 체험을 재미있게 하고 기억에 남을 수 있도록 구성하였다.

## 6. 문화 체험 후

문화 체험이 끝났으면 체험을 정리할 수 있도록 구성하였다. 〈정리해 봅시다〉 단계에서는 느낌이나 소감 등을 써서 체험을 정리할 수 있게 하였다.

다. 정리해 봅시다

1. 각 나라의 화폐는 그 나라의 문화라고 할 수 있습니다. 여러분이 화폐를 만드는 사람이라고 상상해 봅시다. 한국 화폐를 어떻게 만들고 디자인하고 싶습니까? 한국 문화를 생각하면서 그려 봅시다. 한국 돈을 그리기 어렵다면 여러분 고향의 돈을 디자인해서 그려 봅시다.

2. 위의 그림을 보고 어떻게 만들었는지 자세히 설명해 주십시오. (모양, 크기, 색깔, 돈의 액수, 화폐 안의 그림 등등)

## 문화 관점

### 7. 문화 관점 〈활동지 1〉

문화 관점은 문화 지식, 문화 체험 등을 하고 나서 관련된 주제를 가지고 한국의 문화와 고향 또는 다른 여러 나라와 문화를 비교해 보면서 이해하는 단계이다. 문화 관점에는 총 4개의 활동지가 제시된다. 〈활동지 1〉은 문화를 비교하기 위해서 먼저 한국 문화를 어느 정도 알고 있는지 확인하는 단계로 O,X 문제를 구성하였다. 이 단계에서는 조별로 같이 토의를 통해서 답을 찾도록 제시하였다.

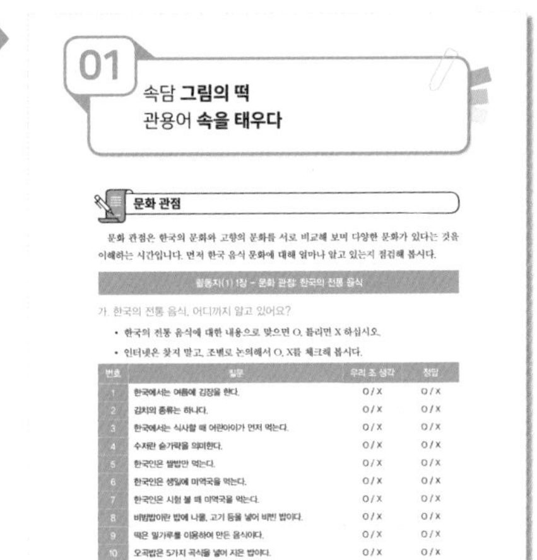

01
속담 **그림의 떡**
관용어 **속을 태우다**

**문화 관점**

문화 관점은 한국의 문화와 고향의 문화를 서로 비교해 보며 다양한 문화가 있다는 것을 이해하는 시간입니다. 먼저 한국 음식 문화에 대해 얼마나 알고 있는지 점검해 봅시다.

활동지(1) 1장 - 문화 관점: 한국의 전통 음식

가. 한국의 전통 음식, 어디까지 알고 있어요?

- 한국의 전통 음식에 대한 내용으로 맞으면 O, 틀리면 X 하십시오.
- 인터넷은 찾지 말고, 조별로 논의해서 O, X를 체크해 봅시다.

| 번호 | 질문 | 우리 조 생각 | 정답 |
|---|---|---|---|
| 1 | 한국에서는 여름에 김장을 한다. | O / X | O / X |
| 2 | 김치의 종류는 하나다. | O / X | O / X |
| 3 | 한국에서는 식사할 때 어린아이가 먼저 먹는다. | O / X | O / X |
| 4 | 수저란 숟가락을 의미한다. | O / X | O / X |
| 5 | 한국인은 쌀밥만 먹는다. | O / X | O / X |
| 6 | 한국인은 생일에 미역국을 먹는다. | O / X | O / X |
| 7 | 한국인은 시험 볼 때 미역국을 먹는다. | O / X | O / X |
| 8 | 비빔밥이란 밥에 나물, 고기 등을 넣어 비빈 밥이다. | O / X | O / X |
| 9 | 떡은 밀가루를 이용하여 만든 음식이다. | O / X | O / X |
| 10 | 오곡밥은 5가지 곡식을 넣어 지은 밥이다. | O / X | O / X |

### 8. 문화 관점 〈활동지 2〉

문화 관점 〈활동지 2〉에서는 관련된 문화 내용을 읽기 자료로 제시하고 그 내용을 파악할 수 있도록 문제를 제시하였다. 문화 지식뿐 아니라 한국 문화와 고향 문화에 대해 비교하고 이해하는 데 도움을 줄 것이다.

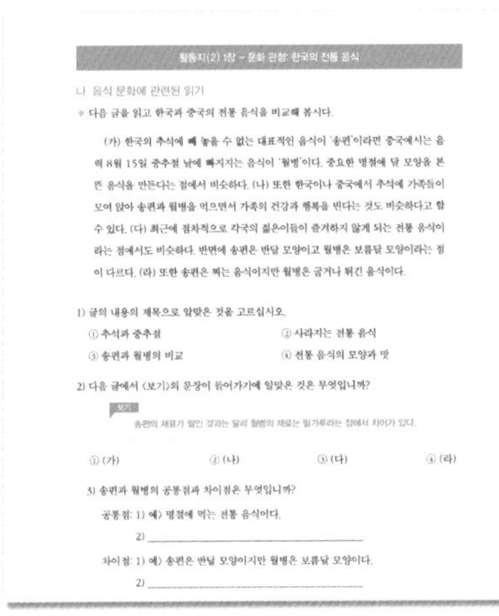

활동지(2) 1장 - 문화 관점: 한국의 전통 음식

나. 음식 문화에 관련된 읽기

※ 다음 글을 읽고 한국과 중국의 전통 음식을 비교해 봅시다.

(가) 한국의 추석에 빼 놓을 수 없는 대표적인 음식이 '송편'이라면 중국에서는 음력 8월 15일 중추절 날에 빠지지는 음식이 '월병'이다. 중요한 명절에 달 모양을 본뜬 음식을 만든다는 점에서 비슷하다. (나) 또한 한국이나 중국에서 추석에 가족들이 모여 앉아 송편과 월병을 먹으면서 가족의 건강과 행복을 빈다는 것도 비슷하다고 할 수 있다. (다) 최근에 점차적으로 각국의 젊은이들이 즐겨하지 않게 되는 전통 음식이라는 점에서도 비슷하다. 반면에 송편은 반달 모양이고 월병은 보름달 모양이라는 점이 다르다. (라) 또한 송편은 찌는 음식이지만 월병은 굽거나 튀긴 음식이다.

1) 글의 내용의 제목으로 알맞은 것을 고르십시오.

① 추석과 중추절　② 사라지는 전통 음식
③ 송편과 월병의 비교　④ 전통 음식의 모양과 맛

2) 다음 글에서 〈보기〉의 문장이 들어가기에 알맞은 것은 무엇입니까?

보기
송편의 재료가 쌀인 것과는 달리 월병의 재료는 밀가루라는 점에서 차이가 있다.

① (가)　② (나)　③ (다)　④ (라)

3) 송편과 월병의 공통점과 차이점은 무엇입니까?

공통점: 1) 예) 명절에 먹는 전통 음식이다.
2) ____________________

차이점: 1) 예) 송편은 반달 모양이지만 월병은 보름달 모양이다.
2) ____________________

## 9. 문화 관점 〈활동지 3〉

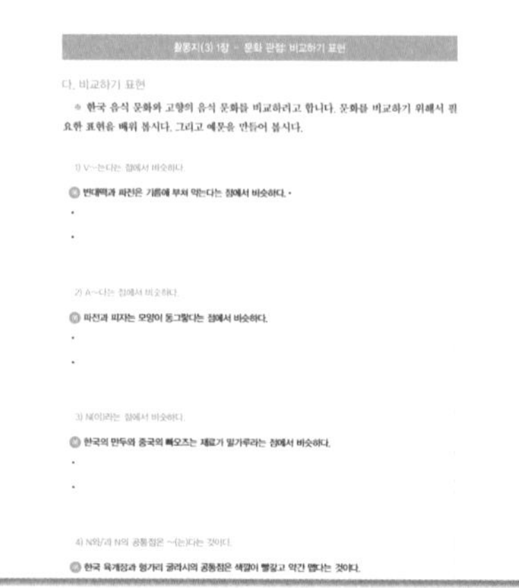

활동지(3) 1장 - 문화 관점: 비교하기 표현

다. 비교하기 표현

※ 한국 음식 문화와 고향의 음식 문화를 비교하려고 합니다. 문화를 비교하기 위해서 필요한 표현을 배워 봅시다. 그리고 예문을 만들어 봅시다.

1) V~는다는 점에서 비슷하다.

예 빈대떡과 파전은 기름에 부쳐 먹는다는 점에서 비슷하다.
- 
- 

2) A~다는 점에서 비슷하다.

예 파전과 피자는 모양이 동그랗다는 점에서 비슷하다.
- 
- 

3) N(이)라는 점에서 비슷하다.

예 한국의 만두와 중국의 빠오즈는 재료가 밀가루라는 점에서 비슷하다.
- 
- 

4) N와/과 N의 공통점은 ~(는)다는 것이다.

예 한국 육개장과 헝가리 굴라시의 공통점은 색깔이 빨갛고 약간 맵다는 것이다.

문화 관점 〈활동지 3〉에서는 한국 문화와 고향 문화를 비교 이해하기 위해서 필요한 기능과 목표 표현 등을 제시하였다. 예를 들어 비교하기 표현이라면 비교할 때 많이 사용하는 목표 표현을 제시함으로써 말하거나 글을 쓸 때 활용할 수 있도록 구성하였다.

## 10. 문화 관점 〈활동지 4〉

문화 관점 〈활동지 4〉에서는 앞에서 나온 한국 문화 지식, 고향 문화 지식을 총동원하여 비교해 봄으로써 다양한 문화가 있음을 인지할 수 있도록 구성하였다. 이 단계에서는 정리하는 의미에서 글을 써 볼 수도 있고 또 발표나 토론 등 다양한 활동을 할 수 있도록 제시하였다.

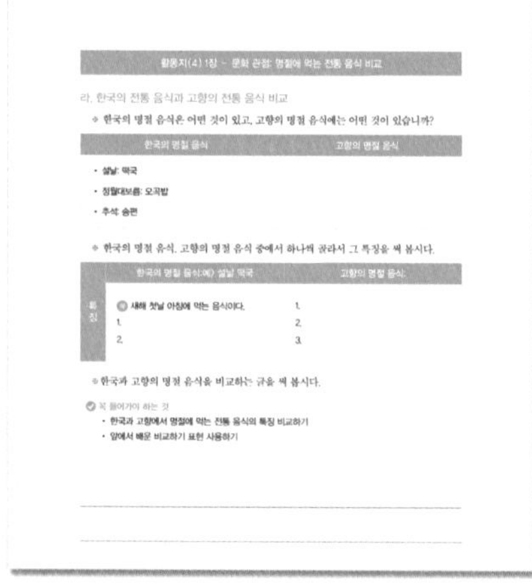

활동지(4) 1장 - 문화 관점: 명절에 먹는 전통 음식 비교

라. 한국의 전통 음식과 고향의 전통 음식 비교

※ 한국의 명절 음식은 어떤 것이 있고, 고향의 명절 음식에는 어떤 것이 있습니까?

| 한국의 명절 음식 | 고향의 명절 음식 |
| --- | --- |
| • 설날: 떡국<br>• 정월대보름: 오곡밥<br>• 추석: 송편 | |

※ 한국의 명절 음식, 고향의 명절 음식 중에서 하나씩 골라서 그 특징을 써 봅시다.

| | 한국의 명절 음식: 예) 설날 떡국 | 고향의 명절 음식: |
| --- | --- | --- |
| 특징 | 예 새해 첫날 아침에 먹는 음식이다.<br>1.<br>2. | 1.<br>2.<br>3. |

※ 한국과 고향의 명절 음식을 비교하는 글을 써 봅시다.

꼭 들어가야 하는 것
- 한국과 고향에서 명절에 먹는 전통 음식의 특징 비교하기
- 앞에서 배운 비교하기 표현 사용하기

# 내용 구성

| 분류 | 제목 | 문화 지식 (교안과 활동지) | 문화 체험 (체험 활동지) | 문화 관점 (활동지) | 기능 |
|---|---|---|---|---|---|
| 식생활 | 1. 그림의 떡/ 속을 태우다 | 한국의 전통 음식 | 떡 박물관 | 각 나라의 명절 음식 비교, 이해하기 | 비교하기 |
| 역사 | 2. 세 살 버릇 여든까지 간다<br>귀에 못이 박히다 | 한국의 화폐 속 인물 | 화폐 박물관 | 각 나라의 화폐 비교, 이해하기 | 인용하기 |
| 과학 기술 | 3. 가는 말이 고와야 오는 말이 곱다<br>말꼬리를 잡다 | 디지털 시대의 문제 | 국립한글 박물관 | 각 나라의 인터넷/ 통신 문화 비교, 이해하기 | 주장하기 |
| 관혼 상제 | 4. 싼 게 비지떡/ 정신을 차리다 | 한국의 결혼 문화 | 전통생활문화관 (월미 문화관) | 각 나라의 결혼 문화 비교, 이해하기 | 대조하기 |
| 정치 | 5. 산 넘어 산<br>눈앞이 캄캄하다 | 한국 군대와 징병제 | 통일전망대 | 각 나라의 징병제 비교, 이해하기 | 감정 표현하기 |
| 가치관 | 6. 백지장도 맞들면 낫다<br>손발이 맞다 | 한국을 대표하는 정서 | 김치 박물관 | 각 나라의 특징적인 사고방식에 대해 이해하기 | 첨가하기 |
| 여가 생활 | 7. 한턱내다/ 눈에 불을 켜다<br>목이 빠지게 기다리다<br>입이 딱 벌어지다 | 한국인의 여가 생활 | 야구 응원 문화 (야구장) | 각 나라의 여가 활동 비교, 이해하기 | 분류하기 |
| 경제 생활 | 8. 주머니가 가볍다<br>주머니가 넉넉하다<br>귀가 얇다/ 보는 눈이 있다 | 한국의 유명한 전통 시장 | 남대문 시장 | 각 나라의 전통 시장 비교, 이해하기 | 열거하기 |
| 교육 | 9. 발목을 잡다/ 발목을 잡히다<br>밥 먹듯 하다/ 눈 깜짝 할 사이 | 한국의 교육 제도 | 교과서 박물관 | 각 나라의 교육 제도 비교, 이해하기 | 토론하기 |
| 사회 정책 | 10. 소귀에 경 읽기/ 신경을 쓰다<br>입만 아프다/ 피부로 느끼다 | 한국의 환경 정책 | 순환자원 홍보관 | 각 나라의 환경 정책 비교, 이해하기 | 그래프나 표 읽기 |

# 차 례

## 3장. 문화 관점



## 부 록

# 1장

## 문화 지식

1 그림의 떡, 속을 태우다

2 세 살 버릇 여든까지 간다, 귀에 못이 박히다

3 가는 말이 고와야 오는 말이 곱다, 말꼬리를 잡다

4 싼 게 비지떡, 정신을 차리다

5 산 넘어 산, 눈앞이 캄캄하다

6 백지장도 맞들면 낫다, 손발이 맞다

7 한턱내다, 눈에 불을 켜다, 목이 빠지게 기다리다, 입이 딱 벌어지다

8 주머니가 가볍다, 주머니가 넉넉하다, 귀가 얇다, 보는 눈이 있다

9 발목을 잡다, 발목을 잡히다, 밥 먹듯 하다, 눈 깜짝할 사이

10 소귀에 경 읽기, 신경을 쓰다, 입만 아프다, 피부로 느끼다

01

# 속담 **그림의 떡**
# 관용어 **속을 태우다**

학습목표

1. '그림의 떡'과 '속을 태우다'의 의미를 알고 상황에 맞게 사용할 수 있다.
2. 한국과 고향의 전통 음식을 비교하여 말할 수 있다.
3. 비교의 표현을 알고 글을 쓸 수 있다.

다음은 속담과 관용어가 들어간 대화입니다. 잘 읽어보고 언제, 어떻게 사용되는지 또 어떤 뜻으로 사용되는지 알아봅시다.

율리아 휘엔 씨, 송편 먹어 봤어요?

휘엔 작년에 한국에 왔을 때 추석 행사로 송편을 만들어서 먹어 봤어요. 아주 맛있더라고요.

율리아 그렇죠? 우리 러시아에서도 한국의 추석과 비슷한 날이 있어요. 우리는 떡 대신에 보드카를 마셔요.

휘엔 그래요? 우리 베트남은 한국의 추석과 비슷한 날이 있지만 행사나 먹는 것은 좀 달라요.

율리아 나라마다 비슷한 것도 있고 다른 것도 있지요. 하하. 그런데, 이번에도 추석 행사로 송편을 만든다고 하는데, 같이 가요 휘엔 씨.

휘엔 저는 이번에는 안 가고 싶어요.

율리아 왜요? 송편을 만들 뿐만 아니라 갈비찜도 하고 잡채도 만든대요. 전 정말 기대돼요.

휘엔 저도 들었어요. 하지만 저에겐 그림의 떡이에요.

율리아 그건 무슨 말이에요? 송편을 만든다고 하는데요. 그날 그림은 그리지 않아요.

휘엔 율리아 씨. 한국에 와서 전 살이 너무 쪘어요. 한국의 음식이 참 맛있어요.

율리아 저도 그래요. 매운 음식이 많이 있기는 하지만 저도 한국 음식을 좋아해요.

휘엔 율리아 씨, 전 한국에 온 지 1년 만에 5킬로나 쪘어요. 다이어트를 해야 해요. 살이 찌니까 속이 타요. 맛있는 음식 앞에서 속을 태우고요.

율리아 타요? 뭐를 태워요?

휘엔 송편도 그림의 떡이고 갈비찜도 그림의 떡이라서 속이 탄다고요.

율리아 휘엔 씨. 오늘은 무슨 말을 하는지 정말 모르겠네요....

휘엔 그림의 떡은요.....

## 문화 지식 〈교안〉

다음은 속담과 관용어를 가지고 한국어 수업에서 사용할 수 있는 교안입니다. 이 교안은 하나의 예일 뿐이므로 한국어 교사들은 이 교안을 참고하시고 수업 상황에 맞게 활용하시면 됩니다.

<table>
<tr><th colspan="6">1장 그림의 떡 / 속을 태우다</th></tr>
<tr><td>숙달도</td><td>중급 이상</td><td>차시</td><td>2차시</td><td>시간</td><td>100분</td></tr>
<tr><td>단원목표</td><td colspan="5">1. '그림의 떡'과 '속을 태우다'의 의미를 알고 상황에 맞게 사용할 수 있다.<br>2. 한국과 고향의 전통 음식을 비교하여 말할 수 있다.<br>3. 비교의 표현을 알고 글을 쓸 수 있다.</td></tr>
<tr><td>차시목표</td><td colspan="5">'그림의 떡'과 '속을 태우다'의 의미를 이해하고 상황에 따라 말할 수 있다.</td></tr>
<tr><td>학습자료</td><td colspan="5">사진 자료, 동영상 등</td></tr>
</table>

<table>
<tr><th>구분</th><th>수업내용</th><th>학습자료 및 비고사항</th><th>시간 (분)</th></tr>
<tr><td>도입</td><td>3월 학기일 경우 설날을 이야기하고, 9월 학기일 경우 추석을 이야기하며 수업을 도입한다. 수업 시기에 가까운 명절이 없을 경우, 다음과 같이 도입할 수 있다.<br>T: 여러분, 명절 알아요?<br>S: 아니요.<br>T: 명절은 1년마다 즉, 해마다 사람들이 오랜만에 가족이나 친구들을 만나서 맛있는 것도 먹고 이야기도 나누고 즐기는 그런 날이에요. 한국에도 전통 명절이 있어요. 무슨 날이 있을까요?<br>S: 설날?/추석?<br>T: 네, 맞아요. 설날도 있고 추석도 있어요. 한국 사람들은 명절과 같이 특별한 날에 한국의 전통 음식인 떡을 만들어서 가족, 친구들과 함께 나눠 먹어요. 여러분, 떡 먹어본 적 있어요?<br>S: 네, 인절미/가래떡/백설기/송편이요.<br>T: 네, 한국에는 이렇게 다양한 떡이 많이 있어요. (떡 사진을 보여준다.)</td><td>사진 자료 준비</td><td>10분</td></tr>
</table>

| 구분 | 수업내용 | 학습자료 및 비고사항 | 시간(분) |
| --- | --- | --- | --- |
| | T: 그럼 설날에는 무슨 떡을 먹을까요?<br>S: 떡국을 먹는 건 알아요. 하지만 무슨 떡인지는 모르겠어요.<br><br>T: 네, (사진을 보여주며) 이 떡국에 들어가는 떡은 가래떡이에요. 한국 사람들은 한 해를 시작하는 설날에 '올해도 건강하고 잘 살게 해주세요.'라는 의미로 가래떡으로 만든 떡국을 먹어요.<br>T: 이렇게 '떡'은 한국 사람들에게 아주 중요한 음식이에요. 그래서 '떡'이 들어간 속담이 아주 많답니다. 우리 오늘은 '떡'이 들어간 속담에 대해 함께 공부할 거예요. | 사진 자료 준비 | |
| 제시 설명 | **'그림의 떡'과 관련된 동영상으로 학생들의 흥미를 끌며 목표 속담을 제시한다.**<br>T: 수업에 들어가기 전에 선생님이 '떡'과 관련된 재밌는 동영상을 하나 보여줄 거예요. 한번 같이 봅시다.<br>(속담 '그림의 떡'에 관한 동영상 시청)<br>T: 여러분, 영상 잘 봤어요?<br>S: 네.<br>T: 호랑이는 남자에게서 무엇을 빼앗아 먹었어요?<br>S: 떡이요.<br>T: 네, 맞아요. 떡을 빼앗아 먹었죠. 그리고 호랑이의 이빨이 다 빠진 이유는 무엇이에요?<br>S: 떡이 그려진 돌을 물었어요.<br>T: 네, 맞아요, 남자가 돌에 그린 떡 그림을 보고 진짜 떡인 줄 알고 먹었어요. 마지막으로 호랑이는 왜 토끼를 보며 '그림의 떡'이라고 했을까요?<br>S: 음, 토끼를 먹고 싶은데 이빨이 다 빠져서 먹을 수가 없었어요.<br>T: 네, 아주 잘했어요. 토끼를 먹고 싶었지만 이빨이 없어서 먹을 수가 없었죠? | 다음과 같은 EBS영상 등을 참고하여 수업을 진행할 수 있다.<br>https://youtu.be/-uRsukPo_xM | 35분 |

| 구분 | 수업내용 | 학습자료 및 비고사항 | 시간(분) |
|---|---|---|---|
| | 그래서 호랑이는 토끼를 보고 '그림의 떡'이라고 했어요.<br><br>목표 속담에 대해 다시 짧게 설명한다.<br><br>T: 우리 앞에 그림을 봐요. 왼쪽에 있는 거 뭐예요?<br>S: 떡이요.<br>T: 네, 떡이에요. 이 그림은요?<br>S: 액자 속에 떡이 있어요.<br>T: 네, 맞아요. 액자 속에 떡 그림이 있지요? 즉, 그림 속에 떡이 있어요. 이 중에서 먹지 못하는 떡은 무엇인가요?<br>S: 그림 속에 있는 떡이요.<br>T: 네, 이렇게 '그림의 떡'은 그림 속의 떡처럼 먹고 싶어도 먹지 못하는 상황일 때 혹은 갖고 싶은 게 있지만 가질 수 없는 상황일 때 이 속담을 써요. | *교안에 제시된 것과 같이 그림 속의 떡 그림 이외에도 '그림으로 그려진 떡'을 이용하여 설명할 수 있다. | |
| | 학생들과 대화 지문을 한 번 읽고 전체적인 내용을 이해한다.<br><br>T: 여러분, 율리아 씨와 휘엔 씨는 지금 무슨 이야기해요?<br>S: 휘엔 씨는 추석 행사에 안 가고 싶다고 이야기하고 있어요.<br>T: 추석 행사에서 무엇을 해요?<br>S: 송편도 만들고, 갈비찜도 만들고, 잡채도 만들어요.<br>T: 맞아요. 그런데 왜 휘엔 씨는 추석 행사에 안 가고 싶어 해요?<br>S: 음, 잘 모르겠어요.<br>T: 네, 우리 한 번 더 읽어 보고 이야기해요. 휘엔 씨가 왜 안 가고 싶어 하는지 생각하면서 다시 읽으세요.<br><br>학생들이 이해를 못 하는 부분이 무엇인지 파악하며, 그 부분을 다시 한 번 읽게 한다.<br><br>T: 자, 추석 행사에서 한국 음식을 만들어요. 그렇지요? 그런데 휘엔 씨는 왜 한국 음식을 만드는 행사에 안 가고 싶어 해요? | *대화 지문을 한 번 읽고, 전체적인 내용을 이해했는지 확인한다. 그 후, 대화 지문을 한 번 더 읽고 '그림의 떡'과 '속을 태우다'의 의미를 설명한다. 그리고 마지막으로 활동지(1)을 활용하여 세부적인 내용을 확인한다. | |

| 구분 | 수업내용 | 학습자료 및 비고사항 | 시간(분) |
|---|---|---|---|
| | S: 음식을 많이 먹을까 봐 걱정해요.<br>T: 네, 맞아요. 휘엔 씨는 한국 음식을 안 좋아해요?<br>S: 아니요. 한국 음식을 좋아하기 때문에 살도 많이 쪘어요.<br>T: 네, 휘엔 씨는 한국 음식을 좋아해요. 그래서 한국 음식을 너무 많이 먹었어요. 살이 얼마나 쪘어요?<br>S: 5킬로나 쪘어요.<br>T: 네, 맞아요. 그래서 휘엔 씨는 추석 행사에 가도 한국 음식을 못 먹어요. 다이어트 때문이에요. 추석 행사에서 만드는 음식들이 앞에 있어도 휘엔 씨는 먹을 수 없어요. 그림의 떡이에요.<br><br>학생들이 대화 속 '그림의 떡'이 이해가 됐으면 관용어 '속을 태우다' 의 의미가 무엇인지 생각해 보게 한 후, 그 의미를 설명한다.<br><br>T: 휘엔 씨가 마지막에 '살이 찌니까 속이 타요. 맛있는 음식 앞에서 속을 태우고요.'라고 했어요. 속이 타다? 속을 태우다? 무슨 말일까요?<br>S: 잘 모르겠어요.<br>T: 자, 이 그림을 보세요. 왼쪽 음식과 오른쪽 음식은 무엇이 달라요?<br><br>S: 오른쪽 음식은 탔어요.<br>T: 네, 맞아요. (판서하며) 오른쪽 음식은 탔어요. 그런데 무엇 때문에 음식이 탔어요?<br>S: 불 때문이요.<br>T: 네, 맞아요. 음식을 오랜 시간 불로 요리해서 음식이 탔어요. 맞아요?<br>S: 네.<br>T: 자, 음식이 스스로 탔어요? 아니요. 불에 의해서 음식이 탔어요. (판서하며) 불로 음식을 태웠어요. | *대화 속 '속이 타다.'와 '속을 태우다.'가 어떤 차이가 있는지 간단히 설명하며 목표 관용어를 설명한다. | |

| 구분 | 수업내용 | 학습자료 및 비고사항 | 시간 (분) |
|---|---|---|---|
| 제시 설명 | 판서 내용<br>*음식이 타다 → (불로) 음식을 태우다<br><br>T: 여러분, 불로 음식을 태워요. 그럼 음식이 어떻게 돼요? 색깔은 어때요? 모두 이야기해 보세요.<br>S: 음식이 까맣게 돼요./음식 모양이 이상해져요.<br>T: 네, 음식을 오랜 시간 태우면 음식 상태가 좋지 않아요. 자, 이번에는 우리 몸속, 그러니까 우리 마음을 오랜 시간 불로 태운다고 생각해 보세요. 우리 마음 상태 어때요? 괜찮아요?<br>S: 아니요, 괜찮지 않아요./편하지 않아요./뜨거워요.<br>T: 맞아요. 우리 마음을 오랜 시간 불로 태우면 우리 마음 상태는 괜찮지 않아요. 자, 여러분 상상해 보세요. 여러분은 친구랑 같이 살고 있어요. 그런데 친구가 밤 11시가 돼도, 12시가 돼도, 새벽 1시가 돼도 집에 들어오지 않아요. 연락도 없어요. 그럼 여러분 마음이 어때요?<br>S: 걱정돼요.<br>T: 네, 친구가 연락도 없이 집에 안 오면 걱정이 돼요. 친구가 올 때까지 오랜 시간을 걱정해요. 오랜 시간 마음이 편하지 않아요. 맞아요?<br>S: 네.<br>T: 이렇게 마음을 불로 태우는 것처럼 오랜 시간 걱정해서 마음이 편하지 않을 때 한국에서는 '속이 탄다.'라고 해요. 자, 이제 다시 대화 지문으로 돌아갑시다. 휘엔 씨는 살이 너무 많이 쪄서 속상해요. 그리고 더 살이 찔까 봐 걱정돼요.<br>그래서 지금 마음이 편하지 않아요. 속이 타요. 자, 이제 '속이 탄다.'를 언제 쓰는지 알겠어요?<br>S: 네.<br>T: 여러분, 휘엔 씨는 추석 행사에서 만드는 음식을 뭐라고 생각하지요?<br>S: 그림의 떡이라고 생각해요. | | |

| 구분 | 수업내용 | 학습자료 및 비고사항 | 시간(분) |
|---|---|---|---|
| | T: 맞아요. 송편도 그림의 떡이고, 갈비찜도 그림의 떡이에요. 휘엔 씨는 음식들을 먹고 싶어도 먹으면 살이 찔까 봐 먹을 수 없어요. 즉, 추석 행사에 가서 참지 못하고 음식을 먹을까 봐 걱정돼요. 휘엔 씨는 음식들 때문에 속이 타요. 음식 앞에서 속을 태워요. 알겠지요? 그럼, 질문이 있어요? | | |
| 연습 | 학생들이 모두 '그림의 떡'과 '속을 태우다'의 의미 파악이 됐으면, 활동지(1)를 활용하여 대화 지문의 세부내용을 학생들과 함께 파악한다. | 활동지(1) | 10분 |
| 활용 | '그림의 떡' 혹은 '속을 태우다'와 같은 경험이 있는지 하나씩 친구와 이야기해 보게 한다.<br><br>활동지(2)를 활용하여 짝과 함께 이야기 흐름에 맞게 말풍선을 넣고 대화를 해보도록 한다.<br><br>활동지(3)를 활용하여 '그림의 떡' 과 관련된 신문 기사 제목을 보여주고, 어떤 내용의 기사일지 유추해 보게 한다.<br><br>유아 휴직: 아이(만 8세 이하)를 키우기 위해 최대 1년 동안 급료를 받으면서 일은 하지 않고 아이를 키울 수 있는 제도.<br>재직: 어떤 직장에 들어가 일하고 있음.<br>실시하다: 실제로 하다. 비 시행하다<br>응답하다: 부르거나 물음에 답을 하다. 비 답하다 | 활동지(2)<br><br>활동지(3) | 40분 |
| 마무리 | 과제 활동지를 활용하여 '그림의 떡' 이외에도 '떡'과 관련된 속담을 찾고 대화문을 만들어 보는 과제를 내준다.<br><br>오늘 배운 '그림의 떡'과 '속을 태우다'의 의미를 이해했는지 확인하며 수업을 마무리한다.<br><br>T: 여러분, 한국에는 '그림의 떡' 이외에도 '누워서 떡먹기'처럼 '떡'과 관련된 속담이 아주 많아요. (과제 활동지를 나눠주며) 집에 가서 '떡'이 들어간 속담을 찾아보고 활동지의 〈보기〉처럼 대화문을 만들어 보세요. 혹시 질문 있어요? | *자료<br>과제<br>활동지 | 5분 |

| 구분 | 수업내용 | 학습자료 및 비고사항 | 시간(분) |
| --- | --- | --- | --- |
| | (학생들의 대답을 기다린다.) 꼭 오늘 배운 '그림의 떡'과 '속을 태우다'를 이용해서 한국어로 대화해 보세요. 그럼 다음 시간에는 '떡 박물관'에 가서 직접 한국의 전통 음식인 '떡'에 대해 체험할 거에요. 우리 다음 시간에 만나요. | | |

| 활동지(1) 정답지 1장 - 문화지식: 그림의 떡 / 속을 태우다 | | |
| --- | --- | --- |
| 어휘 확인하기<br>1. 기대돼요.<br>2. 비슷하게<br>3. 빼앗았어요. | 내용 이해하기<br>1. O<br>2. O<br>3. X<br>4. O<br>5. X | 관용어/속담 이해하기<br>1. 그림의 떡<br>2. 속을 태운다. |

## 활동지(1) 1장 – 문화지식: 그림의 떡 / 속을 태우다

### 어휘 확인하기

**※ 다음에서 알맞은 것을 찾아서 문장을 완성하십시오.**

| 비슷하다 | 기대되다 | 빼앗다 |
|---|---|---|

1. 12월에 한국 가수 공연을 보러 가요. 너무 ______________.
2. 저기 두 사람은 쌍둥이라 얼굴이 ______________ 생겼어요.
3. 찬구가 술을 먹고 운전을 하려고 해서 제가 자동차 열쇠를 ______________ .

### 내용 이해하기

**※ 본문의 내용과 같으면 O, 다르면 X 하십시오.**

1. 휘엔 씨는 송편을 만들어 본 적이 있다.( O / X )
2. 율리아 씨의 고향인 러시아에는 한국의 추석과 비슷한 날이 있다. ( O / X )
3. 추석 행사에서 송편과 김치를 만든다. ( O / X )
4. 율리아 씨는 추석 행사에 가고 싶다. ( O / X )
5. 휘엔 씨는 한국에 온 지 6개월 만에 살이 5킬로나 쪘다. ( O / X )

### 관용어/속담 이해하기

**※ 다음에서 알맞은 것을 찾아서 빈칸을 완성하십시오.**

| 그림의 떡 | 속을 태우다 |
|---|---|

1. 저 노트북을 사고 싶지만 너무 비싸요. __________이에요.
2. 봄철에 비가 내리지 않아 농사를 짓는 사람들은 __________.

## 활동지(2) 1장 - 문화지식: 그림의 떡 / 속을 태우다

※ 짝과 함께 이야기 흐름에 맞게 대화를 완성해 봅시다.

## 활동지(3) 1장 – 문화지식: 그림의 떡 / 속을 태우다

**※ 다음 신문기사의 제목을 보고, 기사는 어떤 내용일지 추측해서 짧게 써 봅시다.**

# The news

직장인 47% "육아휴직? 그림의 떡"

| 제목: 직장인 47% "육아휴직? 그림의 떡" |
|---|
| 직장인 7,000명을 대상으로 9월 1일부터 10월 1일까지 설문 조사를 실시했다. |
| 그 결과, 47%가 '현재 재직 중인 회사에서 육아휴직을 자유롭게 쓸 수 없다.'고 응답했다. |

## 과제 1장 – 문화지식: 그림의 떡 / 속을 태우다

**※ '그림의 떡' 이외에도 한국에는 '떡'과 관련된 속담이 많습니다. '떡'과 관련된 속담을 찾고, 아래 보기와 같이 찾은 속담을 써서 대화문을 만들어 봅시다.**

보기

누워서 떡 먹기

가: 이를 어쩌지요? 전구가 고장 났는데 새 전구로 바꾸는 방법을 모르겠어요.

나: 흐엉 씨, 제가 할 수 있어요. 제가 새 전구로 바꿔 줄게요.

가: 와 정말요? 정말 감사합니다.

나: 별거 아니에요. 이 정도는 저에게 누워서 떡 먹기예요.

1. 속담: ______________________________

가:

나:

가:

나:

2. 속담: ______________________________

가:

나:

가:

나:

# 02

# 속담 **세 살 버릇 여든까지 간다**
# 관용어 **귀에 못이 박히다**

**학습목표**

1. '세 살 버릇 여든까지 간다'와 '귀에 못이 박히다'의 의미를 이해하고 상황에 맞게 표현할 수 있다.
2. 박물관 체험 후 한국과 고향의 화폐에 대해서 설명할 수 있다.
3. 인용의 표현을 알고 글을 쓸 수 있다.

다음은 속담과 관용어가 들어간 대화입니다. 잘 읽어보고 언제, 어떻게 사용되는지 또 어떤 뜻으로 사용되는지 알아봅시다.

휘엔 율리아 씨, 뭐하고 있어요?
율리아 책을 읽고 있어요.
휘엔 무슨 책이에요?
율리아 러시아 작가의 책이에요.
휘엔 율리아 씨는 시간이 날 때마다 책을 읽는 것 같아요.
율리아 어릴 적 아버지께서 귀에 못이 박히도록 말씀하셔서 습관이 됐어요.
휘엔 저런, 병원에 갔어요? 어쩌다가요?
율리아 네?
휘엔 어디 봐요. 얼마나 아팠어요? 지금은 괜찮아요?
율리아 휘엔 씨, 무슨 말하는 건지 모르겠어요.
휘엔 저도 어릴 적에 아버지랑 같이 의자를 만들다가 손에 못이 박힌 적이 있거든요. 병원에 가서 치료를 했는데.... 여기 보세요. 아직도 상처가 있어요.
율리아 저런, 아팠겠네요. 그런데 귀에 못이 박히다는 진짜 못이 박힌 게 아니에요.
휘엔 아~ 그만 하세요. 너무 너무 아팠을 것 같아요.
율리아 네? 네.
휘엔 저도 율리아 씨처럼 책을 자주 읽어야 하는데 집중해서 읽는 것이 힘들어요. 자꾸 게임만 하게 되고요. 하하
율리아 아버지께서 어릴 적부터 책 읽는 습관을 기르도록 도와주셨어요. 세 살 버릇 여든까지 간다고 하시면서요.
휘엔 율리아 씨가 지금 몇 살이지요?
율리아 제가 휘엔 씨보다 두 살 많아요. 알잖아요. 왜요?
휘엔 저는 아흔까지 살고 싶은데... 율리아 씨는 왜 여든까지 생각하고 있어요?
율리아 저는 그게 아니라....

## 문화 지식 〈교안〉

다음은 속담과 관용어를 가지고 한국어 수업에서 사용할 수 있는 교안입니다. 이 교안은 하나의 예일 뿐이므로 한국어 교사들은 이 교안을 참고하시고 수업 상황에 맞게 활용하시면 됩니다.

<table>
<tr><th colspan="6">2장 세 살 버릇 여든까지 간다 / 귀에 못이 박히다</th></tr>
<tr><td>숙달도</td><td>중급 이상</td><td>차시</td><td>2차시</td><td>시간</td><td>100분</td></tr>
<tr><td>단원목표</td><td colspan="5">1. '세 살 버릇 여든까지 간다'와 '귀에 못이 박히다'의 의미를 이해하고 상황에 맞게 표현할 수 있다.<br>2. 박물관 체험 후 한국과 고향의 화폐에 대해서 설명할 수 있다.<br>3. 인용의 표현을 알고 글을 쓸 수 있다.</td></tr>
<tr><td>차시목표</td><td colspan="5">'세 살 버릇 여든까지 간다'와 '귀에 못이 박히다'의 의미를 이해하고 상황에 맞게 표현할 수 있다.</td></tr>
<tr><td>학습자료</td><td colspan="5">사진 자료, 지폐, 동전, 활동지 등</td></tr>
<tr><th>구분</th><th colspan="3">수업내용</th><th>학습자료 및 비고사항</th><th>시간(분)</th></tr>
<tr><td>도입</td><td colspan="3">화폐의 인물 사진을 보여주며 흥미를 유발한다.<br>T: 여러분, 이 사람들을 본 적이 있어요?<br>S: 네.<br>T: 어디에서 봤어요?<br>S: 돈이요?<br>T: 네, 맞아요. 이 사람들은 모두 한국 화폐, 종이돈에 나와요. 여기 오만 원의 신사임당, 만 원의 세종대왕, 오천 원의 이이, 천 원의 이황(직접 지폐를 꺼내 보여주며 설명한다.) 모두 유명한 한국 사람이에요.<br>T: 그런데 이 사람들 중에서 가족이 있는데 알고 있어요? 누구일까요?<br>S: 이황과 이이?</td><td>지폐 인물 사진 준비<br><br>지폐 준비</td><td>10분</td></tr>
</table>

| 구분 | 수업내용 | 학습자료 및 비고사항 | 시간 (분) |
|---|---|---|---|
| 도입 | T: 같은 이 씨라서 그렇게 생각할 수도 있겠네요. 하지만 오 만 원의 신사임당과 오천 원의 이이가 엄마와 아들 사이예요.<br>S: 정말이요?<br>T: 네, 그리고 이 사람들은 비슷한 점이 있었어요. 이 사람들은 '세 살 버릇 여든까지 간다'고 어렸을 때부터 책을 읽는 습관이 있었다고 해요. 여러분은 어떤 습관이 있어요?<br>S: 습관이 뭐예요?<br>T: 습관은 오랫동안 계속 반복하는 행동을 말해요. 어떤 사람은 공부할 때 꼭 이어폰으로 음악을 들어야 해요. 또 어떤 사람은 손톱을 뜯는 습관이 있어요. 여러분은 어떤 습관이 있어요?<br>S: 저는 다리를 떨어요.<br>S: 저는 지금도 당근을 안 먹어요.<br>(학생들이 각자의 습관에 대해서 대답할 수 있도록 한다.)<br><br>✔ **참고**<br>습관: 어떤 행위를 오랫동안 되풀이 하는 과정에서 저절로 익혀진 행동 방식.<br>버릇: 1. 오랫동안 자꾸 반복하여 몸에 익어 버린 행동<br>2. 윗사람에 대하여 지켜야 할 예의<br><br>T: 여러분은 좋은 습관도 있고 나쁜 습관도 있네요. 저는 학교에 다닐 때 밤 12시가 넘어서 자는 습관이 있었어요. 그리고 늦게 일어났어요. 그래서 엄마가 일찍 자고 일찍 일어나라고 귀에 못이 박히도록 말을 했었지요. 오늘은 이렇게 '세 살 버릇 여든까지 간다'라는 속담과 '귀에 못이 박히다'라는 관용어를 배울 거예요. | | |
| 제시 설명 | 대화 지문을 읽고 어휘를 설명하고 내용을 이해한다.<br><br>T: 그럼, 율리아 씨와 휘엔 씨의 대화를 읽어 보세요. 대화에서 오늘 우리가 배울 표현이 나와요. 어떤 뜻인지 한번 잘 생각해 보세요. (각자 읽게 하고 모르는 단어를 질문하게 한다.)<br>T: 잘 읽었어요? 우선 여든은 몇 살을 말해요?<br>S: 80살? | 나이를 세는 것은 수준에 따라서 생략할 수 있다. | 35분 |

| 구분 | 수업내용 | 학습자료 및 비고사항 | 시간 (분) |
|---|---|---|---|
| | T: 네. 맞아요.(대답을 하지 못하면 열, 스물, 서른, 마흔, 쉰, 예순, 일흔, 여든, 아흔, 백을 판서하며 확인한다.)<br>S: 선생님, 어릴 적은 뭐예요?<br>T: 우선 어리다 알아요?<br>S: 나이가 적어요.<br>T: 네, 맞아요. '-(으)ㄹ 적'은 어떤 때, 시간을 말해요. 사실 '-(으)ㄹ 적'과 비슷한 것을 알고 있을 거예요. 제주도에 간 적이 있어요? 비빔밥을 먹은 적이 있어요? 기억해요?<br>S: 네.<br>T: 여기에서 '-(으)ㄴ 적'은 동작이 진행되는 시간이나 지나간 과거의 시간을 말해요. 그러니까 어릴 적은 나이가 어렸을 때를 말해요. | | |
| | ▷-(으)ㄹ적<br>- 용언의 관형사형 어미 '-(으)ㄹ' 뒤에 쓰여, 동작이 진행되거나 상태가 나타나 있는 시간을 나타낸다.<br>예 나는 그 남자를 만날 적마다 가슴이 뛴다.<br>예 피아노 연주가 끝날 적에 사람들은 박수를 쳤다.<br>▷-(으)ㄴ적/ N 적<br>- 용언의 관형사형 어미 '-(으)ㄴ' 이나 명사 뒤에 쓰여, 지나간 과거의 시간을 나타낸다.<br>예 나는 학교에서 그 남자를 본 적이 있다.<br>예 나는 세 살 적에 찍은 사진을 아직도 가지고 있다. | 판서하면서 설명해도 좋다. | |
| | S: 선생님, '박히다' 몰라요.<br>T: '박히다'는 '박다'의 피동사예요. '박다'는 두드려서 안으로 들어가는 것을 말해요. 그래서 제가 망치로 못을 박아요. 그럼 못이 박혀요.(교실에서 못이 박힌 것을 찾아서 보여 준다.)이렇게 동사에 -이, -히, -리, -기가 들어가서 피동문이 만들어지는데 이 문장은 주어의 의지와 상관없이 당하는 것을 말해요. | 학생들의 수준에 따라서 피동사의 추가 설명이 필요할 수도 있다.<br><br>(못이 박힌 사진 준비) | |
| | ▷피동사<br>• 동생이 문을 닫다./ 문이 바람에 닫히다. | | |

| 구분 | 수업내용 | 학습자료 및 비고사항 | 시간 (분) |
| --- | --- | --- | --- |
| | • 개구리가 파리를 먹다./ 파리가 개구리에게 먹히다.<br>• 제가 공원에서 꽃 사진을 찍었어요./ 꽃 사진이 찍혔어요.<br><br>T: 모르는 단어가 또 있어요?(질문이 없으면 학생에게 반대로 질문을 할 수도 있다.)<br><br>▷상처 (상처가 생기다 ↔ 상처가 낫다)<br>• 넘어지거나 다쳐서 몸에 생긴 것을 말해요. 상처는 마음에도 있어요. 여자 친구나 남자 친구와 헤어져서 마음에 상처가 생기기도 해요.<br>▷치료 (치료하다 / 치료받다)<br>아파서 병원에 가면 의사 선생님이 낫게 해 줘요. 치료해요.<br>▷집중하다<br>한 가지 일에 온 힘을 다해서 아주 열심히 하는 것이에요. 그래서 공부할 때 다른 생각을 하지 말고 집중해야 돼요.<br><br>T: 그럼, 대화 내용을 살펴 볼게요. 율리아 씨는 무엇을 하고 있어요?<br>S: 책을 읽어요.<br>T: 네, 율리아 씨는 책을 읽고 있어요. 그런데 누가 다쳤어요?<br>S: 휘엔 씨가 어렸을 때 다쳤어요.<br>T: 네, 맞아요. 그럼 '세 살 버릇 여든까지 간다'는 말은 무슨 뜻이에요? 여기에서 버릇은 습관과 비슷한 말이에요. 오랫동안 계속 반복하여 몸에 익숙해진 행동을 말해요.<br>S: 세 살 버릇이 여든까지 계속 있다는 말 같아요.<br>T: 네, 맞아요. 어렸을 때 버릇은 나이가 들어도 계속 된다는 말이에요. 저를 보세요. 저는 지금도 늦게 자요. 그러니까 어릴 때부터 버릇을 잘 만들어야 돼요. 그럼, 율리아 씨는 어떤 버릇이 있어요?<br>S: 책을 많이 읽어요.<br>T: 네, 율리아 씨는 어릴 때도 책을 많이 읽고 지금도 시간이 있으면 책을 읽어요. 율리아 씨는 좋은 버릇을 가졌어요? 나쁜 버릇을 가졌어요?<br>S: 좋은 버릇이에요. | | |

| 구분 | 수업내용 | 학습자료 및 비고사항 | 시간 (분) |
|---|---|---|---|
| | T: 네, 맞아요. 그럼, 제가 질문을 할게요. 휘엔 씨는 의자를 만들다가 어디에 못이 박혔어요?<br>S: 손이요!<br>T: 그럼, 율리아 씨는 어디에 못이 박혔어요?<br>S: 귀!<br>T: 진짜 귀에 못이 박혔어요?<br>S: 아니요.<br>T: 여기에서 조심해야 할 것이 있어요. 이 문장에서 못은 망치로 박는 못이 아니에요. 자, 우리가 일을 너무 많이 했어요.(손바닥을 가리키며) 그럼 손이 어때요? 부드러워요?<br>S: 아니요, 딱딱해요.<br>T: 네, 맞아요. 일을 너무 많이 하면(손바닥을 보여주며) 손이 못처럼 딱딱해져요. 여기에서 못은 너무 많이 일해서 생긴 굳은살을 말하기도 해요. 그럼 '못이 박히다'는 어떤 뜻이에요?<br>S: 잘 몰라요.<br>T: 일을 많이 해서 못처럼 딱딱한 살이 생겼다라고 할 수 있어요, 그런데 못이 귀에 박혔다고 하네요. '귀에 못이 박히다'는 어떤 뜻일까요?<br>S: 이해가 안 돼요. 몰라요.<br>T: '귀에 못이 박히다'는 귀에 못이 생기는 거예요. 다시 말해서 못처럼 딱딱한 굳은살이 생기는 거예요. 언제 귀에 못이 박힐까요?<br>S: 시끄러워요?<br>T: 못은 같은 말을 계속 반복해서 들었을 때 생긴다고 할 수 있어요. 여러분은 같은 말을 계속 들으면 듣기 좋아요? 듣기 싫어요?<br>S: 듣기 싫어요.<br>T: 아무리 좋은 말도 계속 들으면 잔소리가 돼요. 그래서 이 말은 약간 부정적인 의미도 있어요. 율리아 씨 아버지는 율리아 씨한테 책을 읽으라고 많이 말씀하셨나 봐요. 귀에 못이 박히도록 말씀하셨다고 하네요. 이제 '귀에 못이 박히다'는 말을 잘 알겠어요?<br>S: 네.<br>T: 그럼, 다른 질문이 있어요? | 굳은살이 있는 손바닥 사진과 못이 있는 사진 준비하고 비교해서 보여준다. | |

| 구분 | 수업내용 | 학습자료 및 비고사항 | 시간(분) |
| --- | --- | --- | --- |
| | 질문이 없으면 활동지(1)을 풀면서 전체적인 내용을 확인한다. | | |
| 연습 활용 | 질문을 통해서 속담과 관용어의 뜻을 정확하게 이해하고 비슷한 표현을 알려준다.<br><br>T: 이제 '세 살 버릇 여든까지 간다'와 '귀에 못이 박히다'를 더 자세히 배울게요. 아까 버릇은 습관과 비슷한 말이라고 했어요.<br>○○ 씨는 무슨 버릇이 있어요?<br>S: 저는 다리를 많이 흔들어요.<br>T: 예전에도 다리를 많이 흔들었어요? 떨었어요?<br>S: 네.(몇 명의 다른 학생에게도 똑같은 질문을 한다.)<br>T: 저는 말할 때 자주 '에'하는 버릇이 있어요. 말버릇이에요. 어떤 사람은 코를 많이 골아요. 잠버릇이에요. 또 어떤 사람은 취할 때까지 마셔요. 술버릇이에요. 이렇게 사람들은 여러 가지 버릇이 있어요. 또 한 번 생긴 버릇은 고치기가 쉽지 않아요. '세살 버릇 여든까지 간다.' 알지요?<br>S: 네.<br>T: 이럴 때 사용하는 비슷한 속담이 있어요. '제 버릇 개 못 준다.' 자기 버릇은 특히 나쁜 버릇은 개한테도 주기 어렵다는 말이에요. 그래서 부정적인 뜻을 가지고 있어요. 나쁜 버릇은 뭐가 있을까요?<br>S: 모르겠어요.<br>T: 제 친구는 술을 마시면 옆 사람과 싸우는 버릇이 있어요. 그러면 저는 이렇게 말해요. '정말 제 버릇 개 못 준다고 여전하구나.' 제 친구가 술버릇을 고치지 못하고 옛날과 똑같다는 말이에요.<br><br>**비슷한 표현**<br>• 세 살 버릇 여든까지 간다고 하니까 조카의 거짓말하는 버릇은 고쳐야 해요.<br>• 제 버릇 개 못 준다고 네 술버릇은 여전하구나.<br>• 어릴 적 버릇은 늙어서까지 간다니까 아이의 버릇을 잘 가르쳐야 해요. | 활동지(1)<br><br>활동지(2) | 50분 |

| 구분 | 수업내용 | 학습자료 및 비고사항 | 시간 (분) |
|---|---|---|---|
| | ✔ 참고: 시간이 있을 경우 '버릇이 없다'라는 표현을 알려 줄 수 있다.<br>T: 한국에서는 '버릇이 없다'라는 말도 있어요. 버릇이 없다는 어른에게 잘못된 행동을 할 때 또 예의 없는 행동을 할 때 써요. 그러나 '버릇이 있다'라는 말은 안 써요.<br><br>T: ○○ 씨, '귀에 못이 박히다'는 무슨 말이라고 했어요?<br>S: 같은 말을 많이 들어요.<br>T: 같은 말을 많이 들으면 좋아요? 싫어요?<br>S: 싫어요.<br>T: 저는 아무리 좋은 말도 너무 많이 들으면 듣기 싫을 것 같아요. 그래서 이런 뜻은 여러 가지 표현이 있어요. '귀가 아프다', '귀에 딱지가 앉다'가 있어요.<br><br>비슷한 표현<br>• 그 이야기는 귀에 못이 박힐 정도로 들었어요.<br>• 선생님의 잔소리는 귀가 아플 정도로 들어서 거의 외웠어요.<br>• 엄마의 공부하라는 말은 귀에 딱지가 앉도록 들었다.<br>✔ 참고: 시간이 있을 경우 '가슴에 못이 박히다'라는 표현을 보충해서 설명할 수 있다.<br>T: 귀가 아니라 '가슴에 못이 박히다'라는 표현도 있어요. 이 말은 무슨 뜻일까요?<br>S: 답답해요?<br>T: 이 때 못은 망치로 박는 못이에요.(못을 보여 주며) 그래서 이 표현은 마음속에 깊이 상처가 생겼다는 말이에요. 예를 들면 친구가 뚱뚱하다고 말하면 다른 사람이 말한 것보다 더 상처를 받아요. 그래서 그 말은 가슴에 못이 박혔다라고 말해요.<br>• 자식의 죽음으로 부모님의 가슴에 못이 박혔다.<br><br>T: 요즘 여러분은 귀에 못이 박힐 정도로 자주 듣는 말이 있어요? 누구에게서 들어요?(다른 학생에게는 아래 질문을 한다.) | | |

| 구분 | 수업내용 | 학습자료 및 비고사항 | 시간(분) |
| --- | --- | --- | --- |
| | **활동지 질문**<br>• 여러분 주위 사람은 어떤 버릇이 있습니까?<br>• 여러분이 생각하는 좋은 습관은 무엇입니까?<br>• 여러분이 자주 듣는 잔소리는 무엇입니까?<br>• 잔소리를 듣고 어떻게 행동했습니까?<br><br>활동지(2)와 활동지(3)을 활용하여 오늘 배운 표현을 정확하게 이해할 수 있도록 마지막 점검을 한다. | 활동지(3)<br><br>대화문을 만들어서 역할극으로 해도 좋다. | |
| 마무리 | 오늘 배운 학습 내용을 정리한다.<br><br>T: 그럼 오늘 수업을 정리할게요. 오늘 어떤 표현을 배웠지요?<br>S: '세 살 버릇 여든까지 간다.', '귀에 못이 박히다.'<br>T: 여러분 '세 살 버릇 여든까지 간다'고 어릴 때 버릇은 나이가 들어도 잘 바뀌지 않아요. 나쁜 버릇은 고쳐야 해요. 지금도 늦지 않았어요. ○○ 씨도 다리 떨지 말고, ㅁㅁ 씨도 채소를 많이 먹어야 해요.(학생들의 버릇을 기억하며 언급한다.)그런데 제가 아무리 귀에 못이 박히도록 말해도 여러분이 잘 듣지 않으면 소용없어요. 아셨지요?<br>S: 네!<br>T: 저도 건강을 생각해서 이제 일찍 자야겠어요. 그럼, 다음 시간에 만나요. | | 5분 |

| 활동지(1) 정답지 2장 – 문화지식 : 세 살 버릇 여든까지 간다 / 귀에 못이 박히다 | | |
| --- | --- | --- |
| **어휘 확인하기** | **내용 이해하기** | **관용어/속담 이해하기** |
| 1. 집중하고<br>2. 상처가<br>3. 치료를 | 1. X<br>2. O<br>3. O<br>4. O<br>5. X | 1. 귀에 못이 박히도록<br>2. 세 살 버릇 여든까지 간다고<br>3. 귀에 못이 박히게 |

## 활동지(1) 2장 - 문화지식 : 세 살 버릇 여든까지 간다 / 귀에 못이 박히다

### 어휘 확인하기

**※ 다음에서 알맞은 것을 찾아서 문장을 완성하십시오.**

| 상처 | 치료 | 집중하다 |
|---|---|---|

1. 그 회사는 새로운 제품을 만들면서 해외 사업에 __________고 있다.

2. 어제 요리하면서 칼에 베인 _________이/가 잘 낫지 않네요.

3. 아이가 많이 다쳤으니까 빨리 병원에 가서 _________을/를 받으세요.

### 내용 이해하기

**※ 본문의 내용과 같으면 O, 다르면 X 하십시오.**

1. 율리아 씨는 어릴 적에 귀를 다쳐서 병원에 갔다. ( O / X )

2. 어렸을 때부터 율리아 씨는 책을 자주 읽었다. ( O / X )

3. 휘엔 씨는 손에 못이 박힌 적이 있다. ( O / X )

4. 휘엔 씨는 책을 읽는 것보다 게임을 하는 것을 좋아한다. ( O / X )

5. 율리아 씨는 여든까지 살고 싶다. ( O / X )

### 관용어/속담 이해하기

**※ 다음에서 알맞은 것을 찾아서 빈칸을 완성하십시오.**

| 세 살 버릇 여든까지 간다 | 귀에 못이 박히다 |
|---|---|

1) A : 여보, 양말을 꼭 세탁기 안에 넣어 주세요.

제가 ________________도록 말하는데 왜 안 해요.

B : 미안해요. 앞으로 잘 할게요.

2) A : 우리 아이는 밥을 먹을 때 항상 텔레비전을 보는 버릇이 있어요.

B : ______________________고 하잖아요. 빨리 고쳐야 해요.

3) A : 내가 ___________________게 얘기했지. 집을 나갈 때는 불 끄고 나가라고!

B : 또 잊었네. 다음부터 불을 잘 끄고 나갈게요.

## 활동지(2) 2장 - 문화지식 : 세 살 버릇 여든까지 간다 / 귀에 못이 박히다

**※ 여러분 주위 사람들은 어떤 버릇이 있습니까? 한번 생각해 봅시다.**

예 친구가 손가락을 빨아요.

1. ______________________________

2. ______________________________

3. ______________________________

**※ 여러분이 생각하는 좋은 습관은 무엇이라고 생각합니까?**

예 밥을 먹은 후 꼭 이를 닦아요.

1. ______________________________

2. ______________________________

3. ______________________________

**※ 위의 문장과 속담 '세 살 버릇 여든까지 간다'를 활용하여 짧은 글을 써 봅시다.**

예 세 살 버릇 여든까지 가기 때문에 밥을 먹은 후 이를 닦는 것은 좋은 버릇이다.

1. ______________________________

2. ______________________________

3. ______________________________

## 활동지(3) 2장 - 문화지식 : 세 살 버릇 여든까지 간다 / 귀에 못이 박히다

**※ 여러분이 자주 듣는 잔소리는 무엇입니까? 누구에게서 듣습니까?**

| 누 구? | 내 용 |
|---|---|
| 부모님 | 전화를 자주 해라 |
| | |
| | |

**※ 여러분이 부모님이나 친구에게 귀에 못이 박히도록 잔소리를 듣고 행동을 고쳤습니까? 아니면 고치지 않았습니까? 고치지 않았다면 왜 고치지 않았습니까?**

| 잔소리 내용 | | |
|---|---|---|
| 결과 | 행동을 고쳤다 | 행동을 고치지 않았다 |
| | | |
| 이유 | | |

**※ 앞에서 쓴 것을 참고하여 속담 '세 살 버릇 여든까지 간다' 나 '귀에 못이 박히다'를 사용해서 아래의 보기처럼 대화를 만들어 봅시다.**

A : 저희 엄마는 하루에 한번 씩 전화를 하라고 매번 말씀하세요.

B : 부모님께서 걱정이 되어서 그러시는 거라고 생각해요.

A : 그래도 귀에 못이 박히게 들어서 듣기가 싫어요.

B : 그렇게 어려운 일이 아니잖아요. 전화하면 부모님께서 좋아하실 거예요.

A. ________________________________

B. ________________________________

A. ________________________________

B. ________________________________

## 활동지(4) 2장 - 문화지식 : 세 살 버릇 여든까지 간다 / 귀에 못이 박히다

**※ 내가 가지고 있는 여러 가지 습관 중에서 내 식습관을 점검해 봅시다. 아래 내용 중 자신에게 해당되는 항목에 ✓ 표시를 해 봅시다.**

| 번호 | 질문 | ✓ |
|---|---|---|
| 1 | 음식은 배가 부를 때까지 먹는다. | |
| 2 | 안 먹다가 한꺼번에 많이 먹는다. | |
| 3 | 식사 후에 배가 불러도 맛있는 것이 있으면 또 먹는다. | |
| 4 | 음식을 골라서 먹는다. | |
| 5 | 군것질을 많이 한다. | |
| 6 | 콜라, 사이다 같은 탄산음료를 자주 마신다. | |
| 7 | 기름에 튀긴 음식이나 볶은 음식을 자주 먹는다. | |
| 8 | 패스트푸드(피자, 햄버거 등)를 자주 먹는다. | |
| 9 | 인스턴트 식품(라면, 3분 카레 등)을 자주 먹는다. | |
| 10 | 맵고 짠 음식을 자주 먹는다. | |
| 11 | 남들보다 음식 먹는 속도가 빠르다. | |
| 12 | 먹은 후에 가까운 거리도 걷지 않고 차를 탄다. | |
| 13 | TV 시청이나 컴퓨터 게임을 하루 2시간 이상 즐기면서 먹는다. | |
| 14 | 밖에 나가기보다는 집에 있기를 좋아한다. | |
| 15 | 돈이 생기면 우선 먹는 것부터 산다. | |
| 16 | 맛있는 음식이 있으면 남이 못 먹게 빨리 먹는다. | |
| 17 | 많이 먹은 후에 항상 후회한다. | |
| 18 | 심심할 때마다 먹는다. | |
| 19 | 화가 나면 먹는다. | |
| 20 | 내 모습을 보는 것이 싫다. | |
| | 나는 몇 개입니까? | |

**✓ 표시한 것이 12개 이상이면 이미 비만이 진행되고 있을 가능성이 매우 높으므로 전문가의 도움이 필요합니다.**

Memo

# 03 속담 **가는 말이 고와야 오는 말이 곱다**<br>관용어 **말꼬리를 잡다**

**학습목표**

1. '가는 말이 고와야 오는 말이 곱다'와 '말꼬리를 잡다'의 의미를 알고 사용할 수 있다.
2. 국립한글박물관에서 해설사의 설명을 이해할 수 있다.
3. 주장하는 표현을 알고 토의할 수 있다.

다음은 속담과 관용어가 들어간 대화입니다. 잘 읽어보고 언제, 어떻게 사용되는지 또 어떤 뜻으로 사용되는지 알아봅시다.

율리아　휘엔 씨! 저는 지난주 토요일에 한글 박물관에 갔었어요.

휘엔　한글 박물관이요? 그럼 한글을 만든 사람 알아요?

율리아　당연하죠! 쎄총대왕님이잖아요.

휘엔　율리아 씨! 쎄총대왕님이 아니라 '세.종.대.왕.님'이에요!

율리아　네… 한국어 발음 아직도 어려워요. 한국어를 더 열찌미 공부해야겠어요.

휘엔　율리아 씨! '열찌미 공부해야겠어요.'가 아니라 '열심히 공부해야겠어요.'예요.

율리아　휘엔 씨… 더 이상 말꼬리 잡지 마세요!

휘엔　한글 박물관에서 말꼬리 잡기 게임도 있었어요? 재미있었겠다.

율리아　휘엔 씨! 그 말이 아니라… 에휴… 휘엔 씨는 모르는 게 너무 많아요.

휘엔　율리아 씨보다는 많이 알걸요. 내가 한국어 발음이 더 좋잖아요!

율리아　한국어 발음이 좋으면 뭐해요? 한국어 속담도 잘 모르잖아요!

휘엔　뭐라고요?? 지금 나를 무시하는 거예요?

율리아　가는 말이 고와야 오는 말이 곱지요!

휘엔　율리아 씨는 속담을 많이 안다고 너무 잘난 체해요.

율리아　휘엔 씨도 속담 공부 열찌미 하세요. 열!찌!미!

휘엔　하하. '열찌미'가 아니라 '열심히'라니깐요.

율리아　일부러 그런 거예요.

휘엔　지난번에도 '열찌미'라고 했잖아요.

율리아　알겠어요. 우리 이제 그만 해요.

## 문화 지식 〈교안〉

다음은 속담과 관용어를 가지고 한국어 수업에서 사용할 수 있는 교안입니다. 이 교안은 하나의 예일 뿐이므로 한국어 교사들은 이 교안을 참고하시고 수업 상황에 맞게 활용하시면 됩니다.

| 3장 가는 말이 고와야 오는 말도 곱다 / 말꼬리를 잡다 | | | | | |
|---|---|---|---|---|---|
| 숙달도 | 중급 이상 | 차시 | 2차시 | 시간 | 100분 |
| 단원목표 | 1. '가는 말이 고와야 오는 말이 곱다'와 '말꼬리를 잡다'의 의미를 알고 사용할 수 있다.<br>2. 국립한글박물관에서 해설사의 설명을 이해할 수 있다.<br>3. 주장하는 표현을 알고 토의할 수 있다. | | | | |
| 차시목표 | 말(言)과 관련된 한국의 속담을 이해하고, 상황에 따라 말할 수 있다. | | | | |
| 학습자료 | PPT, 동영상 등 | | | | |

| 구분 | 수업내용 | 학습자료 및 비고사항 | 시간(분) |
|---|---|---|---|
| 도입 | 다음과 같은 상황에서 어떻게 말할지 생각해 보게 하며, 수업을 도입한다.<br><br>T: 여러분, 다음과 같은 상황에서 어떻게 말할 거예요? 생각해 보세요. (PPT 제시)<br><br>T: 여러분은 집에서 음악을 듣고 있었어요. 그런데 옆집에 사는 사람이 찾아와서 이렇게 말을 해요.<br><br>상황1<br>가: 저기요! 음악 좀 꺼요. 시끄러워 죽겠어요. 생각이 있어요? 당신 때문에 우리 집 아기가 깼잖아요!<br>나: ______________________________ | 상황을 제시할 때, 학생들이 상황을 잘 인지할 수 있도록 [상황1]에서는 기분 나쁜 어투로 말하고, [상황2]에서는 예의 바른 어투로 말하며, 상황을 제시한다. | 10분 |

| 구분 | 수업내용 | 학습자료 및 비고사항 | 시간(분) |
|---|---|---|---|
| | T: 여러분, 기분이 어때요?<br>S: 기분 안 좋아요.<br>T: 왜요?<br>S: 옆집 사람이 예의가 없어요. 그리고 옆집 사람 때문에 기분이 나빠요.<br>T: 그럼, 옆집 사람에게 어떻게 말할 거예요?<br>S: 음악 소리를 줄이겠다고 말할 거예요. 하지만 친절하게 말할 수 없어요.<br>T: 맞아요. 여러분은 음악 소리를 줄일 거예요. 하지만 기분이 나빠요. 그래서 옆집 사람에게 친절하게 말할 수 없어요.<br>T: 자, 이번엔 옆집 사람이 이렇게 말해요.<br><br>상황2<br>가: 죄송합니다만 음악 소리가 너무 크게 들리네요. 아기가 지금 자고 있으니까, 조금만 조용히 해주실 수 있으세요?<br>나: ________________<br><br>T: 여러분, 기분이 어때요? 이번에도 기분이 나빠요?<br>S: 아니요, 기분 안 나빠요. 옆집 사람에게 미안해요.<br>T: 맞아요. 여러분은 음악 소리가 옆집에도 들리는지 몰랐어요. 그래서 옆집 사람에게 미안한 마음이 들어요. 맞아요?<br>S: 네, 맞아요.<br>T: 그럼 옆집 사람에게 어떻게 말 할 거예요?<br>S: '죄송합니다. 음악 소리를 줄이겠습니다.'라고 친절하게 말할 거예요.<br>T: 좋아요. 지금 옆집 사람이 무슨 말을 하느냐에 따라 우리 기분이 달랐어요. 이렇게 한국에서는 '말'을 굉장히 중요하게 생각해요. 그래서 말과 관련된 한국 속담이 아주 많답니다. 오늘은 '말'과 관련된 속담을 배워요. | | 35분 |
| 제시 설명 | 학생들과 제시된 대화 지문을 한 번 읽고 전체적인 내용을 이해한다.<br><br>T: 자, 여러분! 우리 교재에 있는 대화를 한 번 읽어 봅시다.<br>T: (읽은 후) 여러분, 율리아 씨와 휘엔 씨는 지금 무슨 이야기해요?<br>S: 잘 모르겠어요. 그런데 싸우는 것 같아요. | | |

| 구분 | 수업내용 | 학습자료 및 비고사항 | 시간(분) |
| --- | --- | --- | --- |
| | T: 아, 율리아 씨와 휘엔 씨 싸우는 것 같아요? 왜요?<br>S: 음.... 휘엔 씨가 계속 율리아 씨가 한국어 발음 못한다고 말했어요. 그래서 율리아 씨 기분이 나쁜 것 같아요.<br>T: 네, 좋아요. 우리 한 번 더 대화를 읽어 봐요. 이번에는 왜 율리아 씨가 기분이 나빴는지 생각하며 읽어 봐요.<br><br>학생들이 이해를 못 하는 부분이 무엇인지 파악하며, 그 부분을 다시 한 번 읽게 한다. 그리고 관용어 '말꼬리를 잡다'의 의미가 무엇인지도 함께 설명한다.<br><br>T: 자, 율리아 씨는 지난주 토요일에 어디에 다녀왔지요?<br>S: 율리아 씨는 지난주 토요일에 한글 박물관에 다녀왔어요.<br>T: 맞아요. 그런데 율리아 씨가 단어를 계속 잘못 발음했어요. 어떤 단어를 잘못 발음했어요?<br>S: 세종대왕, 열심히, 공부<br>T: 네, 그래서 휘엔 씨가 그걸 듣고 어떻게 했지요?<br>S: 계속 발음을 고쳐줬어요.<br>T: 누군가 내가 말할 때 계속 발음이 틀렸다고 고쳐주면 어때요?<br>S: 음 수업 시간에 선생님이 제가 한국어를 잘못 말해서 고쳐주는 건 괜찮아요. 그런데 친구와 대화할 때 친구가 계속 고쳐주면 기분이 안 좋아요.<br>T: 맞아요. 수업 시간이 아니에요. 그런데 친구가 계속 내 발음이 틀렸다고 말해요. 친구가 나한테 잘난 체하는 것 같아요. 그렇지요?<br>S: 네.<br>T: 휘엔 씨가 율리아 씨 발음이 틀렸다고 계속 말하면 율리아 씨 기분이 어때요?<br>S: 기분이 나빠요.<br>T: 맞아요. 율리아 씨는 기분이 나빠요. 그래서 휘엔 씨에게 어떻게 말했어요?<br>S: "말꼬리 잡지 마세요!"라고 했어요. 선생님, 이거 무슨 뜻이에요? | 대화 지문을 한 번 읽고, 전체적인 내용을 이해했는지 확인한다. 그 후, 대화 지문을 한 번 더 읽고 '가는 말이 고와야 오는 말이 곱다'와 '말꼬리를 잡다'의 의미를 설명한다. 그 후, 활동지 1을 활용하여 세부적인 내용을 확인한다. | 35분 |

| 구분 | 수업내용 | 학습자료 및 비고사항 | 시간(분) |
|---|---|---|---|
| | <br><br>T: 여기 그림 보세요. 여기에서 말꼬리 뭐예요?<br>S: 이거요.<br>T: 네, 맞아요. 이게 말의 꼬리지요?<br>S: 네.<br>T: 말(馬)이 길을 가고 있었어요. 그런데 어떤 사람이 이 말의 꼬리를 잡았어요. 그럼 말은 어떻게 돼요?<br>S: 길 못 가요. 멈춰요.<br>T: 맞아요. 이렇게 말꼬리를 잡으면 말이 앞으로 못 가요. 자. 그런데 타는 말(馬) 말고 다른 말(言)도 있어요. 알아요?<br>S: 네.<br>T: 좋아요. (입술 그림을 가리키며) 이 그림 보세요. 그럼 이 말(言)의 꼬리는 뭐예요?<br>S: 음....<br><br><br>T: (잠시 기다렸다가) 여기서 말(言)의 꼬리는 말(言)의 끝 부분을 말해요. 자, 율리아 씨가 말을 하고 있어요. 그런데 율리아 씨가 '세종대왕님'을 '쎄총대왕님'이라고 말했어요. 또 '열심히 공부해야겠어요.'를 '열찌미 콩부해야겠어요.'라고 잘못 말했어요. 그러니까 휘엔 씨가 계속 율리아 씨의 말(言)을 틀렸다고 말했어요. 그래서 율리아 씨는 말을 계속 못했어요. | | |

| 구분 | 수업내용 | 학습자료 및 비고사항 | 시간 (분) |
|---|---|---|---|
| | 이렇게 '말꼬리를 잡다'는 어떤 사람이 말을 하고 있는데 상대방이 그 말이 '잘못됐어요, 틀렸어요' 하면서 말을 끝까지 못 하게 하는 거예요. 자, 다시 본문 보세요. 휘엔 씨가 계속 율리아 씨가 잘못 말한 부분을 계속 말하면서 말을 못 하게 했어요. 그러니까 율리아 씨가 뭐라고 해요?<br>S: '말꼬리 잡지 마세요.'라고 했어요.<br>T: 네, 맞아요. 이제 '말꼬리를 잡다'가 어떤 뜻인지 알겠어요?<br>S: 네.<br>T: 자, 이렇게 율리아 씨는 휘엔 씨가 계속 말꼬리를 잡아서 이미 기분이 나빴어요. 그 다음 대화를 보세요. 율리아 씨가 '말꼬리 잡지 마세요.'라고 하고 나서 휘엔 씨가 또 뭐라고 해요?<br>S: '한글 박물관에 말꼬리 잡기 게임도 있어요? 재미있었겠다.' 라고 말했어요.<br>T: 네, 맞아요. 그런데 율리아 씨가 한글 박물관에서 말꼬리 잡기 게임을 해서 '말꼬리 잡지 마세요.'라고 얘기한 거예요?<br>S: 아니요.<br>T: 네, 아니에요. 율리아 씨는 '저 말하고 있어요. 그러니까 내가 조금 잘못 말해도 내 말을 끊지 마세요. 말꼬리 잡지 마세요.'라고 한 거예요. 자, 또 휘엔 씨가 율리아 씨에게 자기가 율리아 씨보다 한국어 발음이 더 좋다고 말했지요? 그랬더니 율리아 씨가 뭐라고 했지요?<br>S: '한국어 속담도 잘 모르잖아요!'라고 말했어요.<br>T: 네, 맞아요. 율리아 씨가 친절하게 말했어요?<br>S: 아니요. 친절하게 말 안 했어요.<br>T: 네, 휘엔 씨가 먼저 율리아 씨의 한국어 발음이 틀렸다고 말하면서 율리아 씨의 말꼬리를 잡았죠? 그랬더니 율리아 씨도 기분이 안 좋아서 친절하게 말 안 했어요. 그리고 율리아 씨가 휘엔 씨에게 이렇게 이야기해요. '가는 말이 고와야 오는 말이 곱지요!' 이게 무슨 말일까요?<br>**목표 속담인 '가는 말이 고와야 오는 말이 곱다.'를 자세히 설명한다.**<br>T: 자, 보세요. 여러분이 친구와 이야기하고 있어요. 여러분이 친구에게 친절하게 말해요. 그럼 친구는 여러분에게 어떻게 말해요? | 교안에 첨부된 PPT를 적극 활용하여 목표 속담을 설명한다. PPT를 활용할 수 없는 경우, 단어 카드를 만들어서 그 의미를 설명한다. | |

| 구분 | 수업내용 | 학습자료 및 비고사항 | 시간 (분) |
| --- | --- | --- | --- |
| | 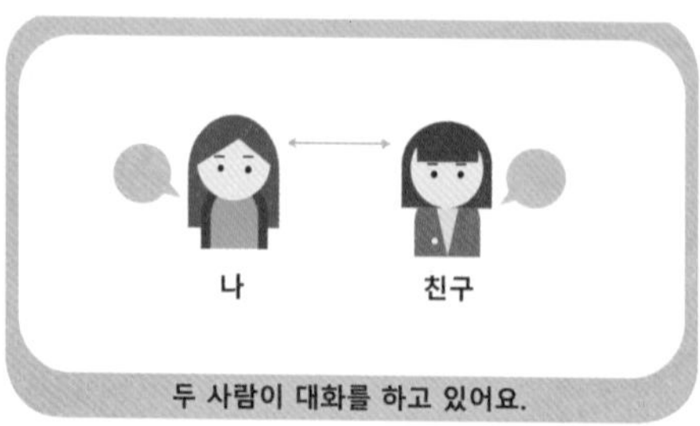<br><br>두 사람이 대화를 하고 있어요.<br>S: 친절하게 말해요.<br>T: 맞아요. 그럼 이번엔 여러분이 친구에게 기분 나쁘게 말해요. 그럼 친구는 여러분에게 어떻게 말해요?<br>S: 친구도 기분 나쁘게 말해요.<br>T: 맞아요. 먼저 좋은 말로 해야 상대방도 좋은 말로 대답을 해요. 그렇지요?<br>S: 네.<br>T: 우리 이럴 때, 한국에서는 '가는 말이 고와야 오는 말이 곱다.'라고 이야기해요. 여러분 '가는 말', '오는 말' 알아요?<br>S: 몰라요.<br>T: '가는 말'은 두 사람이 이야기할 때, 처음에 하는 말이에요. 여기 그림에서 '나'를 보세요.<br>T: (그림을 가리키며) 내가 친구에게 먼저 말해요. 말(言)이 나에게서 친구에게로 가고 있죠? '가는 말'이에요.<br><br><br>가는 말.<br>T: 그럼 이번엔 친구가 나에게 대답해요. (그림을 가리키며) 말(言)이 친구에게서 나한테로 오고 있어요. '오는 말'이에요. 알겠어요? | | |

| 구분 | 수업내용 | 학습자료 및 비고사항 | 시간(분) |
| --- | --- | --- | --- |
| | <br><br>오는 말.<br>S: 네.<br>T: 그럼, '곱다'는 무슨 뜻일까요?<br>S: 모르겠어요.<br>T: 자, '곱다'는 '예쁘다, 부드럽다'와 같은 뜻이에요. 그럼 '고운 얼굴'은 무슨 뜻일까요?<br>S: 예쁘고 부드러운 얼굴?<br>T: 맞아요.<br><br><br>곱다.<br>T: 이렇게 얼굴이나 손 등과 같이 어떤 생김새에 '곱다'를 쓰기도 하고 '한복이 곱다'처럼 색깔이 밝고 예쁠 때도 '곱다'를 써요. 뿐만 아니라 목소리, 마음씨 등과 같은 단어에도 '곱다'를 쓸 수 있답니다. 그럼 '마음씨가 곱다'는 무슨 뜻일까요?<br>S: 마음씨가 예쁘다?<br>T: 네, 맞아요. 남을 잘 도와주고, 남에게 친절하게 대하는 예쁜 마음씨를 '마음씨가 곱다'라고 해요. 자, 이제 '가는 말이 고와야 오는 말이 곱다' 는 무슨 뜻일지 이야기해 볼까요?<br>S: 내가 상대방에게 하는 말이 예쁘고 부드러워야 상대방도 나에게 예쁘고 부드럽게 말해요.<br>T: 네, 아주 잘했어요. 자, 이렇게 '가는 말이 고와야 오는 말이 곱다'는 '먼저 좋은 말로 해야 상대방도 좋은 말로 대답한다.'라는 뜻이에요. 알겠어요?<br>S: 네. | | |

| 구분 | 수업내용 | 학습자료 및 비고사항 | 시간(분) |
| --- | --- | --- | --- |
| 연습 활용 | 학생들이 모두 '가는 말이 고와야 오는 말이 곱다'와 '말꼬리를 잡다'의 의미 파악이 됐으면, 활동지(1)를 활용하여 대화 지문의 세부 내용을 학생들과 함께 파악한다.<br><br>활동지(2)를 활용하여 해당 단원의 목표 속담 이외에도 말(言)과 관련된 한국 속담을 보여주고, 어떤 뜻일지 생각해 보도록 한다. 그리고 친구와 이야기하게 한다.<br><br>T: 여러분, 여기 활동지에서 첫 번째 그림을 보세요. '발 없는 말이 천 리 간다.' 무슨 뜻일까요? 여기서 '천 리'는 아주 먼 거리를 말해요. 이 속담은 무슨 뜻일지 친구와 먼저 이야기해 보세요. (시간을 준 후) 자, 우리 '발 없는 말'이 뭐예요?<br>S: 말(言)이요.<br>T: 맞아요. 타는 말(馬) 아니에요. 입으로 하는 말(言) 이에요. 말(言)은 아주 빨리 사람들 입에서 입으로 전달돼요. 선생님 이번에 좋아하는 사람 생겼어요. ○○ 씨한테만 어제 말했어요. 그런데 이제 □□ 씨도 알아요. △△ 씨도 알아요. 우리 반 친구들 모두 알아요. 이렇게 말은 아주 빨리 사람들 입에서 입으로 전달돼요. 빨리 퍼져요. 그럼 어떻게 해야 되지요? 말조심해야 돼요. 그래서 '발 없는 말이 천 리 간다.'는 말이 빨리 퍼질 수 있으니, 말조심해야 된다는 뜻이에요. 알겠어요?<br>S: 네.<br>T: 자, 두 번째 그림 보세요. '입이 열 개라도 할 말이 없다.' 무슨 뜻일까요? 친구와 이야기해 보세요.<br>S: 네.<br>T: (시간을 준 후) 자, 여러분은 입이 몇 개 있어요?<br>S: 한 개요.<br>T: 그런데 생각해 보세요. 여러분한테 입이 열 개 있어요. 그럼, 말 많이 해요? 아니면 못 해요?<br>S: 말 많이 할 수 있어요.<br>T: 맞아요. 말 많이 할 수 있어요. 그런데 왜 할 말이 없을까요?<br>S: 음<br>T: 자, ○○ 씨가 월요일에 지각했어요. 선생님한테 뭐라고 해요?<br>S: '죄송합니다.'라고 말해요. | 활동지(1)<br><br>활동지(2) | 50분 |

| 구분 | 수업내용 | 학습자료 및 비고사항 | 시간 (분) |
|---|---|---|---|
| | T: 맞아요. 그런데 ○○ 씨가 화요일도 지각했어요. 수요일도 지각했어요. 그리고 목요일도 지각했어요. 계속 지각했어요. 선생님한테 계속 '죄송합니다.' 말해요?<br>S: 아니요. 너무 미안해요. 그래서 말할 수 없어요.<br>T: 맞아요. 자신이 잘못을 했어요. 그래서 너무 미안해서 미안하다고 말할 수 없어요. 그때 '입이 열 개라도 할 말이 없다.' 고 말해요.<br><br>활동지(3)을 활용하여 지금까지 배운 '말'과 관련된 속담을 가지고 〈보기〉와 같이 그림을 보고 이야기를 만들어 보도록 한다.<br><br>보기<br>속담 가는 말이 고와야 오는 말이 곱다.<br><br>가: 아까 휘엔 씨에게 왜 화를 냈어요?<br>나: 가는 말이 고와야 오는 말이 곱다고 나도 처음엔 좋게 말하려고 했어요. 그런데 휘엔 씨가 먼저 기분 나쁘게 말했어요. | 활동지(3) | |
| 마무리 | 다시 한 번 오늘 배운 속담과 관용어를 잘 이해했는지 확인하고, '말'과 관련된 한국 속담을 찾아오는 것을 과제로 내준다.<br><br>그리고 다음 차시 안내를 하며 마무리한다.<br><br>T: 여러분, 오늘 '말(言)'과 관련된 속담과 관용어를 배웠어요. 한국에서 '말(言)'이 얼마나 중요한지 알겠지요? 오늘 배운 표현 이외에도 '말(言)'과 관련된 속담과 관용어가 아주 많이 있답니다. 집에 가서 다음 시간까지 하나씩 찾아오세요. 혹시 질문 있어요? (학생들의 대답을 기다린다.) | | 5분 |

| 구분 | 수업내용 | 학습자료 및 비고사항 | 시간(분) |
|---|---|---|---|
| | 여러분, 오늘 배운 '가는 말이 고와야 오는 말도 곱다'와 '말꼬리를 잡다'를 이용해서  꼭 대화해 보세요. 다음 시간에는 '국립 한글 박물관'에 가서 '한글'에 대해 공부하고 직접 체험해 보는 시간을 가질 거예요. 우리 다음 시간에 만나요. | | |

| 활동지(1) 정답지 3장 - 문화지식: 가는 말이 고와야 오는 말도 곱다 / 말꼬리를 잡다 | | |
|---|---|---|
| 어휘 확인하기<br>1. 잘난 체한다.<br>2. 곱다.<br>3. 무시한다. | 내용 이해하기<br>1. O<br>2. X<br>3. X<br>4. O | 관용어/속담 이해하기<br>1. 말꼬리를 잡았어요.<br>2. 가는 말이 고와야 오는 말이 곱네요. |

| | |
|---|---|
|  | 옆의 QR 코드는 3. 가는 말이 고와야 오는 말이 곱다, 말꼬리를 잡다에 대한 수업 동영상입니다. 수업을 하실 때 참고하시기 바랍니다. |

## 활동지(1) 3장 - 문화지식: 가는 말이 고와야 오는 말도 곱다 / 말꼬리를 잡다

### 어휘 확인하기

**※ 다음에서 알맞은 것을 찾아서 문장을 완성하십시오.**

| 무시하다 | 잘난 체하다 | 곱다 |
|---|---|---|

1. 철수는 자기 집에 돈이 많다고 항상 ______________ .
2. 그 아이는 마음씨가 아주 ______________ .
3. 형은 내가 하는 말은 듣지 않고 항상 ______________ .

### 내용 이해하기

**※ 본문의 내용과 같으면 O, 다르면 X 하십시오.**

1. 율리아 씨는 지난주 토요일에 한글 박물관에 갔다. ( O / X )
2. 율리아 씨는 세종대왕을 모른다. ( O / X )
3. 한글 박물관에는 말꼬리 잡기 게임이 있다. ( O / X )
4. 율리아 씨는 휘엔 씨의 말 때문에 기분이 나쁘다. ( O / X )

### 관용어/속담 이해하기

**※ 다음에서 알맞은 것을 찾아서 빈칸을 완성하십시오.**

| 가는 말이 고와야 오는 말이 곱다 | 말꼬리를 잡다 |
|---|---|

1. 친구가 계속해서 저의 ______________________________ . 그래서 친구와 싸웠어요.
2. 길에서 어떤 사람하고 세게 부딪쳤어요. 그런데 제가 먼저 죄송하다고 말했더니 상대방도 죄송하다고 말했어요. 역시 ______________________________ .

## 활동지(2) 3장 – 문화지식: 가는 말이 고와야 오는 말도 곱다 / 말꼬리를 잡다

**※ 아래의 속담을 보고 어떤 뜻일지 생각해 보고, 친구와 이야기해 봅시다.**

1. 발 없는 말이 천 리 간다.

*천 리: 4,000km가 약간 안 되는 거리로, 매우 먼 거리를 말해요

2. 입이 열 개라도 할 말이 없다.

## 활동지(3) 3장 – 문화지식: 가는 말이 고와야 오는 말도 곱다 / 말꼬리를 잡다

**※ 다음 속담을 가지고, 이야기를 〈보기〉처럼 만들어 봅시다**

속담 가는 말이 고와야 오는 말이 곱다.

가: 아까 웬디 씨에게 왜 화를 냈어요?

나: 가는 말이 고와야 오는 말이 곱다고 나도 처음엔 좋게 말하려고 했어요. 그런데 웬디 씨 먼저 기분 나쁘게 말했어요.

속담 발 없는 말이 천 리 간다.

가: 흐엉 씨, 다른 사람들도 그 이야기 다 알던데요?

나: ______________________________.

가: 휴, 발 없는 말이 천 리 간다고 하잖아요.

속담 입이 열 개라도 할 말이 없다.

가: ______________________________.

나: 미안해요. 입이 열 개 라도 할 말이 없어요.

# 04

# 속담 **싼 게 비지떡**
# 관용어 **정신을 차리다**

**학습목표**

1. '싼 게 비지떡'과 '정신을 차리다'의 의미를 이해하고 상황에 맞게 표현할 수 있다.
2. 전통 혼례복의 특징을 설명할 수 있다.
3. 대조하는 표현을 사용하여 글을 쓸 수 있다.

다음은 속담과 관용어가 들어간 대화입니다. 잘 읽어보고 언제, 어떻게 사용되는지 또 어떤 뜻으로 사용되는지 알아봅시다.

율리아 다음 달에 결혼하는 친구가 있는데 한국의 전통 결혼식으로 한다고 해요.

휘엔 정말 멋지겠군요. 한국의 전통 결혼식으로 하면 한복을 입겠네요.

율리아 네, 전 한국의 한복이 참 멋지다고 생각해요. 물론 웨딩드레스도 예쁘지만 결혼식 때 입는 한복은 더 아름다운 것 같아요.

휘엔 맞아요. 저도 한국 전통 결혼식을 동영상으로 본 적이 있는데 거기에 나온 한복이 정말 화려하더라고요.

율리아 그런데 친구는 결혼 준비하는 게 너무 힘들다고 해요. 정신이 하나도 없대요.

휘엔 무슨 준비를 하느라고 힘들까요?

율리아 가전제품도 골라야 하고 가구도 골라야 하고 침구도 골라야 하잖아요. 사야 할 물건이 너무 많아서 많이 다녀야 하기도 하고 게다가 고르기도 힘들다고요. 정신을 차릴 수가 없대요.

휘엔 결혼 준비하는 것이 장난이 아니겠네요.

율리아 그렇지요. 새로 살림을 장만하는 거니까 힘들겠지요.

휘엔 결혼에 관련된 물건들은 어디서 사면 좋을까요?

율리아 백화점도 있고 마트도 있고 시장도 있지요.

휘엔 요즘엔 결혼하면서 필요한 물건들을 한꺼번에 살 수 있는 박람회도 있대요.

율리아 맞아요. 친구도 결혼 박람회에 다녀왔는데 조금 실망을 했다고 하더라고요.

휘엔 왜요?

율리아 박람회에는 한꺼번에 물건을 구입할 수 있는 반면에 마음에 들지 않는 물건도 함께 사야하기 때문에 힘들고요. 백화점은 비싸지만 마음에 드는 물건이 많고요. 이에 반해 시장은 싼 편이지만 많이 걸어 다녀야 해서 너무 힘들고요.

휘엔 하지만 친구에게 싼 게 비지떡이라는 말을 꼭 해주세요. 물건을 고를 때 명심하라고요.

율리아 싼 게 비지떡이요? 친구가 떡을 좋아하는 걸 어떻게 알았어요?

휘엔 네? 하하하, 싼 게 비지떡이란 말은요.

## 문화 지식 〈교안〉

다음은 속담과 관용어를 가지고 한국어 수업에서 사용할 수 있는 교안입니다. 이 교안은 하나의 예일 뿐이므로 한국어 교사들은 이 교안을 참고하시고 수업 상황에 맞게 활용하시면 됩니다.

<table>
<tr><th colspan="6">4장 싼 게 비지떡 / 정신을 차리다</th></tr>
<tr><td>숙달도</td><td>중급 이상</td><td>차시</td><td>2차시</td><td>시간</td><td>100분</td></tr>
<tr><td>단원목표</td><td colspan="5">1. '싼 게 비지떡'과 '정신을 차리다'의 의미를 이해하고 상황에 맞게 표현할 수 있다.<br>2. 전통 혼례복의 특징을 설명할 수 있다.<br>3. 대조하는 표현을 사용하여 글을 쓸 수 있다.</td></tr>
<tr><td>차시목표</td><td colspan="5">'싼 게 비지떡'과 '정신을 차리다'의 의미를 이해하고 상황에 맞게 표현할 수 있다.</td></tr>
<tr><td>학습자료</td><td colspan="5">사진 자료, 활동지 등</td></tr>
<tr><td>구분</td><td colspan="3">수업내용</td><td>학습자료 및 비고사항</td><td>시간(분)</td></tr>
<tr><td>도입</td><td colspan="3">인사를 하고 출석을 확인하면서 간단하게 학생들의 안부를 묻는다. 이번 수업에서 배울 속담과 관용어를 사용하여 흥미를 유발한다.<br>T: (결혼 행진곡을 들려준다.) 여러분, 이 음악은 무슨 음악이에요?<br>S: 결혼 음악이에요.<br>T: 네, 맞아요. 한국에서 결혼할 때 많이 사용하는 음악이에요. 여러분 고향에서도 이 음악을 사용해요?<br>S: 네.(아니요라고 대답하면 무슨 음악을 사용하는지 학생에게 물어 본다.)<br>T: 그런데 이 사진은 누구 결혼식이에요?<br>S: ○○○와 ○○○<br>T: 네, 드라마에서 주인공으로 만나서 결혼한 ○○이네요. 정말 신랑과 신부가 잘 생기고 예쁘네요. 이렇게 결혼하는 남자는 신랑이라고 하고 결혼하는 여자는 신부라고 해요.<br>(결혼한 선생님을 위한 예시)</td><td>유명 연예인의 결혼 사진이나 전통 혼례 사진을 인터넷에서 찾아서 보여 준다.</td><td>10분</td></tr>
</table>

| 구분 | 수업내용 | 학습자료 및 비고사항 | 시간(분) |
|---|---|---|---|
| | T: 이 사진에서 신랑과 신부가 결혼식 할 때 입는 한복을 입었네요. 누구 결혼식이에요?<br>S: 잘 모르겠어요. 선생님?<br>T: 맞아요. 바로 저예요. 저는 12월에 결혼했어요. 결혼식 날에 눈도 많이 오고 날씨가 추웠어요. 결혼식장은 공짜였는데 '싼 게 비지떡'이라고 너무 추웠어요. 저는 결혼식 날 사람들이 많이 와서 정신이 없었어요. 날씨는 춥고 아침 일찍부터 화장하고 머리하고 배는 고프고 정말 정신을 차릴 수 없었어요. 오늘은 한국의 결혼 문화에 대해서 이야기를 할 거예요. 그리고 '싼 게 비지떡'이라는 속담과 '정신을 차리다'라는 관용어를 배울 거예요.<br><br>(결혼하지 않은 선생님을 위한 예시)<br>T: 여러분은 한국의 결혼식에 가 본 적이 있어요?<br>S: 아니요.(있으면 누구의 결혼식이었는지 고향의 결혼식과 다른 점이 있었는지 물어본다.)<br>T: 그러면 텔레비전에서 한국의 결혼식을 본 적이 있어요?<br>S: 네, 드라마에서 많이 봤어요.<br>T: 한국의 결혼식은 어때요? 고향의 결혼식과 다른 점이 있어요?(학생의 대답을 유도한다.)그럼 드라마에서 전통 결혼식을 본 적이 있어요?<br>S: 아니요.<br>T: (전통 결혼식 사진을 보여 주며) 전통 결혼식에서 신랑과 신부가 특별한 한복을 입어요. 그리고 서로 절을 하고 술을 나눠 마시지요. 오늘 대화에서 율리아 씨와 휘엔 씨가 한국의 전통 결혼식에 대해서 이야기를 하는데 어떤 이야기를 하는지 같이 볼까요? | 전통 결혼식 사진 준비 | |
| 제시 설명 | **대화 지문을 읽고 어휘를 설명하고 내용을 이해한다.**<br><br>T: '싼 게 비지떡'이라는 말이 어떤 뜻일까요?<br>S: 비지떡이 뭐예요?<br>T: 비지는 두부를 만들 때 생기는 것이에요. 여러분 두부는 무엇으로 만드는지 알아요?<br>S: 콩이요. | | 35분 |

| 구분 | 수업내용 | 학습자료 및 비고사항 | 시간(분) |
|---|---|---|---|
| | T: 네, 두부는 콩으로 만들어요. 두부를 만들고 나서 남은 것이 비지예요. 비지는 영양가도 많지 않고 맛도 없어요.(사진을 보여 준다.) 옛날에 먹을 것이 없었을 때 비지로 찌개를 끓여 먹기도 하고 비지에 밀가루를 넣어서 떡처럼 만들어서 먹었어요. 이것을 비지떡이라고 해요. 비지떡은 값이 싸고 맛없는 음식이었어요. 그래서 비지떡처럼 가격이 싸면 맛이 없다는 뜻이 '가격이 싸면 좋은 물건이 아니다'라는 의미의 속담이 되었어요. 값이 싼 물건은 품질도 나쁘다는 뜻이지요.<br><br>T: 그럼 대화에서 잘 모르는 단어가 있어요? 질문하세요.<br><br>▷동영상<br>T: 여러분, 핸드폰으로 사진을 찍지요? 사진을 찍을 때 빨간색 버튼을 누르면 사진 말고 동영상을 찍을 수 있어요. 또 여러분이 유튜브에서 뭐 봐요? 여러 가지 동영상을 볼 수 있어요. 동영상은 움직이는 사진을 말해요.<br><br>▷화려하다<br>T: (전통 혼례복 사진을 보여주며) 여러분, 이 옷이 전통 결혼식 한복이에요. 어때요?<br>S: 예뻐요.<br>T: 네, 맞아요. 그리고 반짝반짝 빛이 나요. 화려하지요. 제가 화려한 사진을 보여 줄게요.(공작새 사진, 화려한 문양들, 불꽃축제 등 화려함으로 이미지 검색했을 때 나오는 사진들을 보여 준다.) | 두부와 비지의 사진을 준비한다.<br><br>화려한 옷이나 무늬 등의 사진 준비 | |

| 구분 | 수업내용 | 학습자료 및 비고사항 | 시간 (분) |
|---|---|---|---|
| | ▷침구<br>T: 침구는 잠잘 때 필요한 베개, 이불 같은 것을 말해요. 침대 매트리스에 그냥 누워요? 매트리스 위에 침대 매트를 깔지요? 또, 침대가 없을 때는 바닥에서 자야 해요. 그럼 바닥에 요를 깔아요. 지금 이야기한 베개, 이불, 매트, 요를 모두 침구라고 해요.<br>▷장난이 아니다<br>T: 여러분, 이런 말 들어봤어요? '장난이 아니다', '장난 아니야' 한국 사람들이 많이 쓰는 말이에요. 장난은 그냥 재미로 하는 일을 말하는데 '장난 아니다'라는 말은 어떤 일이 보통이 아니고 훨씬 더 대단하다는 의미예요. 대화에서 결혼 준비가 생각보다 훨씬 어려우니까 이런 말을 했어요. 밖에 나갔는데 너무 추워요. 보통 추운 게 아니고 정말 너무 추워요. '밖에 장난 아니게 추워.' 이렇게 말해요. ○○ 씨, 친구가 물어봤어요. '한국어 어려워요?' 뭐라고 얘기할 거예요?<br>S: 장난 아니에요.<br>▷살림을 장만하다<br>T: 살림은 여러 가지 뜻이 있어요. 집에서 해야 하는 여러 가지 일을 말할 때도 있고, 집에서 필요한 여러 가지 물건들을 말할 때도 있어요. 장만하다는 필요한 것을 사거나 준비하는 것을 말해요. 그러니까 '살림을 장만하다'는 집에 있어야 하는 여러 가지 것들을 사는 것을 얘기해요. 결혼을 해서 새로운 집에 가면 뭐가 필요해요?<br>S: 침대, 냉장고, TV, 세탁기...<br>T: 네, 가전제품, 가구, 침구 등을 준비해야 해요. 살림을 장만하는 거예요.<br>▷박람회<br>T: 일정 기간 동안 사람들한테 제품이나 상품을 알리기 위해서 보여주는 행사를 말해요. 커피 제품을 팔면 커피 박람회, 여행 상품을 팔면 여행 박람회라고 해요. | 침구 사진 그림 준비<br><br>박람회 사진 준비 | |

| 구분 | 수업내용 | 학습자료 및 비고사항 | 시간(분) |
| --- | --- | --- | --- |
| | 결혼 박람회는 드레스, 화장, 사진 등 결혼에 관련된 회사가 와서 상품 설명을 해요. 그럼, 결혼하려는 사람들이 와서 설명을 듣고 계약을 하기도 하는 행사예요.<br>▷명심하다<br>T: 만약에 부모님께서 중요한 말씀을 하셨어요. 그럼 여러분은 그 말씀을 금방 잊어버릴 거예요?<br>S: 잊어버리지 않을 거예요.<br>T: 맞아요. 여러분은 아마 그 말씀을 명심할 거예요. 절대 잊어버리지 않고 계속 기억할 거예요. 저는 여러분하고 헤어질 때 이렇게 말할 거예요. '언어는 계속 공부해야 해요. 사용하지 않으면 다 잊어버려요. 수업이 끝나도 계속 한국어를 듣고, 말하고, 쓰고, 읽으세요.' 여러분, 제 말을 잊어버릴 거예요?<br>S: 아니요, 명심할 거예요.<br><br>T: 그럼, '정신을 차리다'는 어떤 뜻일까요?<br>S: 너무 바빠요?<br>T: 이 대화에서 결혼할 친구는 무엇을 해야 해요?<br>S: 여러 가지 많이 사야 해요.<br>T: 네, 가전제품, 가구, 침구도 골라야 하고 할 일이 너무 많아요. 친구는 너무 일이 많으니까 머릿속에서 무엇을 먼저 해야 할지 몰라요. 그래서 친구는 아무 생각이 없어요. 정신이 없어요. 정신은 내가 어떤 일을 할 때 드는 생각(교사는 머리를 가리키면서 몸과 반대라는 뜻을 강조한다.)을 말하는데 '정신을 차리다'는 정신을 다시 있게 하는 것을 말해요. 다른 예를 들면, 여러분이 아침에 일어났어요. 일어나자마자 바로 공부할 수 있어요?<br>S: 아니요.<br>T: 맞아요. 아직 졸려서 공부를 할 수 없어요. 세수하고 정신을 차려야 공부할 수 있을 거예요. '정신을 차리다'는 이렇게 힘들거나 복잡하거나 집중하기 어려울 때 다시 맑은 정신으로 돌아오게 한다는 뜻이에요. 알겠어요? | | |

| 구분 | 수업내용 | 학습자료 및 비고사항 | 시간 (분) |
|---|---|---|---|

S: 네.

T: 활동지를 풀기 전에 한 가지 더 설명하면 '-은/는 반면에'는 반대 이야기를 할 때 써요. 지하철을 타면 막히지 않아요. 하지만 버스를 타면 막힐 때가 많아요. 지하철을 타면 막히지 않는 반면에 버스를 타면 막힐 때가 많아요. 저는 한국어를 잘해요. 하지만 영어는 못해요. 저는 한국어를 잘하는 반면에 영어는 못해요. 라고 말할 수 있어요.

학생들이 정확히 이해할 수 있도록 형태를 판서해서 보여 준다.

| | 현 재 | 과 거 |
|---|---|---|
| 동사 V | –는 반면에<br>예 먹는 반면에<br>예 가는 반면에 | (받침O) –은 반면에<br>예 먹은 반면에<br>(받침X) –ㄴ 반면에<br>예 간 반면에 |
| 형용사 A | (받침O) –은 반면에<br>예 작은 반면에<br>(받침X) –ㄴ 반면에<br>예 예쁜 반면에 | |
| 명사 N | –인 반면에<br>예 학생인 반면에<br>예 의사인 반면에 | |

속담과 관용어에 대해 관련 정보를 제공한다.

T: 이제 '싼 게 비지떡'과 '정신을 차리다'를 조금 더 자세히 배울게요. ○○ 씨 '싼 게 비지떡'이 어떤 뜻이라고 했지요?

S: 물건이 싸면 좋은 물건이 아니에요.

T: 네, 맞아요. 제가 지난주에 친구를 만나러 가는데 비가 왔어요. 우산이 없어서 지하철역에서 파는 2000원짜리 우산을 샀어요.

| 구분 | 수업내용 | 학습자료 및 비고사항 | 시간(분) |
|---|---|---|---|
| | 그런데 바람이 세게 부니까 우산이 고장이 났어요. 이럴 때 '싼 게 비지떡이다'라고 말할 수 있어요. 여러분도 저와 같은 경우가 있었어요?<br>S: 네, 저도 길에서 산 이어폰이 금방 고장이 난 적이 있었어요.<br>T: 이렇게 물건의 품질이 나쁠 때 말하는 속담이 하나 더 있어요.<br><br>빛 좋은 개살구'라는 말이 있는데 개살구는 색은 예쁘지만 맛이 없는 열매를 말해요. 그래서 '빛 좋은 개살구'는 겉은 멋있지만 속은 아무것도 없을 때 하는 말이에요. 예를 들면 예쁜 집이지만 안은 물도 새고 따뜻하지 않으면 '빛 좋은 개살구'라고 할 수 있어요.<br>T: 다음 내용을 보면서 어떤 속담인지 한번 맞혀 보세요.<br><br>내용<br>▷시장에서 5천 원짜리 빨간색 티셔츠를 사서 빨래를 했는데 옷에서 빨간색 물이 많이 나와서 다른 옷도 입을 수 없게 되었어요. → 싼 게 비지떡<br>▷예쁜 접시에 예쁘게 만든 음식이 있어서 먹어 보았는데 맛이 없었어요. → 빛 좋은 개살구<br>▷일본 여행을 갔을 때, 가격이 싼 비행기 표로 예약을 했더니 자리가 너무 좁고 음료수도 주지 않았어요.<br>→ 싼 게 비지떡<br><br>T: 여러분도 비슷한 경험이 있어요?(학생들에게 비슷한 경험을 말하게 하고 속담 뜻을 확실하게 이해하게 한다.)<br>T: 그럼, 이제 '정신을 차리다'에 대해서 더 공부할게요. ○○ 씨 '정신을 차리다'가 어떤 뜻이라고 했지요? | 시간이 남으면 '빛 좋은 개살구'에 대해서 보충 설명한다. | |

| 구분 | 수업내용 | 학습자료 및 비고사항 | 시간 (분) |
| --- | --- | --- | --- |
| | S: 다시 정신이 있어요.<br>T: 네, 맞아요. 너무 일이 많으면 무엇을 먼저 해야 할지 몰라서 아무 생각이 없어요. 이럴 때 정신이 없다고 해요. 그러면 '정신을 차리다'는 정신이 없는 상태에서 정신을 다시 있게 만드는 경우에 이렇게 말해요. '정신을 차릴 수 없다'는 '정신이 없다'와 같은 뜻이에요. 그리고 '정신을 차리다'는 '정신이 나다', '정신이 들다'와 비슷한 말이에요. 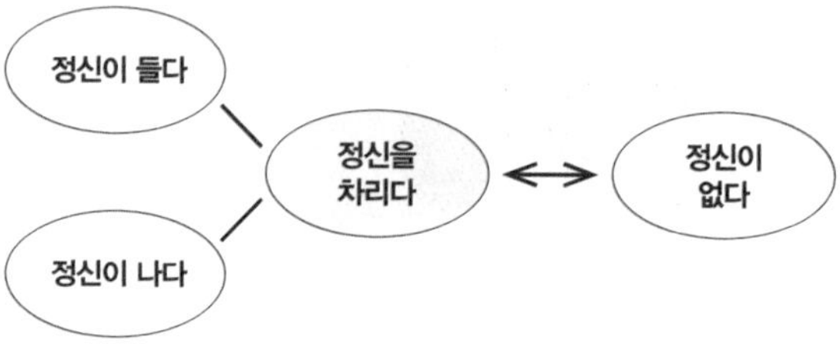<br>정신이 들다 / 정신이 나다 — 정신을 차리다 ↔ 정신이 없다 | | |
| 연습 활동 | 의미 파악이 됐으면 활동지(1)을 활용하여 세부 내용을 점검한다.<br>학생들에게 조를 짜서 활동지(2)를 하게 하고 발표를 시킨다.<br>T: 그럼, 오늘 배운 속담과 관용어를 활용해서 대화를 만들어 보세요. 4명씩 한 조가 되어서 대화를 만들고 발표를 할 거예요.<br>학생들과 활동지(3)를 같이 한다.<br>T: 여러분, 한국에서 결혼을 할 때 일이 많아요. 신랑, 신부들이 정신이 없대요. 먼저 신랑과 신부 부모님이 서로 만나서 결혼 날짜를 정해요. 결혼 날짜를 정하면 결혼식장을 예약하고 시계나 반지, 목걸이 등을 준비해요. 그리고 신혼집을 구하고 살림을 장만해요. 결혼식에는 많은 사람들이 와서 축하해 주고 축하의 뜻으로 돈을 줘요. 결혼식이 끝나면 신랑 신부는 한복으로 갈아입고 신부는 신랑 가족들에게 절을 하는 폐백을 해요. 마지막으로 신랑 신부는 식사를 하고 있는 손님들에게 인사를 한 후 신혼여행을 가요. | 활동지(1)<br>활동지(2)<br>활동지(3) | 50분 |

| 구분 | 수업내용 | 학습자료 및 비고사항 | 시간 (분) |
|---|---|---|---|
| | PPT 내용<br>청혼하다-상견례를 하다-결혼 날짜를 잡다-결혼식장을 잡다-예단과 예물을 준비하다-신혼집을 구하다-혼수를 장만하다-청첩장을 돌리다-결혼식을 하다-폐백을 하다-피로연을 하다-신혼여행을 가다.<br><br>T: 활동지(3)에 결혼 순서가 나와 있어요. 지금 제가 설명한 순서인데 내용에 맞게 연결해 보세요. | 한국의 결혼 순서를 PPT로 만들어 수업시간에 활용할 수 있다. | |
| 마무리 | 오늘 배운 학습 내용을 정리하고, 과제 안내를 하며 수업을 마무리한다.<br><br>T: 그럼, 오늘 수업을 정리할게요.<br>오늘은 무슨 단어를 배웠어요?<br>S: '싼 게 비지떡', '정신을 차리다'<br>(배운 단어의 예문을 하나씩 말하며 정리한다.)<br>T: 오늘 과제가 있어요. 한국의 결혼과 여러분 고향의 결혼을 비교하는 글을 다음 시간까지 써 오세요.<br>'-은/는 반면에'는 문형을 이용해서 쓰면 쉬울 거예요.<br>그럼, 다음 시간에 만나요. | | 5분 |

## 활동지(1) 정답지 4장 – 싼 게 비지떡 / 정신을 차리다

| 어휘 확인하기 | 내용 이해하기 | 관용어/속담 이해하기 |
|---|---|---|
| 1. 살림을 장만하기 | 1. O | 1. 정신을 차릴 거예요. |
| 2. 명심하고 | 2. X | 2. 정신이 없어요. |
| 3. 장난이 아니네요. | 3. X | 3. 싼 게 비지떡이야. |
| 4. 화려해요. | 4. O | |

## 활동지(1) 4장 - 싼 게 비지떡 / 정신을 차리다

### 어휘 확인하기

**※ 다음에서 알맞은 것을 찾아서 문장을 완성하십시오.**

| 화려하다 | 장난이 아니다 | 살림을 장만하다 | 명심하다 |
|---|---|---|---|

1. 결혼할 때는 여러 가지 ________________ 기 때문에 돈이 많이 듭니다.
2. 공부를 할 때, 열심히 하라는 선생님의 말씀을 항상 ________________ 고 있어요.
3. 오늘 추위가 정말 ________________ 네요. 너무 추워요.
4. 유럽의 유명한 성당들을 가 보면 정말 크고 ________________ .

### 내용 이해하기

**※ 본문의 내용과 같으면 O, 다르면 X 하십시오.**

1. 율리아 씨의 친구는 한복을 입는 전통 결혼식을 하기로 했다. ( O / X )
2. 두 사람은 한복보다 웨딩드레스를 더 좋아한다. ( O / X )
3. 율리아 씨의 친구는 친구를 만나느라고 정신이 하나도 없다. ( O / X )
4. 율리아 씨의 친구는 결혼 박람회에 다녀왔는데 실망을 했다. ( O / X )

### 관용어/속담 이해하기

**※ 다음에서 알맞은 것을 찾아서 빈칸을 완성하십시오.**

| 싼 게 비지떡 | 정신을 차리다 | 정신이 없다 |
|---|---|---|

1. A : 우리 아이가 너무 공부를 안 해서 걱정이에요.

   B : 아직 중학생이잖아요. 고등학생이 되면 (                    ).

2. A : 요즘 많이 바쁘세요?

   B : 네, 회사 일도 많고, 영어 공부도 해야 하고, 여자 친구도 만나야 해요.

   요즘 너무 바빠서 (                    ).

3. A : 와! 피자가 남았네. 맛있어?

   B : 피자가 싸서 샀는데 맛이 없어. 역시 (                    ).

## 활동지(2) 4장 – 싼 게 비지떡 / 정신을 차리다

### 관용어/속담 써 보기

**※ 속담 '싼 게 비지떡'을 활용해서 〈보기〉와 같이 친구와 대화를 만들어 봅시다.**

A : 이 지갑 새로 산 거야?

B : 응. 지나가다가 가격이 싸서 샀어.

A : 예쁘네. 잘 산 것 같은데?

B : 예쁘기는 한데 이거 봐. 싼 게 비지떡이라고 벌써 지퍼가 고장 났어.

A: ______________________________

B: ______________________________

A: ______________________________

B: ______________________________

A: ______________________________

B: ______________________________

**※ 관용어 '정신을 차리다'를 활용해서 〈보기〉와 같이 친구와 대화를 만들어 봅시다.**

A : 요즘 뭐 해?

B : 낮에는 일하고 밤에는 한국어를 배우고 있어.

A : 와~ 바쁘겠네. 집안일도 해야 하잖아.

B : 어휴, 정말 하루종일 이것저것 하느라고 정신을 차릴 수가 없어.

A: ______________________________

B: ______________________________

A: ______________________________

B: ______________________________

A: ______________________________

B: ______________________________

## 활동지(3) 4장 - 싼 게 비지떡 / 정신을 차리다

**※ 다음은 한국에서 결혼하는 순서를 쓴 것입니다. 각 어휘와 어울리는 뜻을 연결하십시오.**

| | |
|---|---|
| 청혼하다 • | • 결혼식에 온 손님들에게 음식을 대접하다 |
| ↓ 상견례를 하다 • | • 신부와 신랑이 살 집을 찾다 |
| ↓ 결혼 날짜를 정하다 • | • 상대방에게 결혼을 하자고 말하다 |
| ↓ 결혼 식장을 정하다 • | • 한복을 입고 신랑의 가족들에게 인사를 드리다 |
| ↓ 예단과 예물을 준비하다 • | • 가구, 전자제품 등 생활에 필요한 물건을 준비하다 |
| ↓ 집을 구하다 • | • 여자의 가족과 남자의 가족이 처음 같이 만나다 |
| ↓ 혼수를 장만하다 • | • 결혼식을 할 장소를 결정하다 |
| ↓ 청첩장을 보내다 • | • 결혼식 후에 신랑과 신부가 여행을 가다 |
| ↓ 결혼식을 하다 • | • 손님들에게 결혼식에 초대하는 카드를 보내다 |
| ↓ 폐백을 하다 • | • 언제 결혼을 할지 날짜를 잡다 |
| ↓ 피로연을 하다 • | • 신랑과 신부가 부부가 되는 식을 하다 |
| ↓ 신혼여행을 가다 • | • 신부와 신랑 그리고 서로의 가족을 위한 선물을 준비하다 |

**※ 여러분 고향에서는 결혼 준비를 어떻게 합니까?**

1. 상대방에게 청혼을 하다. → 2.

Memo

# 05

# 속담 **산 넘어 산**
# 관용어 **눈앞이 캄캄하다**

학습목표

1. '산 넘어 산'과 '눈앞이 캄캄하다'의 의미를 이해하고 상황에 맞게 표현할 수 있다.
2. 한국의 병역 의무 제도를 이해할 수 있다.
3. 감정을 표현하는 어휘를 사용하여 말할 수 있다.

다음은 속담과 관용어가 들어간 대화입니다. 잘 읽어보고 언제, 어떻게 사용되는지 또 어떤 뜻으로 사용되는지 알아봅시다.

휘엔　한국 친구를 만났는데 다음 달에 군대를 간대요. 친구가 눈앞이 캄캄하다고 하더라고요.

율리아　저런, 눈이 아주 나쁜가 보군요. 눈이 너무 나쁘면 군대를 안 갈 수도 있다고 들었어요. 하지만 그 친구는 그 정도는 아닌가 봐요.

휘엔　하하하, 그게 아니라요. 그 친구가 지금 대학교 2학년인데 여자 친구와 헤어질까 봐 고민하고 있어요. 군대를 가면 여자 친구를 자주 만날 수 없잖아요. 그러니까 눈앞이 캄캄하겠지요.

율리아　그럼, 여자 친구가 눈이 나쁜가요?

휘엔　눈이 캄캄하다는 말은 눈이 나쁘다는 말이 아니에요.

율리아　그럼, 군대 때문에 그런가? 잘 모르겠네. 참, 한국의 남자들을 모두 군대를 가지요? 베트남은 어때요?

휘엔　베트남도 남자들은 군대를 가야 해요. 러시아는요?

율리아　러시아에서도 17세부터 27세 사이의 남자들은 군대를 가요. 2년 정도요.

휘엔　한국도 러시아도 베트남도 남자들은 군대를 가는군요.

율리아　남자들은 군대를 가면 여자 친구와 자주 못 만나서 많이 속상하겠어요. 게다가 가족들도 자주 만나지 못하니까 힘들기도 하고요..

휘엔　군대에 간 남자 친구를 기다리지 못해서 헤어지는 연인들도 많대요.

율리아　그래요?

휘엔　그 친구가 군대에 간다니까 여자 친구가 헤어지자고 했대요. 그래서 더 속상한가 봐요.

율리아　사랑하면 기다리겠지요.

휘엔　그 친구가 군대 가는 것도 문제지만 여자 친구 때문에 산 넘어 산이라고...

율리아　맞아요. 한국은 산이 많이 있어요. 군대도 산에 많을 거예요.

휘엔　네? 뭐라고요?

## 문화 지식 〈교안〉

다음은 속담과 관용어를 가지고 한국어 수업에서 사용할 수 있는 교안입니다. 이 교안은 하나의 예일 뿐이므로 한국어 교사들은 이 교안을 참고하시고 수업 상황에 맞게 활용하시면 됩니다.

| 5장 산 넘어 산 / 눈앞이 캄캄하다 | | | | | |
|---|---|---|---|---|---|
| 숙달도 | 중급 이상 | 차시 | 2차시 | 시간 | 100분 |
| 단원목표 | 1. '산 넘어 산'과 '눈앞이 캄캄하다'의 의미를 이해하고 상황에 맞게 표현할 수 있다.<br>2. 한국의 병역 의무 제도를 이해할 수 있다.<br>3. 감정을 표현하는 어휘를 사용하여 말할 수 있다. | | | | |
| 차시목표 | '산 넘어 산'과 '눈앞이 캄캄하다'의 의미를 이해하고 상황에 맞게 표현할 수 있다. | | | | |
| 학습자료 | 사진 자료, 동영상, 활용지, 종이, 사인펜 등 | | | | |

| 구분 | 수업내용 | 학습자료 및 비고사항 | 시간 (분) |
|---|---|---|---|
| 도입 | 이번 수업에서 배울 속담과 관용어를 사용하여 흥미를유발한다.<br><br>T: 요즘 한국의 젊은 사람들은 많이 힘들어요. 밥값도 비싸요. 학비도 비싸요. 집값도 비싸요. 취업은 힘들어요. 눈 앞이 캄캄하지요. 이렇게 혼자 살기도 힘들기 때문에 연애와 결혼을 포기하기도 하고, 결혼을 한 사람도 출산을 포기하기도 한다고 해요. 여러분은 이런 이야기 들어 봤어요?<br>S: 네/ 아니요<br>T: 요즘 한국의 부모들도 참 힘들어요. 힘들게 공부시켜서 자식들을 대학에 보냈는데 자식이 취직을 잘 할까 걱정해요. 자식이 취직하면 자식이 결혼을 잘 할까 걱정해요. 자식이 결혼하면 잘 살까 걱정해요. 정말 걱정을 계속 해요. 산 넘어 산이에요. 여러분의 부모님도 여러분을 걱정하나요?<br>S: 네, 그런데 선생님, 산 넘어 산이 뭐예요?<br>T: '산 넘어 산'은 우리가 배울 속담이에요. '눈 앞이 캄캄하다'는 관용어도 배울 거예요. 그럼, 한번 율리아 씨와 휘엔 씨의 대화를 볼까요? | | 5분 |

| 구분 | 수업내용 | 학습자료 및 비고사항 | 시간(분) |
|---|---|---|---|
| 제시<br>설명 | 대화 지문을 읽고 어휘를 설명하고 내용을 이해한다.<br><br>T: 율리아 씨와 휘엔 씨가 무엇에 대해서 이야기를 하고 있어요?<br>S: 친구가 군대 가요.<br>T: 여러분 군대를 알아요?<br>S: 중국에서도 군대 가요.<br>T: 그래요? 군대에 가는 나라가 생각보다 많이 있군요. 한국에서 남자는 특별한 이유가 없으면 군대에 가야 해요. 군대는 보통 21개월 동안 가는데 2020년 6월부터는 18개월로 바뀐다고 해요. 중국은 얼마나 오랫동안 군대에 가요?<br>S: 1년?<br>T: 또 군대에 가는 나라가 있어요?(있으면 얼마나 군대생활을 하는지 물어 본다.)<br>T: 그럼 '산 넘어 산'은 무슨 뜻일까요?<br>S: 잘 모르겠어요.<br>T: 여러분, 한국에는 산이 많지요? (첩첩산중 산 그림을 보여주며)이렇게 산 위에 올라가서 내려왔는데 또 산이 있어요. 산을 넘어서 가도 또 산이 있어요. 산이 계속 있으면 어떨까요?<br>S: 많이 힘들어요.<br>T: 네, 이렇게 산을 넘었는데 또 있고 또 있으면 많이 힘들겠지요. 어려움이 계속 있는 거예요. 이렇게 어려움이 끝나지 않고 계속 있을 때, 어려움이 계속 되어서 점점 더 힘들어질 때 이 속담을 사용해요. 대화에서 친구가 군대에 가니까 힘든 상황인데 여자 친구까지 헤어지자고 하니까 더 힘들겠네요. 그래서 '산 넘어 산'이라고 했어요.<br>여러분도 '산 넘어 산'일 때가 있어요?<br>S: 토픽 1급이 끝나면 2급, 3급, 4급, 5급, 6급 '산 넘어 산'이에요.<br>T: 그렇겠네요. 그럼 '눈앞이 캄캄하다'는 무슨 뜻일까요?<br>S: 캄캄하다 몰라요.<br>T: 캄캄하다는 안 보일 정도로 아주 어둡다는 뜻이에요. 그러니까 눈앞, 즉 미래가 아주 어둡다는 뜻으로 갑자기 생긴 어떤 일 때문에 무엇을 해야 할지 모를 때 말해요. 휘엔 친구는 갑자기 군대에 가게 되니까 눈앞이 캄캄해요. | 여러 산이 있는 사진이나 그림 준비 | 40분 |

| 구분 | 수업내용 | 학습자료 및 비고사항 | 시간(분) |
|---|---|---|---|
| | 어떻게 해야 할지 모르겠어요. 군대에 가서 잘 할 수 있을지 걱정이 많이 돼요. 마음의 준비가 안 되어 있어요. 예를 들어 여러분이 준비가 안 되어 있는데 갑자기 선생님이 '지금 시험 볼 거예요.'라고 하면 어떨까요?<br>S: 걱정해요. 눈앞이 캄캄해요.<br>T: 네, 잘 말했어요. 알겠지요?<br>T: 그럼 대화에서 잘 모르는 단어가 있어요? 질문하세요.<br><br>▷고민하다<br>T: '고민하다'는 어떤 문제로 마음이 힘들다는 뜻이에요. '걱정하다'와는 조금 다른 뜻이에요.<br>만약 고향 아버지가 아프다고 생각을 해 보세요. 다음 주에 수술을 받아야 해요. 그러면 여러분은 수술이 끝날 때까지 걱정을 많이 해요. 어떤 사람은 고향에 갈지 말지를 고민할 거예요. 어때요? 좀 다른 점이 있어요? 이렇게 '고민하다'는 어떤 일을 결정하지 못해서 걱정하는 것을 말해요.<br><br>▷속상하다<br>T: 속상하다는 일이 뜻대로 되지 않아서 힘들다는 뜻이에요. 그러니까 아버지 수술이 잘 되지 않으면 마음이 많이 속상할 거예요. 여러분은 어떨 때 속상해요?<br>S: 토픽 공부를 많이 했는데 시험에서 떨어지면 속상할 것 같아요.<br><br>▷연인<br>T: 연인은 서로 사랑하여 사귀는 남자와 여자를 말해요. 비슷한 말은 애인이에요.<br><br>T: 활동지를 풀기 전에 '-(으)ㄹ까 봐' 표현을 설명할게요. 이 표현은 어떤 일이 생길 가능성에 대해서 걱정할 때 사용해요. 어떤 일에 대해서 미리 추측할 때도 사용할 수 있어요. 친구는 여자 친구와 헤어졌어요?<br>S: 아니요.<br>T: 친구는 여자 친구와 헤어지는 것을 미리 추측하고 걱정해요. | | |

<table>
<tr><th>구분</th><th>수업내용</th><th>학습자료 및<br>비고사항</th><th>시간<br>(분)</th></tr>
<tr><td></td><td>여자 친구와 헤어질까 봐 걱정하고 있어요. 이럴 때 사용할 수 있어요.<br><br>학생들의 이해를 명확히 하기 위해서 형태를 판서해서 보여 준다<br><br>
<table>
<tr><th>구 분</th><th>내 용</th></tr>
<tr><td>받침 O</td><td>V/A –을까 봐<br>예 많이 먹을까 봐 걱정이다.<br>옷이 작을까 봐 걱정이다.</td></tr>
<tr><td>받침 X</td><td>V/A –ㄹ까 봐<br>예 아이가 아플까 봐 걱정이다.<br>실수를 할까 봐 걱정이다.</td></tr>
</table>
<br>T: 그럼, 활동지를 같이 풀어 볼까요?</td><td></td><td></td></tr>
<tr><td>연습<br>활용</td><td>활동지(1)를 풀면서 답을 확인한다.<br><br>T: 산 넘어 산이 어떤 뜻이라고 했지요?<br>S: 계속 어려운 일이 있어요.<br>T: 네, 맞아요. 제가 작년에 새 집을 구해서 청소를 해야 했어요. 그런데 그 집은 오랫동안 청소를 하지 않아서 많이 더러웠어요. 안방을 청소한 후, 작은 방, 주방, 화장실... 정말 '산 넘어 산'이었어요. '산 넘어 산'과 비슷한 말로 '갈수록 태산'도 있어요. 여기에서 태산은 높고 큰 산을 말해요. 그럼 활동지(2)의 대화를 옆의 친구와 함께 완성해 보세요.<br><br>2명씩 속담을 활용한 대화를 완성하게 하고 발표를 시킨다.<br><br>T: 제가 알아보니까 일본의 속담 중에서 한국의 '산 넘어 산'과 비슷한 뜻이 있었어요. 여러분 고향에서도 비슷한 뜻의 속담이 있어요?<br>S: 없어요.<br>T: 그럼, ○○ 씨 고향은 한국처럼 산이 많아요? 아니면 강이 많아요?</td><td>활동지 (1)<br><br>활동지 (2)<br><br>일본의 속담은 一難さってまた一難(이치난 사떼마다 이치난)을 말한다.</td><td>50분</td></tr>
</table>

| 구분 | 수업내용 | 학습자료 및 비고사항 | 시간(분) |
| --- | --- | --- | --- |
| | S: 제 고향은 바다가 있어요.<br>T: 그럼 '바다 건너 바다' 이런 표현은 어떨까요? 재미있지 않아요? 한국은 산이 많이 있으니까 '산 넘어 산'과 같은 속담이 생겼는데 여러분의 고향에는 무엇이 많이 있는지 생각하면서 비슷한 속담을 만들어 보세요. 과일도 좋고, 동물도 좋고, 뭐든지 좋으니까 새로운 속담을 한 번 만들어 보세요. | | |
| | 학생들에게 '산 넘어 산'과 비슷한 뜻을 가진 고향의 속담을 소개하거나 새로운 속담을 만들어 보게 한다. | 종이를 한 장씩 나누어 주고 속담을 쓰게 한 후, 발표를 하게 한다. | |
| | T: (학생들의 발표 후) 아주 재미있는 표현이 많았어요. 정말 잘했어요. 그럼, 이제 관용어 '눈앞이 캄캄하다'에 대해서 더 공부하기로 해요. 한국에는 얼굴의 일부와 관련된 관용어가 참 많이 있어요. 입이 가볍다, 귀가 얇다, 코가 높다... 여러분이 알고 있는 관용어는 뭐가 있어요? 활동지(3)에 써 볼까요? | 활동지 (3) | |
| | 조를 짜서 얼굴에 관련된 관용어를 찾아보게 한다. | 조마다 발표하게 한다. | |
| | T: (학생들의 발표 후) ○조가 제일 많이 찾았네요. 참 잘 했어요. 이렇게 얼굴은 항상 보는 것이기 때문에 이와 관련된 관용어가 많이 있어요. 여러분이 찾은 관용어가 어떤 뜻인지 한번 찾아서 활동지(3)에 쓰세요. 고향의 관용어 중에서 얼굴과 관련된 것이 있으면 소개해 주어도 좋아요. | 얼굴과 관련된 고향의 관용어가 있으면 종이에 써서 발표를 하게 한다. | |
| | 오늘의 활동은 학생의 참여에 따라서 수업 시간이 달라질 수 있다. 만약 학생의 참여가 저조하면 다른 내용을 준비해야 한다. 시간이 남으면 아래 내용을 참고한다.<br><br>▷한국의 군대에 대한 이야기를 해 줄 수 있다.<br>한국 군대는 육군, 해군, 공군, 의경, 해병대 등이 있다.<br><br>▷한국의 군인 계급은 이병–일병–상병–병장 순서이다. | | |

| 구분 | 수업내용 | 학습자료 및 비고사항 | 시간 (분) |
|---|---|---|---|
| 마무리 | 오늘 배운 학습 내용을 정리한다.<br><br>T: 그럼 오늘 수업을 정리할게요.<br>오늘은 무슨 속담과 관용어를 배웠지요?<br>S: 산 넘어 산, 눈앞이 캄캄하다<br>T: 네, '산 넘어 산'은 어려움이 끝나지 않고 계속 있을 때, 더 힘들어질 때 사용하는 표현이에요. '눈앞이 캄캄하다'는 갑자기 생긴 어떤 일 때문에 무엇을 해야 할지 모를 때 사용하는 표현이에요. 오늘 발표하지 못한 사람은 다음 시간까지 숙제로 해 오세요. 다음 시간에는 수업을  하기 전에 여러분이 발표를 할 거예요. 앞으로 열심히 공부하면 한국어는 산 넘어 산이 아니에요. 우리 열심히 합시다. 그럼, 다음 시간에 만나요.<br><br>과제 안내를 하며 마무리한다. | | 5분 |

| 활동지(1) 정답지 5장 - 문화지식 : 산 넘어 산 / 눈앞이 캄캄하다 | | |
|---|---|---|
| 어휘 확인하기 | 내용 이해하기 | 관용어/속담 이해하기 |
| 1. 군대에 | 1. O | 1. 산 넘어 산이구나. |
| 2. 고민하기 | 2. X | 2. 눈앞이 캄캄했는데 |
| 3. 연인 | 3. O | 3. 산 넘어 산이야. |
| 4. 속상한데 | 4. X | |

## 활동지(1) 5장 - 문화지식 : 산 넘어 산 / 눈앞이 캄캄하다

### 어휘 확인하기

**※ 다음에서 알맞은 것을 찾아서 문장을 완성하십시오.**

| 고민하다 | 속상하다 | 군대 | 연인 |
|---|---|---|---|

1. 내년에 ________에 가야 되기 때문에 휴학을 했다.

2. 나는 대학교 4학년이 되자 대학원에 갈지 취직을 할지 ____________기 시작했다.

3. 수진 씨와 민수 씨는 사귄 지 5년 된 _________ 사이이다.

4. 지나는 돈을 잃어버려서 __________데 엄마한테까지 혼나서 펑펑 울었다.

### 내용 이해하기

**※ 본문의 내용과 같으면 O, 다르면 X 하십시오.**

1. 휘엔 씨 친구는 남자이다. ( O / X )

2. 휘엔 씨 친구는 눈이 많이 나쁘다. ( O / X )

3. 베트남뿐만 아니라 러시아도 남자는 군대에 간다. ( O / X )

4. 군대에는 산이 많아서 문제이다. ( O / X )

### 관용어/속담 이해하기

**※ 다음에서 알맞은 것을 찾아서 빈칸을 완성하십시오.**

| 산 넘어 산 | 눈앞이 캄캄하다 |
|---|---|

1. A : 어제 잠을 자지 않고 과제를 간신히 끝냈는데 오늘 또 어려운 과제를 해야 해.

   B : 진짜 ( )이구나.

2. A : 어떻게 하지? 오늘까지 등록금을 내야 하는데 일주일 후에 월급을 받거든.

   B : 내가 돈이 있는데 빌려 줄까?

   A : 정말 고마워. 아까는 ( ) 이제 마음이 놓인다. 내가 일주일 후에 꼭 돌려줄게.

3. A : 청소도 해야 하고, 설거지도 해야 하고, 빨래도 해야 하고... 집안일은 ( ).

   B : 정말 집안일은 너무 많은 것 같아.

## 활동지(2) 5장 - 문화지식 : 산 넘어 산 / 눈앞이 캄캄하다

**※ 속담 '산 넘어 산'을 활용해서 친구와 대화를 만들어 봅시다.**

A : 토픽 공부 많이 했어?

B : 하기는 했는데 이번 시험은 1급 시험이잖아. 앞으로 2급부터 6급까지 산 넘어 산이야.

A: ______________________________

B: ______________________________

A: ______________________________

B: ______________________________

**※ 속담 '산 넘어 산'과 비슷한 뜻을 가진 고향의 속담을 소개해 봅시다.**
**아니면 '산 넘어 산'과 비슷한 뜻을 가진 새로운 속담을 만들어 봅시다.**

한국 - 산 넘어 산

일본 - 一難さってまた一難 (한 고비 지나면 또 고비)

______________________________

______________________________

______________________________

______________________________

## 활동지(3) 5장 - 문화지식 : 산 넘어 산 / 눈 앞이 캄캄하다

※ 얼굴과 관련된 관용어를 찾아봅시다.

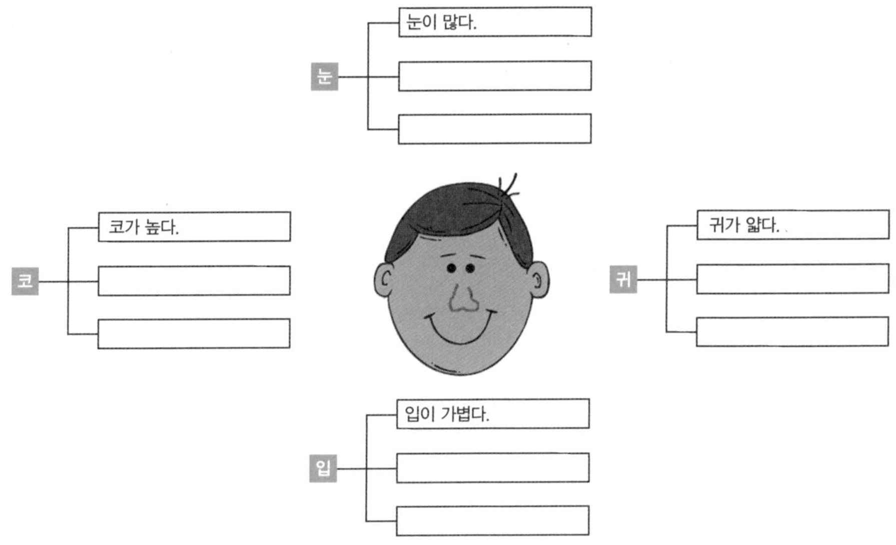

눈
눈이 많다.
코
코가 높다.
귀
귀가 얇다.
입
입이 가볍다.

※ 위에서 찾은 관용어의 뜻을 찾아서 써 봅시다.

| 관용어 | 뜻 |
|---|---|
| 코가 높다. | 자신이 다른 사람보다 잘한다고 생각한다. |
| | |
| | |
| | |
| | |
| | |
| | |
| | |

# 06 속담 **백지장도 맞들면 낫다** 관용어 **손발이 맞다**

학습목표

1. '백지장도 맞들면 낫다'와 '손발이 맞다'를 상황에 맞게 사용할 수 있다.
2. 김장 문화를 이해하고 김치의 종류 및 재료를 알 수 있다.
3. 한국의 '정'문화에 대한 자신의 경험이나 생각을 말할 수 있다.

다음은 속담과 관용어가 들어간 대화입니다. 잘 읽어보고 언제, 어떻게 사용되는지 또 어떤 뜻으로 사용되는지 알아봅시다.

율리아 휘엔 씨, 이 사진은 뭐예요?

휘엔 베트남의 전통 축제 사진이에요. 홍 부엉 축제예요.

율리아 멋지군요. 그런데 사람들이 무거운 것을 들고 있네요. 정말 힘들어 보여요. 게다가 그 위에는 사람이 앉아 있어요.

휘엔 백지장도 맞들면 낫죠.

율리아 이것이 백지장이에요? 베트남 말이에요?

휘엔 하하하, 아니요. 여기 보세요. 이 모습은 상상 속의 동물, 용인데요. 용 모습을 닮아서 용왕 가마라고 해요. 가마는 아시죠? 우리 지난번에 민속촌 갔을 때 한국의 전통 결혼식에서 신부가 탔던 집처럼 생긴 것이요.

율리아 알아요. 신부가 타고 결혼식장으로 갔던 거죠?

휘엔 맞아요. 그때도 두 명이 가마를 들고 갔죠.

율리아 생각나요. 우리가 신부가 무거우면 드는 사람이 힘들겠다고 했잖아요.

휘엔 신부가 무거워도 가마를 드는 사람들이 손발이 맞으면 괜찮을 거예요.

율리아 가마를 드는데 손하고 발이 어떻게 맞아요? 여기 보면 모두 손으로 가마를 들고 있는데요.

휘엔 그게... 손발이 맞다는 건요.

율리아 혹시 손하고 발 크기가 맞으면 좋다는 건가요? 보통 키가 큰 사람들은 손이 크고 발이 크잖아요. 손과 발이 맞는다는 건 키가 비슷하다는 말이라고 생각해요. 맞죠? 휘엔 씨?

휘엔 아하.... 그렇게 생각할 수도 있지만 한국에서는 다른 뜻으로 사용돼요.

## 문화 지식 〈교안〉

다음은 속담과 관용어를 가지고 한국어 수업에서 사용할 수 있는 교안입니다. 이 교안은 하나의 예일 뿐이므로 한국어 교사들은 이 교안을 참고하시고 수업 상황에 맞게 활용하시면 됩니다.

| 6장 백지장도 맞들면 낫다 / 손발이 맞다 | | | | | |
|---|---|---|---|---|---|
| 숙달도 | 중급 이상 | 차시 | 2차시 | 시간 | 100분 |
| 단원목표 | 1. '백지장도 맞들면 낫다'와 '손발이 맞다'를 상황에 맞게 사용할 수 있다.<br>2. 김장 문화를 이해하고 김치의 종류 및 재료를 알 수 있다.<br>3. 한국의 '정'문화에 대한 자신의 경험이나 생각을 말할 수 있다. | | | | |
| 차시목표 | '백지장도 맞들면 낫다'와 '손발이 맞다'의 의미를 이해하고 상황에 맞게 적절히 사용할 수 있다. 또, 다른 사람과 협력한 경험에 대해 이야기할 수 있다. | | | | |
| 학습자료 | 교재, 그림 및 사진 자료 | | | | |

| 구분 | 수업내용 | 학습자료 및 비고사항 | 시간(분) |
|---|---|---|---|
| 도입 | 오늘 학습할 속담 및 관용어와 관련된 그림을 제시하여 흥미를 유발한다.<br><br>T: (위의 사진을 보여주며) 여러분, 사진을 보세요. 사람들이 뭐해요?<br>S: 차를 들어요. 택시를 들어요.<br>T: 네, 맞아요. 차를 들어요. 차 밑에 사람이 있어요. 많이 다쳤어요. 그래서 사람들이 차를 들고 있어요. 그런데 이 차를 혼자서 들 수 있어요?<br>S: 아니요. | 자동차 아래 깔린 사람을 시민들이 힘을 모아 구하는 사진 | 10분 |

| 구분 | 수업내용 | 학습자료 및 비고사항 | 시간(분) |
|---|---|---|---|
| | T: 네, 혼자서는 힘들어요. 들지 못해요. 그래서 사진에서는 많은 사람이 함께 힘을 모아요. 다 같이 도와서 차를 들어요. 사진처럼 여러 사람이 같이 하니까 어때요? 차를 들 수 있어요?<br>S: 네, 들 수 있어요.<br>T: 네, 맞아요. 혼자서는 힘들지만 여러 사람이 서로 도우면 쉬워져요. 혼자서는 어려운 일도 다른 사람과 같이 하면 할 수 있어요. 오늘은 이렇게 다른 사람과 힘을 모으고 서로 도와서 일을 더욱 쉽게 할 수 있었던 경험에 대해 이야기해 볼 거예요. | | |
| 제시 설명 | 본문을 읽으며 어휘를 설명한다.<br>(학생들과 본문을 읽는다)<br>T: 네, 잘 읽었어요. 여러분, 율리아 씨와 휘엔 씨가 어떤 사진을 보고 있어요?<br>S: 베트남 축제 사진이요.<br>T: 네, 베트남의 홍 부엉 축제 사진을 보고 있어요. 여러분, 축제가 뭐예요?<br>S; 몰라요.<br>T: 아래 사진을 보세요.<br>T: 축제 사진들이에요. 축제에 가면 사람이 많이 있어요. 볼 것도 많고 재미있는 것도 많아요. 축제에서 사람들이 함께 즐기고 놀아요. | 왼쪽 상단부터 서울 세계불꽃 축제, 브라질 카니발, 인도 홀리축제, 음악축제<br>(사진 준비) | 35분 |

| 구분 | 수업내용 | 학습자료 및 비고사항 | 시간(분) |
|---|---|---|---|
| | T: 율리아 씨와 휘엔 씨가 보고 있는 사진에서 사람들이 무엇을 들고 있어요?<br>S: 무거운 것이요. 가마요.<br>T: 네, 아주 크고 무거운 가마를 들고 있어요. 여러분 가마 알아요? (다음의 사진을 제시한다)<br>T: 여러분. 이게 가마예요. 가마에 사람이 타면 여러 사람이 함께 가마를 들어요. 옛날에는 자동차 대신 사람들이 가마를 타고 다녔어요.<br>T: 사진 속의 가마는 어떤 동물을 닮았어요?<br>S: 용이요.<br>T: 네, 맞아요. 휘엔 씨는 용이 어떤 동물이라고 말해요?<br>S: 상상 속의 동물이요.<br>T: 네, 용은 상상 속의 동물이에요. 여러분 상상이 뭐예요?<br>S: 몰라요.<br>T: 여러분. 이 사진을 보세요. 이런 집이 정말 있을까요?<br>S: 아니요.<br>T: 네, 이것은 사람이 생각한 집이에요. 사람의 머릿속으로 그린 상상 속의 집이에요. 진짜 있는 집이 아니에요. | 가마 사진 준비<br>상상의 집 사진 준비 | |

<table>
<tr><th>구분</th><th>수업내용</th><th>학습자료 및 비고사항</th><th>시간(분)</th></tr>
<tr><td></td><td> <br><br>T: 용이나 유니콘은 어때요? 정말 있어요?<br>S: 아니요.<br>T: 네, 용이나 유니콘도 상상 속의 동물이에요.<br><br>본문에 제시된 목표 속담과 관용어를 설명한다.<br><br>T: 여러분, 베트남 훙 부엉 축제에서는 사람들이 용을 닮은 무거운 가마를 든다고 했죠. 그런데 만약 이 가마를 혼자서 들면 어떨까요? 가벼워요? 쉽게 들 수 있어요?<br>S: 아니요. 무거워요. 힘들어요.<br>T: 네, 아주 힘들 거예요. 그래서 다른 사람들과 같이 들어요. 함께 들면 혼자 드는 것보다 가볍고 쉬워요.<br>T: (종이 한 장을 보여주며) 여러분, 이게 뭐예요?<br>S: 종이요.<br>T: 맞아요. 이렇게 하얀 종이 한 장을 '백지장'이라고 해요.<br>(학생에게 종이를 건네주며) ○○ 씨, 이 종이를 들어 보세요. 어때요? 무거워요?<br>S: 가벼워요.<br>T: 네, 가벼워요. 혼자 들어도 힘들지 않아요.<br><br></td><td>상상의 동물 사진 준비<br><br>둘이 들고 있는 모습의 사진이나 그림 준비<br>준비가 어렵다면 교사가 학생과 종이를 들어보는 모습을 보여준다.</td><td></td></tr>
</table>

| 구분 | 수업내용 | 학습자료 및 비고사항 | 시간 (분) |
|---|---|---|---|
| | T: 위의 그림을 보세요. 가벼운 백지장을 두 사람이 같이 들었어요. 이렇게 함께 물건을 드는 것을 '맞들다'라고 해요. 백지장을 둘이 같이 들면, '맞들면' 어떨까요? 더 무거울까요?<br>S: 아니요, 쉬워요. 가벼워요.<br>T: 네, 선생님 생각에도 더 가벼울 것 같아요. 책상이나 가마도 여러 사람이 함께 들면 더 가볍잖아요. 백지장도 '맞들면' 더 가볍고 쉬울 거예요. '백지장도 맞들면 나아요.'<br>T: 여러분, 친구와 함께 요리해 봤어요? 만약 여러분이 친구랑 요리를 하는데, 친구가 내 생각을 아주 잘 알아요. 그리고 여러분도 친구가 무엇이 필요한지, 어떤 생각을 하는지 잘 알아요. 그러면 어떨까요?<br>S: 좋아요.<br>T: 네, 예를 들어 친구가 채소를 씻으면 여러분이 요리를 하고, 여러분이 요리를 끝내면 친구가 접시에 담아요. 말을 하지 않아도 다음에 무엇을 할지 서로 잘 알고 있어요. 이럴 때 친구와 나는 '손발이 맞다'고 할 수 있어요. 같이 일하는 사람들이 손발이 맞으면 어때요?<br>S: 좋아요. 편해요.<br>T: 네, 함께 하는 사람과 서로 손발이 맞으면 일을 더 쉽고 편하게 할 수 있어요.<br><br>목표 속담 및 관용어와 모습이 비슷한 다른 관용어를 알아본다.<br><br>T: '백지장도 맞들면 낫다'는 서로 힘을 합하면 일을 더 쉽게 할 수 있다는 뜻이라고 했어요. 그러면 얼굴이 '백지장 같다'고 하면 어떤 뜻일까요?<br>S: 얼굴이 종이 같다? 얼굴이 가볍다?<br>T: 백지장은 무슨 색 종이라고 했죠?<br>S: 하얀색.<br>T: 네, 백지장은 하얀색 종이예요. 아래 사진의 남자를 보세요. 얼굴이 백지장같이 하얗네요. 그런데 어때 보여요? 건강해 보여요? | | |

| 구분 | 수업내용 | 학습자료 및 비고사항 | 시간(분) |
|---|---|---|---|
| |  S: 아니요.<br>T: 네, 아파 보여요. 이렇게 너무 아프거나 놀라서 얼굴이 하얗게 되었을 때 얼굴이 '백지장 같다'고 해요.<br>T: 아까 '손발이 맞다'를 배웠어요. 손발이 맞으면 함께 일하기가 편해요. 그러면 '마음이 맞다'는 어떤 뜻일까요? ○○ 씨, 여행을 좋아해요?<br>S: 네, 좋아해요.<br>T: 선생님도 여행 좋아해요. 여행 가서 ○○ 씨는 무엇을 해요? 쇼핑을 해요? 박물관에 가요? 아니면 여행지에서 쉴 거에요?<br>S: (학생이 대답한다.)<br>T: 어머, 저도 같아요. ○○ 씨, 그러면 ○○ 씨가 좋아하는 음식은 뭐예요?<br>S: (학생이 대답한다.)<br>T: ○○ 씨와 저는 좋아하는 음식도 같네요. 생각도, 좋아하는 것도 비슷한 점이 많아요. 우리 둘은 마음이 맞아요. 빨리 친해질 수 있어요. 어떤 사람과 '마음이 맞다'고 하면, ○○ 씨와 선생님처럼 서로 생각이 같고 비슷한 점이 많다는 뜻이에요. | 얼굴이 하얗고 아파 보이는 얼굴 사진 준비 | |
| 연습<br>활용 | 활동지(1),(2),(3)를 통해 본문을 잘 이해했는지 확인하고, 학습한 속담과 관용어를 적용해 보도록 한다. | 활동지<br>(1),(2),(3) | 50분 |
| 마무리 | 배운 속담과 관용어의 의미를 복습하며 마무리한다.<br>T: 여러분, 오늘은 '백지장도 맞들면 낫다'와 '손발이 맞다'를 배웠어요. 그리고 다른 사람과 서로 힘을 합했던 경험에 대해서도 이야기해 봤어요.(배운 표현에 대해 질문하거나 예문을 말하도록 하며 정리한다) | | 5분 |

| 구분 | 수업내용 | 학습자료 및 비고사항 | 시간 (분) |
| --- | --- | --- | --- |
| | 선생님이 과제를 하나 줄게요. 여러분 고향에도 오늘 배운 속담과 비슷한 것이 있는지 생각해 보세요. 다음 시간에는 찾은 속담을 하나씩 발표해 봅시다. 그럼, 다음 시간에 만나요. | | |

| 활동지(1) 정답지 6장 - 문화지식: 백지장도 맞들면 낫다 / 손발이 맞다 | | |
| --- | --- | --- |
| 어휘 확인하기 | 내용 이해하기 | 관용어/속담 이해하기 |
| 1. 축제<br>2. 가마<br>3. 상상 | 1. X<br>2. O<br>3. X<br>4. X<br>5. X | 1. 백지장도 맞들면 낫다더니<br>2. 손발이 맞아서<br>3. 손발이 맞을 줄 |

| 활동지(2) 정답지 6장 - 문화지식: 백지장도 맞들면 낫다 / 손발이 맞다 |
| --- |
| 1. 백지장도 맞들면 낫다더니<br>2. 손발이 맞아서<br>3. 백지장 같았어.<br>4. 마음이 맞는 |

## 활동지(1) 6장 - 문화지식 : 백지장도 맞들면 낫다 / 손발이 맞다

### 어휘 확인하기

**※ 다음에서 알맞은 것을 찾아서 문장을 완성하십시오.**

| 상상 | 축제 | 가마 |
|---|---|---|

1. 오늘 서울에서 큰 __________ 이/가 열리는데 같이 갈까요?
2. 옛날에는 자동차 대신 __________ 을/를 타고 다녔어요.
3. 유니콘은 __________ 속의 동물이에요.

### 내용 이해하기

**※ 본문의 내용과 같으면 O, 다르면 X 하십시오.**

1. 율리아 씨와 휘엔 씨는 홍 부엉 축제에 참여했다. ( O / X )
2. 율리아 씨와 휘엔 씨는 함께 민속촌에 간 적이 있다. ( O / X )
3. 베트남 홍 부엉 축제에서는 사람들이 힘을 모아 무거운 동물을 든다. ( O / X )
4. 베트남 홍 부엉 축제에서는 힘이 제일 센 사람에게 상을 준다. ( O / X )
5. 신부가 너무 무거우면 가마를 드는 사람들의 손발이 맞지 않는다. ( O / X )

### 관용어/속담 이해하기

**※ 다음에서 알맞은 것을 찾아서 빈칸을 완성하십시오.**

| 백지장도 맞들면 낫다 | 손발이 맞다 |
|---|---|

1. ______________ 더니, 여러 사람이 함께 청소를 하니까 빨리 끝나네요.
2. 가족끼리 서로 ______________ 아서 명절 음식을 금방 만들었다.
3. 현수와 경민이가 친해서 ______________ 을 줄 알았는데 잘 안 맞네.

## 활동지(2) 6장 - 문화지식 : 백지장도 맞들면 낫다 / 손발이 맞다

**※ 속담 '산 넘어 산'을 활용해서 친구와 대화를 만들어 봅시다.**

| 백지장도 맞들면 낫다 | 손발이 맞다 | 백지장 같다 | 마음이 맞다 |
|---|---|---|---|

1. A: 감자를 한 상자 샀는데, 너무 무거워서 들 수가 없네.

   B: 이리 줘. 함께 들어보자.

   A: 오, ________________________ 더니, 함께 드니까 훨씬 가볍네. 고마워.

2. A: 어제 우리 집에서 김치를 만들었는데 좀 먹어 봐.

   B: 와, 고마워. 정말 맛있겠다. 어제 많이 힘들었어?

   A: 아니야. 우리 가족은 ________________________ 아서 금방 끝났어.

   이것저것 말하지 않아도 되기 때문에 같이 일을 하면 편해.

3. A: 요즘 지현이한테 무슨 일이 있어?

   B: 잘 모르겠는데. 왜?

   A: 어제 오랜만에 만났는데 얼굴이 ________________________.

   B: 그래? 걱정되네. 어디가 아픈 건 아니겠지?

4. A: 오늘 학교 끝나고 같이 독서 모임에 가지 않을래?

   B: 독서 모임?

   A: 응. ________________________ 는 사람들끼리 다양한 책을 읽을 수 있어서 좋아.

**※ 오늘 공부한 표현 중에서 1개를 골라서 대화를 만들어 봅시다.**

A: ________________________________________________

B: ________________________________________________

A: ________________________________________________

B: ________________________________________________

## 활동지(3) 6장 - 문화지식 : 백지장도 맞들면 낫다 / 손발이 맞다

**※ 다른 사람을 도왔거나 여러 사람과 함께 일을 했던 경험에 대해 생각해 봅시다.**

1. 누구를 도왔습니까? 아니면 어떤 사람들과 함께 일을 했습니까?

______________________________

2. 어떤 일을 했습니까?

______________________________

3. 다른 사람과 함께 일한 느낌이 어땠습니까? '백지장도 맞들면 낫다', 혹은 '손발이 맞다'를 이용해서 써 보세요.

______________________________

**※ 위의 내용을 바탕으로 자신의 경험을 글로 쓰고 발표해 봅시다.**

______________________________

______________________________

______________________________

______________________________

______________________________

______________________________

______________________________

______________________________

______________________________

______________________________

______________________________

______________________________

Memo

# 07 관용어 한턱내다/눈에 불을 켜다 목이 빠지게 기다리다/입이 딱 벌어지다

**학습목표**

1. '한턱내다', '눈에 불을 켜다', '목이 빠지게 기다리다', '입이 딱 벌어지다'를 상황에 맞게 사용할 수 있다.
2. 한국의 야구 응원 문화를 체험할 수 있다.
3. 여가 활동의 종류를 알고 분류할 때 쓰는 표현으로 글을 쓸 수 있다.

다음은 속담과 관용어가 들어간 대화입니다. 잘 읽어보고 언제, 어떻게 사용되는지 또 어떤 뜻으로 사용되는지 알아봅시다.

율리아　바트 씨, 야구 좋아해요?

바트　물론이지요. 저는 야구 동아리에 들어갈 정도로 야구를 좋아해요.

율리아　응원하는 팀이 있어요?

바트　저는 뉴욕 양키스(New York Yankees)를 응원해요. 옛날 야구 선수 베이브 루스를 좋아해요. 그 선수는 돈을 정말 많이 받았어요. 입이 딱 벌어질 정도로요.

율리아　저는 야구에 대해 잘 몰라요. 다음 주에 친구들이 야구장에 가자고 하는데....

마트　오! 그래요. 저도 같이 가도 될까요? 직접 가서 보면 더 재미있을 것 같아요. 저는 뉴욕 양키스가 경기하는 날을 목이 빠지게 기다려요. 밤늦게 경기가 시작되면 졸려도 눈에 불을 켜고 경기를 보지요. 하하하

율리아　목이 빠졌어요? 경기를 하다가요? 어쩌다가요.

바트　하하하, 율리아 씨, 그게 아니라요.

율리아　그럼 친구들에게 바트 씨도 간다고 말할게요.

바트　고마워요. 한국의 야구도 재미있지만 응원하는 것은 더 재미있대요. 수업 중에 동영상을 봤는데 아주 신기했어요.

율리아　그렇군요. 저도 동영상을 한번 봐야겠어요.

바트　친구에게 들었는데 응원하는 팀이 이기면 같이 간 사람들끼리 서로 한턱내려고 한대요.

율리아　한턱을 왜 내요? 자기가 선수도 아니면서요.

바트　한턱낸다는 말을 아셨군요.

율리아　저도 한국어 고급 표현을 좀 안다고요!

바트　빨리 주말이 왔으면 좋겠어요. 목이 빠지겠어요!

율리아　왜요? 목이 아파요?

바트　하하하.

## 문화 지식 〈교안〉

다음은 속담과 관용어를 가지고 한국어 수업에서 사용할 수 있는 교안입니다. 이 교안은 하나의 예일 뿐이므로 한국어 교사들은 이 교안을 참고하시고 수업 상황에 맞게 활용하시면 됩니다.

<table>
<tr><th colspan="6">7장 한턱내다 / 눈에 불을 켜다 / 목이 빠지게 기다리다 / 입이 딱 벌어지다</th></tr>
<tr><td>숙달도</td><td>중급 이상</td><td>차시</td><td>2차시</td><td>시간</td><td>100분</td></tr>
<tr><td>단원목표</td><td colspan="5">1. '한턱내다', '눈에 불을 켜다', '목이 빠지게 기다리다', '입이 딱 벌어지다'를 상황에 맞게 사용할 수 있다.<br>2. 한국의 야구 응원 문화를 체험할 수 있다.<br>3. 여가 활동의 종류를 알고 분류할 때 쓰는 표현으로 글을 쓸 수 있다.</td></tr>
<tr><td>차시목표</td><td colspan="5">'한턱내다', '눈에 불을 켜다', '목이 빠지게 기다리다', '입이 딱 벌어지다'의 의미를 이해하고 상황에 맞게 사용할 수 있다.</td></tr>
<tr><td>학습자료</td><td colspan="5">교재, 그림 및 사진 자료</td></tr>
</table>

| 구분 | 수업내용 | 학습자료 및 비고사항 | 시간(분) |
|---|---|---|---|
| 도입 | 오늘 학습할 속담 및 관용어와 관련된 예시를 제시하여 흥미를 유발한다.<br>T: 여러분, 안녕하세요. 잘 지냈어요?<br>S: 네.<br>T: 여러분, 혹시 운동 좋아해요? ○○ 씨는 어떤 운동을 좋아해요?<br>S: 야구요./축구요.<br>T: 좋아하는 팀이 있어요?<br>S: (학생이 대답한다.)<br>T: 그렇군요. 선생님은 축구를 좋아해요. 그런데 어제 선생님에게 아주 기분 좋은 일이 있었어요. 선생님이 좋아하는 축구팀이 이겼거든요. 기분이 좋아서 함께 경기를 본 친구들에게 선생님이 저녁을 샀어요. 선생님이 친구들에게 한턱냈어요. 오늘 우리가 읽을 내용에서는 바트 씨와 율리아 씨가 야구에 대한 이야기를 해요. 오늘은 또 어떤 표현을 배울지 함께 읽고 확인해 봅시다. | | 5분 |

| 구분 | 수업내용 | 학습자료 및 비고사항 | 시간(분) |
| --- | --- | --- | --- |
| 제시<br>설명 | 본문을 읽으며 어휘를 설명한다.<br><br>(학생들과 본문을 읽는다.)<br>T: 네, 잘 읽었어요. 여러분, 바트 씨는 야구를 좋아해요?<br>S: 네.<br>T: 네, 바트 씨는 야구를 좋아해요. 야구 동아리에 들어갈 정도예요. 여러분, 동아리가 뭐예요? 알아요?<br>S: 알아요./몰라요.<br>T: 동아리는 좋아하는 것이나 취미가 같은 사람들끼리 모이는 거예요. 야구 동아리는 야구를 좋아하는 사람들이 모인 것이겠죠? 야구 동아리에서는 야구를 좋아하는 사람끼리 모여서 같이 야구를 하거나 함께 야구를 보러 가기도 해요. 다음은 어떤 동아리의 그림일까요?<br><br>(축구 동아리) (춤 동아리)<br><br>T: 축구 동아리에서는 축구를 좋아하는 사람들이 모여서 함께 축구를 하거나 축구 경기를 보러 가요. 춤 동아리는 춤을 좋아하는 사람들끼리 춤 연습을 하고 무대에 서기도 해요. 여러분은 무엇을 좋아해요? ○○ 씨, 취미가 뭐예요? 무엇을 좋아해요?<br>S: 그림 그리기요./ 야구요./ 영화요.<br>T: 그렇군요. 그러면 만약에 여러분이 동아리에 들어간다면 어떤 동아리에 들어가고 싶어요?<br>S: 야구 동아리요./ 축구 동아리요. (학생들의 이야기를 듣는다.)<br>T: 네, 그렇군요. 그럼, 이 사진은 어디일까요? | '동아리'는 일반적으로 학교에서 같은 취미나 목적을 가진 사람들의 모임이고, '동호회'는 좋아하는 것이 같은 사람들끼리 모임을 말한다.<br><br>사진이나 그림 자료 준비<br><br>축구장 사진 준비 | 40분 |

| 구분 | 수업내용 | 학습자료 및 비고사항 | 시간 (분) |
|---|---|---|---|
| | S: 축구장이요.<br>T: 네, 축구장에 많은 사람이 앉아있어요. 이 사람들이 지금 무엇을 보고 있어요?<br>S: 축구를 봐요.<br>T: 맞아요. 축구를 보고 있어요. 그러면 아래의 사람들은 무엇을 하고 있을까요?<br>S: 응원을 해요.<br>T: 네, 응원을 하고 있어요. 여러분은 좋아하는 축구팀이나 야구팀의 경기를 볼 때 어때요? 여러분이 좋아하는 팀이 이길 수 있도록 노래를 부르거나 손뼉을 치기도 하지요? 이것을 바로 응원이라고 해요. 바트 씨는 야구팀 중에 어떤 팀을 좋아해요? 어떤 팀을 응원해요?<br>S: 뉴욕 양키스팀이요.<br>T: 네, 맞아요. 그리고 특히 어떤 선수를 좋아한다고 해요?<br>S: 베이브 루스 선수요.<br>T: 네.(유명한 축구 선수의 사진이나 야구 선수의 사진을 보여주며) 여러분, 이 사람들이 바로 축구 선수, 야구 선수들이에요. 그중에서도 바트 씨는 야구 선수인 베이브 루스 씨를 좋아하는군요.<br>본문에 제시된 목표 속담과 관용어를 설명한다.<br>입이 딱 벌어지다<br>T: 바트 씨가 좋아하는 베이브 루스 선수는 돈을 정말 많이 받는대요. "입이 딱 벌어질 정도"래요. '입이 딱 벌어지다'는 무슨 뜻일까요? 그림을 보세요. | 필요에 따라 응원 동영상을 보여준다.<br>사진 자료나 그림 자료 준비 | |

| 구분 | 수업내용 | 학습자료 및 비고사항 | 시간(분) |
|---|---|---|---|
| | T: 사진 속에 있는 사람들 입 모양이 어때요? 따라 해보세요. (입을 벌린 모양을 만들고 학생들이 따라 하게 한다.) 왜 입을 이렇게 했을까요? 여러분은 언제 입을 이렇게 벌려요?<br>S: 놀랄 때요.<br>T: 네, 놀라거나 무서울 때 이렇게 입을 벌려요. 그러면 베이브 루스 선수가 돈을 많이 버는데 왜 입이 벌어질까요? 놀라서? 무서워서?<br>S: 놀라서요.<br>T: 네, 맞아요. 베이브 루스 선수가 '입이 딱 벌어질 정도'로 돈을 많이 받는다는 말은, 베이브 루스 선수가 놀라울 정도로 돈을 많이 받는다는 말이에요. 받는 돈이 아주 많아서 정말 놀라워요. '입이 딱 벌어지다'는 아주 좋거나 놀랄 때 쓰는 말이에요. 여러분이 식당에 갔어요. 음식을 주문했는데, 반찬이 정말 많았어요. 아주 놀라울 정도로 많아요. 그러면 이렇게 말해요. '입이 딱 벌어질 정도로 많다.'<br><br>**목이 빠지게 기다리다**<br>T: 다음 내용을 살펴볼까요. 바트 씨는 뉴욕 양키스 팀을 좋아해서 뉴욕 양키스가 경기하는 날을 '목이 빠지게 기다린다'고 해요. '목이 빠지게 기다리다'는 무엇인가를 기다린다는 뜻인 것 같은데, 어떻게 기다리는 것일까요?<br>S: 모르겠어요. 많이 기다려서 목이 아파요.<br><br>T: 이 여자가 무엇을 하는 것 같아요?<br>S: 기다려요.<br>T: 네, 친구를 기다리는 것 같아요. 만약에 ○○ 씨가 이 여자럼 친구와 만나기로 약속을 했어요. 밖은 춥고 ○○ 씨는 배가 | 사진이나 그림 자료 준비 어렵다면 교사가 행동으로 보여 준다. | |

| 구분 | 수업내용 | 학습자료 및 비고사항 | 시간(분) |
|---|---|---|---|
| | 정말 고파요. 그러면 ○○ 씨는 계속 시계를 보면서 친구를 기다리겠죠.(선생님이 목을 쭉 빼고 기다리는 시늉을 한다.) '왜 안 오지? 왜 안 오지?' 하면서요. 친구가 빨리 오기를 바랄 거예요. 아마 ○○ 씨는 친구를 목이 빠지게 기다릴 거예요. '목이 빠지게 기다리다'는 무엇인가를 정말 열심히 기다린다는 뜻이에요. 선생님은 지금 생일을 목이 빠지게 기다리고 있어요. 가족과 함께 여행을 가기로 했거든요. 생일이 빨리 왔으면 좋겠어요. 생일이 며칠 남았지? 매일매일 아주 열심히 기다려요. 생일을 목이 빠지게 기다려요.<br><br>눈에 불을 켜다<br>T: 바트 씨는 뉴욕 양키스의 경기를 어떻게 본다고 해요?<br>S: 눈에 불을 켜고 경기를 봐요.<br>T: 네, 맞아요. 여러분, 여러분이 무언가를 봐요. 그런데 눈에 불을 켜고 봐요. 그러면 어떻게 보는 것일까요? 사진을 보세요.<br><br>T: 이 사람을 보세요. 눈에 뭐가 있어요?<br>S: 불이요.<br>T: 네, 눈에 불을 켜고 텔레비전을 보고 있네요. 어때요? 텔레비전을 어떻게 보는 것 같아요?<br>S: 열심히요./눈을 크게 뜨고요.<br>T: 네, 이 사람은 텔레비전을 아주 열심히 보고 있어요. 이 사람처럼 아주 열심히, 무엇인가에 관심을 가지는 것을 '눈에 불을 켜다'라고 해요. | '눈에 불을 켜다'의 경우, '몹시 관심을 보이거나 열중하다'의 뜻 외에도 '화가 나서 눈을 부릅뜨다'의 뜻이 있으므로, 필요에 따라 지도한다.<br><br>그림 자료 준비 | |

| 구분 | 수업내용 | 학습자료 및 비고사항 | 시간(분) |
|---|---|---|---|
| | T: 자, 이 그림은 어때요? 아이가 책을 보고 있네요. 그런데 어떻게 보고 있어요?<br>S: 눈에 불을 켜고 보고 있어요.<br>T: 네, 맞아요. 아주 열심히 책을 보고 있죠? 눈에 불을 켜고 책을 보고 있어요.<br><br>한턱내다<br>T: 율리아 씨와 바트 씨의 이야기를 다시 살펴볼까요. 야구를 보러 가서 응원하는 팀이 이기면 사람들이 서로 한턱낸다고 말을 하네요. '한턱내다'는 무슨 뜻일까요?<br>S: 모르겠어요.<br>T: 만약에 여러분이 한국어 시험에서 백 점을 받았어요. 기분이 좋아서 친구들과 맛있는 것을 먹거나, 술을 마셨어요. 그리고 여러분이 돈을 냈어요. 그러면 그것을 '한턱내다'라고 해요. '한턱내다'는 기분 좋은 일이나 축하받을 일이 있어서 밥이나 술을 사는 일을 말해요. ○○ 씨는 제일 기분이 좋았던 일이 무엇이었어요?<br>S: 시험을 잘 봤어요./아르바이트를 해서 돈을 받았어요.<br>T: 아, 정말 기분이 좋았겠어요. 그러면 ○○ 씨는 그런 일이 있을 때 무엇을 해요? 기분 좋은 일이 있을 때 친구들이나 가족들을 불러서 밥이나 술을 산 적이 있어요? 한턱낸 적이 있어요?<br>S: 네./아니오.(학생들의 이야기를 듣는다.) | | |
| 연습<br>활용 | 활동지(1),(2),(3)를 통해 본문을 잘 이해했는지 확인하고, 학습한 속담과 관용어를 적용해보도록 한다. | 활동지<br>(1),(2),(3) | 50분 |
| 마무리 | T: 여러분, 오늘은 '한턱내다', '눈에 불을 켜다', '목이 빠지게 기다리다', '입이 딱 벌어지다'를 배웠어요.(배운 표현에 대해 질문하거나 예문을 말하도록 하며 정리한다.) 여러분, 오늘 배운 표현 중 하나를 골라서 자신의 경험에 대해서 써 보세요. 그리고 다음 시간에는 자신의 경험에 대해서 이야기하는 시간을 가져 봅시다. 그럼, 다음 시간에 만나요.<br><br>다음 차시를 안내하며 마무리한다. | | 5분 |

### 활동지(1) 정답지 7장
### 문화지식: 한턱내다 / 눈에 불을 켜다 / 목이 빠지게 기다리다 / 입이 딱 벌어지다

| 어휘 확인하기 | 내용 이해하기 | 관용어/속담 이해하기 |
|---|---|---|
| 1. 선수 | 1. X | 1. 목이 빠지게 기다려요 |
| 2. 동아리 | 2. O | 2. 한턱낼게 |
| 3. 응원 | 3. X | 3. 눈에 불을 켜고 |
| | 4. X | 4. 입이 딱 벌어졌어요 |
| | 5. O | |

### 활동지(2) 정답지 7장
### 문화지식: 한턱내다 / 눈에 불을 켜다 / 목이 빠지게 기다리다 / 입이 딱 벌어지다

1. 목이 빠지게 기다리고
2. 눈에 불을 켜고
3. 입이 딱 벌어질
4. 한턱낼게

## 활동지(1) 7장 - 문화지식
## 한턱내다 / 눈에 불을 켜다 / 목이 빠지게 기다리다 / 입이 딱 벌어지다

### 어휘 확인하기

**※ 다음에서 알맞은 것을 찾아서 문장을 완성하십시오.**

| 동아리 | 응원 | 선수 |
|---|---|---|

1. 제일 좋아하는 축구 __________ 와/과 사진을 찍었어요.
2. 저는 음악 감상을 좋아해서 음악 __________ 에 들어가고 싶어요.
3. 야구장에 가서 노래도 부르고 손뼉도 치면서 열심히 __________ 을/를 했어요.

### 내용 이해하기

**※ 본문의 내용과 같으면 O, 다르면 X 하십시오.**

1. 바트 씨는 야구를 좋아하지만 야구 동아리에는 들어가고 싶지 않다. ( O / X )
2. 바트 씨는 뉴욕 양키스가 경기하는 날을 아주 열심히 기다린다. ( O / X )
3. 율리아 씨와 바트 씨는 한국 야구장에 가 본 적이 있다. ( O / X )
4. 바트 씨는 뉴욕 양키스의 경기를 보기 위해 꼭 거실에 불을 켠다. ( O / X )
5. 응원하는 팀이 이기면 같이 간 사람들은 서로 밥이나 술을 사려고 한다. ( O / X )

### 관용어/속담 이해하기

**※ 다음에서 알맞은 것을 찾아서 빈칸을 완성하십시오.**

| 한턱내다 | 눈에 불을 켜다 | 목이 빠지게 기다리다 | 입이 딱 벌어지다 |
|---|---|---|---|

1. 빨리 선물을 받고 싶어서 크리스마스를 ____________________.
2. 첫 월급을 받았으니까 내가 ____________________. 뭐 먹고 싶어?
3. 지갑을 잃어버려서 ____________________고 찾고 있다.
4. 극장 안에 사람이 너무 많아서 ____________________.

## 활동지(2) 7장 - 문화지식
## 한턱내다 / 눈에 불을 켜다 / 목이 빠지게 기다리다 / 입이 딱 벌어지다

**※ 다음 중 알맞은 것을 찾아서 대화를 완성하십시오.**

| 한턱내다 | 눈에 불을 켜다 | 목이 빠지게 기다리다 | 입이 딱 벌어지다 |
|---|---|---|---|

1. A: 지난주에 인터넷으로 산 구두 받았니?

   B: 아니. 빨리 신고 싶어서 ____________________고 있어.

   A: 금방 오겠지. 받으면 알려줘. 나도 빨리 보고 싶다.

2. A: 오늘 시험이었지? 어때? 시험 잘 봤어?

   B: 응, 고마워. 잘 봤어. 백 점이야.

   A: 정말? 어제 ____________________고 공부하더니 좋은 결과가 나왔네.

3. A: 새로운 한국 식당이 생겼던데, 혹시 가 보셨어요?

   B: 아니요. 아직 못 가봤어요.

   A: 시간이 나면 꼭 가보세요. 반찬도 많이 나오고 음식이 너무 맛있어서

   ____________________ 정도예요.

   B: 어머, 꼭 가봐야겠네요.

4. A: 얘들아! 나 취업했어! 다음 주부터 일할 수 있어!

   B: 와, 축하해! 잘됐다!

   A: 고마워. 오늘 저녁에 맛있는 거 먹으러 가자. 기분도 좋으니까 내가 ______________.

**※ 오늘 공부한 표현 중에서 1개를 골라서 대화를 만들어 봅시다.**

A: ________________________________________

B: ________________________________________

A: ________________________________________

B: ________________________________________

## 활동지(3) 7장 - 문화지식
### 한턱내다 / 눈에 불을 켜다 / 목이 빠지게 기다리다 / 입이 딱 벌어지다

**※ 그림을 보고 알맞은 속담 및 관용어를 쓰고, 문장을 만들어 봅시다.**

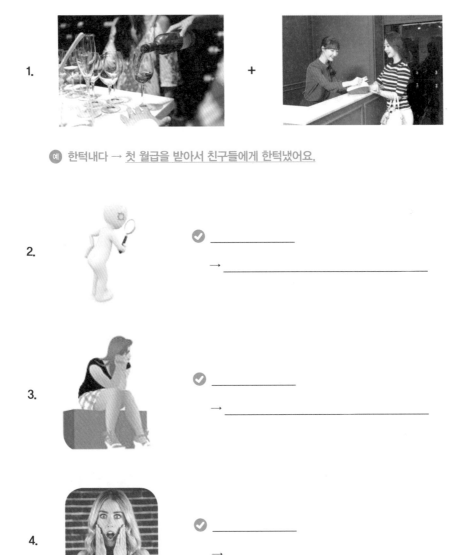

1. +

예 한턱내다 → 첫 월급을 받아서 친구들에게 한턱냈어요.

2. ✔ ______________
→ ________________________________________

3. ✔ ______________
→ ________________________________________

4. ✔ ______________
→ ________________________________________

Memo

# 08 관용어 주머니가 가볍다/주머니가 넉넉하다 귀가 얇다/보는 눈이 있다

**학습목표**

1. '주머니가 가볍다/넉넉하다', '귀가 얇다', '보는 눈이 있다'의 의미를 이해하고 상황에 맞게 사용할 수 있다.
2. 한국의 전통 시장에 다녀와서 전통 시장의 장단점에 대해 말할 수 있다.
3. 고향의 전통 시장에서 파는 다양한 물건의 종류를 말할 수 있다.

다음은 속담과 관용어가 들어간 대화입니다. 잘 읽어보고 언제, 어떻게 사용되는지 또 어떤 뜻으로 사용되는지 알아봅시다.

율리아　리리 씨, 취미가 뭐예요? 저는 신발을 모으는 것이 취미예요.

리리　아, 그래서 율리아 씨의 집에는 예쁜 신발이 많았군요.

율리아　시간이 날 때마다 남대문 시장에 가서 새로 나온 신발을 구경하다보면 주머니가 가벼워져요.

리리　주머니가 가벼워져요? 왜요?

율리아　제가 귀가 얇아서요. 신발 가게 사장님의 말을 듣다보면 또 주머니를 열거든요.

리리　율리아 씨. 시장에 갈 때는 주머니가 많은 옷을 입으세요?

율리아　하하, 리리 씨, 제가 신발을 고르면 사장님이 저에게 보는 눈이 있어서 좋은 신발만 고른다고 하시더라고요.

리리　율리아 씨, 오늘은 정말 무슨 말을 하는지 모르겠어요. 남대문 시장에 가면 눈이 달라져요?

율리아　한국어 수업 시간에 배운 관용어를 사용해서 말해 보라고 선생님이 말씀하셨거든요.

리리　저도 빨리 율리아 씨와 같은 반에서 배우면 좋겠어요. 점점 한국어 실력이 좋아졌으면 좋겠어요.

율리아　오늘은 주머니가 넉넉하니까 동대문 시간에 한 번 가 봐야겠어요.

리리　오늘은 율리아 씨가 주머니가 없는 옷을 입었는데....????

## 문화 지식 〈교안〉

다음은 속담과 관용어를 가지고 한국어 수업에서 사용할 수 있는 교안입니다. 이 교안은 하나의 예일 뿐이므로 한국어 교사들은 이 교안을 참고하시고 수업 상황에 맞게 활용하시면 됩니다.

<table>
<tr><th colspan="6">7장 한턱내다 / 눈에 불을 켜다 / 목이 빠지게 기다리다 / 입이 딱 벌어지다</th></tr>
<tr><td>숙달도</td><td>중급 이상</td><td>차시</td><td>2차시</td><td>시간</td><td>100분</td></tr>
<tr><td>단원목표</td><td colspan="5">1. '주머니가 가볍다/넉넉하다', '귀가 얇다', '보는 눈이 있다'의 의미를 이해하고 상황에 맞게 사용할 수 있다.<br>2. 한국의 전통 시장에 다녀와서 전통 시장의 장단점에 대해 설명할 수 있다.<br>3. 고향의 전통 시장에서 파는 다양한 물건의 종류를 말할 수 있다.</td></tr>
<tr><td>차시목표</td><td colspan="5">'주머니가 가볍다/넉넉하다', '귀가 얇다', '보는 눈이 있다'의 의미를 이해하고 상황에 맞게 사용할 수 있다.</td></tr>
<tr><td>학습자료</td><td colspan="5">사진 자료, 활동지</td></tr>
</table>

| 구분 | 수업내용 | 학습자료 및 비고사항 | 시간(분) |
|---|---|---|---|
| 도입 | 인사를 하고 출석을 확인하며 근황을 묻는다. 학생들이 주말에 무엇을 했는지 물어보고, 쇼핑을 한 학생이 있으면 오늘의 주제와 연결시켜 이야기를 이어간다. 쇼핑을 한 학생이 없으면 교사의 경험을 오늘 배우는 표현과 연결하여 이야기한다.<br><br>T: 어제 뭐 했어요?<br>S: 어제는 친구하고 밥을 먹고 홍대에 가서 쇼핑했어요.<br>T: 그랬군요. 뭐 샀어요?<br>S: 티셔츠를 샀어요.<br>T: 저는 주말에 달걀을 사러 마트에 갔어요. 그런데 마트 직원 분이 만두랑 소시지를 먹어 보라고 하시더라고요. 저는 만두랑 소시지는 살 생각이 없었어요. 그런데 직원 분이 싸고 맛있다고 하니까 '그런가?'하고 그냥 사 버렸어요. 제가 귀가 얇거든요. 만두랑 소시지 때문에 주머니가 가벼워졌어요.<br><br>학생들이 어떤 것에 돈을 많이 쓰는지 들어본다. 가급적 오늘 배울 표현들을 도입할 수 있도록 한다. |  | 10분 |

| 구분 | 수업내용 | 학습자료 및 비고사항 | 시간(분) |
| --- | --- | --- | --- |
| | T: 여러분은 어떤 것에 돈을 많이 써요?<br>S: 저는 카페를 자주 가요. 카페에 가서 돈을 많이 써요.<br>S: 저는 아이돌 콘서트 표에 돈을 많이 써요.<br>T: 그래요. 좋아하는 아이돌이 콘서트를 하면 주머니를 열게 되죠.<br>S: 저는 옷을 많이 사요.<br>T: ○○ 씨는 보는 눈이 있으니까 마음에 드는 옷이 다 비쌀 것 같아요.<br><br>학생들의 이야기를 들어본 후, 대화 내용을 소개한다.<br><br>T: 오늘은 율리아 씨와 리리 씨의 이야기를 읽어볼 거예요. 율리아 씨는 어떤 취미가 있는지, 오늘 율리아 씨가 어떤 표현을 많이 쓰고 있는지 한번 읽어 봅시다. | | |
| 제시<br>설명 | 학생에게 율리아 씨와 리리 씨의 역할을 맡겨서 읽어 보게 하거나 한 명씩 돌아가며 읽게 한다.<br><br>읽은 다음에 전체적으로 내용을 얼마나 파악했는지 확인하는 질문들을 한다. 처음부터 본문을 보고 대답하지 않고 읽은 내용을 기억해서 말해 보도록 지도한다.<br><br>T: 율리아 씨는 어떤 취미가 있어요?<br>S: 신발을 모으는 취미가 있어요.<br>T: 율리아 씨는 시간이 날 때마다 어디에서 뭘 해요?<br>S: 남대문 시장에 가서 신발을 구경해요.<br>T: 율리아 씨는 신발 가게 사장님 말을 듣다 보면 어떻게 하게 된대요?<br>S: 주머니를 열어요?<br>T: 네, 율리아 씨는 귀가 얇아서 신발 가게 사장님 말을 듣다 보면 주머니를 연대요.<br>S: 무슨 뜻이에요?<br>T: 무슨 뜻일까요? 오늘 공부할 거예요.<br>T: 율리아 씨는 왜 오늘 계속 어려운 표현을 써요?<br>S: 선생님이 수업 시간에 배운 것을 써 보라고 했어요.<br>T: 오늘 율리아 씨는 무엇을 할까요?<br>S: 동대문 시장에 갈 것 같아요. | | 35분 |

| 구분 | 수업내용 | 학습자료 및 비고사항 | 시간(분) |
| --- | --- | --- | --- |
| | 학생이 내용을 잘못 파악했거나 기억을 못 하는 부분이 있으면 본문 내용에서 찾아보라고 한다. 찾은 후에 다시 답할 수 있게 한다.<br><br>이번에는 학생들이 돌아가면서 한 줄씩 읽게 하고 어휘와 목표 표현을 확인한다.<br><br>1) 시간이 나다<br>T: '시간이 나다'는 '시간이 있다', '시간이 생기다'라는 뜻이에요.<br><br>2) 주머니<br>T: 오늘 주머니가 많이 나왔지요. 주머니는 이런 것을 말해요. (사진 자료를 보여준다.)<br><br>주머니는 이렇게 작은 물건들을 넣을 수 있게 만든 것이에요. 왼쪽에 있는 주머니는 현대식 주머니고, 오른쪽에 보이는 주머니들은 한국의 전통 주머니예요. 주머니마다 크기가 다르지만 보통 주먹(주먹을 쥐며)보다 조금 작거나 큰 정도예요. 옛날에는 옷에 작은 물건들을 넣을 수 있는 곳이 없었어요. | 자료 사진<br><br>※ 교사는 옷에 주머니가 있으면 실제로 가리키면서 보여준다. | |

| 구분 | 수업내용 | 학습자료 및 비고사항 | 시간(분) |
|---|---|---|---|
| | 하지만 요즘에는 주머니가 있는 옷들이 아주 많죠. 다음 사진도 볼까요? 요즘에는 옷이나 가방에도 작은 물건들을 넣을 수 있는 곳이 있어요. 그래서 요즘은 이런 것들도 모두 '주머니'라고 해요. 자, 그럼 여러분, 옛날 사람들은 주머니에 무엇을 많이 넣고 다녔을까요?<br>S: 돈이요.<br>T: 맞아요. 돈 말고 다른 것도 많이 넣었겠지만, 돈도 분명히 넣고 다녔을 거예요.<br><br>3) 주머니가 가볍다<br>T: 자, 우리가 주머니 뜻을 봤어요. 그리고 주머니에 분명히 돈을 넣고 다녔을 거라고 이야기했어요. 그럼 '주머니가 가볍다'는 무슨 뜻일까요?<br>S: 돈이 없다?<br>T: 맞아요. 돈이 많이 있으면 주머니가 무거워요. 특히 옛날에는 동전을 많이 썼으니까 돈이 많이 있으면 아주 무거웠을 거예요. 그러니까 '주머니가 가볍다'는 돈이 적거나 없는 것을 말해요.<br><br>4) 귀가 얇다<br>T: '귀가 얇다'는 다른 사람의 말을 듣고 금방 '아, 그렇구나~' 하는 사람을 말해요. 친구가 바나나 다이어트를 시작했어요. 친구가 말해요. '바나나 다이어트가 아주 좋아.' 그걸 듣고 제가 '아, 그렇구나! 바나나 다이어트가 좋구나! 그럼 나도 바나나 다이어트 해야지!' 그 다음날 다른 친구가 또 말해요. '고구마 다이어트가 더 좋아.' 그럼 제가 그걸 듣고 '아, 그렇구나! 고구마 다이어트가 더 좋구나! 그럼 이제 고구마 다이어트 해야지!' 자 지금, 제가 바로 귀가 얇은 사람이에요. '귀가 얇다'는 다른 사람의 말을 듣고 쉽게 받아들이는 것을 말해요.<br><br>5) 주머니를 열다<br>T: 우리 아까 '주머니가 가볍다'를 봤어요. 이것도 뜻을 생각해 볼까요? 사장님 말을 듣고 주머니를 열었대요. 무슨 말이에요? | 자료 사진 | |

| 구분 | 수업내용 | 학습자료 및 비고사항 | 시간(분) |
|---|---|---|---|
| | S: 사장님 말을 듣고 돈을 쓴 것 같아요.<br>T: 맞아요. '주머니를 열다'는 여기서는 돈을 쓰는 것을 이야기 해요.<br><br>6) 보는 눈이 있다<br>T: 선생님의 친구 중에는 보는 눈이 있는 사람이 있어요. 그 친구는 어떤 사람을 보면, '저 사람 괜찮을 것 같아.' 이렇게 말해요. 나중에 그 사람과 사귀어 보면 그 사람은 정말 괜찮은 사람이에요. 또 그 친구가 '저 사람, 거짓말을 잘 할 것 같아.'라고 말해요. 나중에 그 사람과 사귀어 보면 정말 거짓말을 잘 하는 사람인 거예요. 그 친구는 또, 쇼핑을 할 때에도 '이거 예쁘다. 비쌀 것 같아.'라고 해요. 그럼 물어보면 정말 그건 비싸고 인기가 있어요. 또 어떤 물건을 보면 '그건 쌀 것 같아. 별로 비싸 보이지 않아.'라고 해요. 그래서 가격을 보면 정말 싸요. 사람이나 물건을 보고 그 사람을 사귀어 보면 어떨지, 그 물건을 써 보면 어떨지 잘 알아요. 이런 사람을 보는 눈이 있다고 해요.<br><br>6) 권하다<br>T: 선생님이 여러분에게 한국 드라마를 권해요. 여러분, 한국 드라마를 보면 한국어에도 익숙해질 수 있고 한국 문화도 알 수 있으니까 드라마를 한번 보세요. 제가 지금 한국 드라마를 권하고 있어요.  또, 이번에는 제가 여러분에게 운동을 권해요. 여러분, 운동을 하면 건강해져요. 그리고 운동을 하면 날씬해질 거예요. 그러니까 시간이 없어도 조금씩 운동을 해 보세요. 제가 지금 운동을 권하고 있어요. '권하다'는 '이거 한번 해보세요. 좋아요.' 이렇게 말하는 거예요. 비슷한 말로 '추천하다'가 있어요.<br><br>7) 넉넉하다<br>T: '넉넉하다'는 꼭 필요한 것보다 충분히 많은 것을 말해요. '오늘은 시간이 넉넉해요.'라고 하면, 오늘은 시간이 필요한 것보다 더 많이 있는 거예요. 그리고 '간식이 넉넉히 있으니까 많이 드세요.'라고 하면 간식이 필요한 것보다 더 있어서 많이 먹어도 괜찮은 거예요. | 비슷한 단어를 판서한다.<br><br>비슷한 말로 충분하다가 있다 | |

| 구분 | 수업내용 | 학습자료 및 비고사항 | 시간 (분) |
|---|---|---|---|
| | 8) 주머니가 넉넉하다<br>T: 그럼 '주머니가 넉넉하다'는 무슨 뜻일까요?<br>S: 돈이 많아서 사고 싶은 거 다 살 수 있어요.<br>T: 맞아요. 우리 계속 보는 내용들에서는 '주머니'가 돈과 관계가 있었어요. 이번에도 그래요. '주머니가 넉넉하다'는 '주머니 안에 돈이 넉넉하다'는 뜻으로 생각할 수 있어요. | | |
| 연습 활용 | 활동지(1)를 보면서 학생들과 함께 답을 확인한다. 학생들에게 각자 답을 써 보라고 한 뒤, 학생 몇 명을 지목하여 답을 말하게 한다. O, X를 표시하는 문항에서 답이 X인 문항은 보기의 문장이 틀린 이유도 같이 말하게 한다.<br><br>활동지(2)와 (3)를 보면서 표현을 조금 더 연습한다. 활동지(2)의 첫 번째 부분은 짝과 함께 먼저 연습해 본 후 발표를 시킨다. '주머니'와 관련된 관용어도 짝과 함께 생각해 보라고 한 다음에 다 같이 이야기를 하게 한다. 마지막 질문도 짝과 함께 생각해 보라고 한 다음에 발표하게 한다.<br><br>활동지(3)의 첫 번째 부분은 각자 대화를 완성해 보도록 하고 학생들을 지목하여 완성한 대화를 읽어 보게 한다. 두 번째 부분은 소그룹이나 짝으로 이야기를 하게 한 뒤, 지목하여 발표 시킨다. 마지막 부분은 소그룹이나 짝으로 각자의 경험을 이야기하게 하고, 교사는 학생들 사이를 돌아다니며 모국어를 쓰거나 다른 이야기를 하지 않게 지도한다. 이야기가 끝나면 2~3명 정도 어떤 내용을 말했는지 들어 보고 마무리한다. | 활동지 (1)<br><br>활동지 (2), (3) | 50분 |
| 마무리 | 묻고 대답하기를 통해 오늘 배운 내용을 정리한다.<br><br>T: 오늘은 율리아 씨와 리리 씨의 이야기를 공부했어요. 율리아 씨는 신발을 모으는 취미가 있지요. 그래서 시간이 날 때 남대문 시장에 가서 신발을 구경하다 보면 어떻게 됐어요?<br>S: 주머니가 가벼워졌어요.<br>T: 율리아 씨는 사장님의 말을 듣고 '아, 그렇구나! 그럼 살게요'라고 해요. 이런 사람을 뭐라고 해요?<br>S: 귀가 얇아요.<br>T: 네, 율리아 씨가 마음에 드는 신발은 항상 인기가 있는 신발이에요. 이런 사람 뭐라고 해요? | | 5분 |

| 구분 | 수업내용 | 학습자료 및 비고사항 | 시간 (분) |
|---|---|---|---|
| | S: 보는 눈이 있어요.<br>T: 오늘 율리아 씨는 동대문 시장에 갈 거예요. 왜요?<br>S: 주머니가 넉넉해서요.<br><br>다음 차시를 안내하며 마무리한다.<br><br>T: 오늘은 '주머니가 가볍다, 주머니가 넉넉하다, 귀가 얇다, 보는 눈이 있다'를 배웠어요. 다음 시간에는 한국의 전통 시장에 대해서 이야기해 볼 거예요. 쇼핑도 할 거니까 다들 주머니가 넉넉한지 확인해 보세요. 그럼, 다음 시간에 만나요!<br>S: 감사합니다. | | |

| 활동지(1) 정답지 8장<br>문화지식: 주머니가 가볍다/넉넉하다, 귀가 얇다, 보는 눈이 있다 | | |
|---|---|---|
| 어휘 확인하기 | 내용 이해하기 | 관용어/속담 이해하기 |
| 1. 넉넉하니까 | 1. O | 1. 귀가 얇아 |
| 2. 시간이 날 | 2. X | 2. 보는 눈이 있 |
| 3. 권했 | 3. X | 3. 주머니가 넉넉하 |
| 4. 주머니 | 4. X | 4. 주머니가 가벼우 |
| | 5. O | |

## 활동지(1) 8장 - 문화지식: 주머니가 가볍다/넉넉하다, 귀가 얇다, 보는 눈이 있다

### 어휘 확인하기

**※ 다음에서 알맞은 것을 찾아서 문장을 완성하십시오.**

| 주머니 | 넉넉하다 | 권하다 | 시간이 나다 |
|---|---|---|---|

1. 오늘은 시간이 ______________니까 커피 한잔 마시고 갑시다.
2. 바쁘시겠지만 언제 ______________ 때 연락 주세요.
3. 아버지는 선생님이 되기를 __________지만 나는 가수가 되고 싶었다.
4. 오빠는 __________에서 열쇠를 꺼냈다.

### 내용 이해하기

**※ 본문의 내용과 같으면 O, 다르면 X 하십시오.**

1. 율리아 씨는 신발을 사는 취미가 있다. ( O / X )
2. 율리아 씨는 시장에 갈 때 주머니가 많은 옷을 입는다. ( O / X )
3. 율리아 씨는 신발을 많이 사서 오늘은 돈이 없다. ( O / X )
4. 리리 씨는 율리아 씨와 같은 반에서 한국어 수업을 듣는다. ( O / X )
5. 오늘 율리아 씨는 주머니가 없는 옷을 입었다. ( O / X )

### 관용어/속담 이해하기

**※ 다음에서 알맞은 것을 찾아서 빈칸을 완성하십시오.**

| 주머니가 넉넉하다 | 귀가 얇다 | 보는 눈이 있다 | 주머니가 가볍다 |
|---|---|---|---|

1. 언니는 ______________서 우리가 설득하면 마음을 바꿀 거야.
2. 제가 ______________다고 했지요? 그 사람은 거짓말쟁이에요.
3. 오늘 월급을 받아서 ________________니까 제가 한턱낼게요.
4. 오늘은 ________________니까 저녁을 간단하게 먹자.

## 활동지(2) 8장 - 문화지식: 주머니가 가볍다/넉넉하다, 귀가 얇다, 보는 눈이 있다

**※ 질문에 답하고, 친구들과 이야기해 봅시다.**

| 주머니가 넉넉하다 | 주머니가 가볍다 | 주머니를 열다 |
|---|---|---|

1. 여러분은 언제 주머니가 넉넉합니까?

→ ______________________________ 주머니가 넉넉해요.

2. 주머니가 넉넉할 때 무엇을 합니까?

→ 주머니가 넉넉할 때 ______________________________

3. 여러분은 언제 주머니가 가볍습니까?

→ ______________________________ 주머니가 가벼워요.

4. 여러분은 언제 주머니를 열게 됩니까?

→ ______________________________

**※ 여러분의 고향에는 '주머니'와 관련된 관용어가 있습니까? 이야기해 봅시다.**

| 나라 | 관용어 | 의미 |
|---|---|---|
| 예 미국 | an empty pocket (빈 주머니) | 돈이 하나도 없는 것 |
| | | |
| | | |
| | | |

**※ 결제 수단이 주머니 속의 현금에서 신용카드, 핸드폰 등 다양해지고 있습니다. 30년, 100년 후에는 돈에 관한 어떤 관용어가 생길까요? 관용어를 만들어 봅시다.**

→ ______________________________

→ ______________________________

**※ 만든 관용어를 발표해 봅시다. 친구들의 발표를 듣고, 마음에 드는 관용어가 무엇인지 이야기해 봅시다**

## 활동지(3) 8장 - 문화지식: 주머니가 가볍다/넉넉하다, 귀가 얇다, 보는 눈이 있다

**※ 적절한 대화가 될 수 있게 대화를 완성해 봅시다.**

| 귀가 얇다 | 보는 눈이 있다 |
|---|---|

1. A: 저 이번에 헬스장에 등록했어요.

   B: 어, 그래요? 진아 씨 어제는 돈 없어서 등록 안 할 거라고 했잖아요.

   A: 네, 맞아요. 그런데 ____________________________________.

   B: 진아 씨 의외로 귀가 얇으시네요.

2. A: 저, 그릇을 좀 사려고 하는데요.

   B: 이건 어떠세요?

   A: 그것도 예쁘긴 한데, 이건 얼마예요?

   B: 보는 눈이 있으시네요. 그건 ____________________________________.

**※ 여러분은 얼마나 귀가 얇습니까? 다음 경험이 있는지 생각해 보고 친구들과 그 경험을 이야기해 봅시다.**

| | |
|---|---|
| 1 | 홈쇼핑을 보다가 필요하지 않은 물건을 산 적이 있다 |
| 2 | 마트에서 직원의 말을 듣고 물건을 산 적이 있다. |
| 3 | 광고를 보다가 배가 고프지 않은데도 음식을 시킨 적이 있다. |
| 4 | 친구들이 추천하는 다이어트를 해 봤다. |
| 5 | 친구들의 말을 듣고 들을 생각이 없었던 수업을 신청한 적이 있다. |

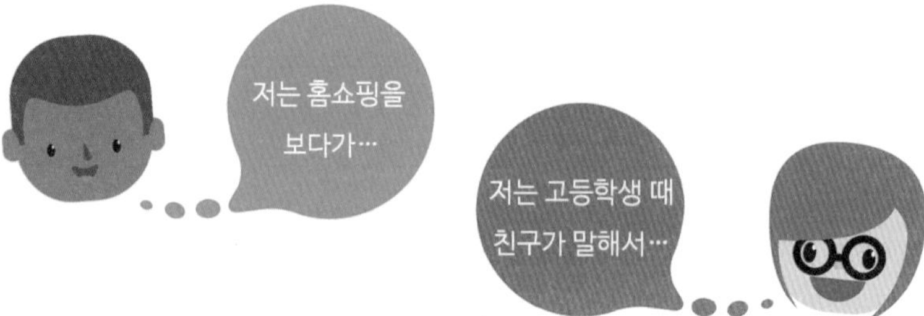

저는 홈쇼핑을 보다가…
저는 고등학생 때 친구가 말해서…

Memo

# 09 관용어 **발목을 잡다/발목을 잡히다 밥 먹듯 하다/눈 깜짝 할 사이**

학습목표

1. '발목을 잡다', '발목을 잡히다'와 '밥 먹듯 하다', '눈 깜짝할 사이'의 의미를 이해하고 상황에 맞게 사용할 수 있다.
2. 고향의 교육 제도에 대해 설명할 수 있다.
3. 조기 외국어 교육에 대해 토론할 수 있다.

다음은 속담과 관용어가 들어간 대화입니다. 잘 읽어보고 언제, 어떻게 사용되는지 또 어떤 뜻으로 사용되는지 알아봅시다.

왕 환　바트, 왜 그렇게 한숨을 쉬고 있어?

바 트　이번 학기 성적이 나왔거든.

왕 환　매번 수업이 끝나자마자 바로 도서관에 갔었잖아. 시험 보기 전까지 말이야. 나는 네가 도서관에서 열심히 공부하는 줄 알았는데?

바 트　도서관에는 매일 갔지. 그런데 게임이 발목을 잡을 줄 몰랐어.

왕 환　발목? 요즘 게임은 발목으로 하는 거야? 새로 나온 게임인가?

바 트　왕환, 내가 도서관에 간다고 하고 게임을 밥 먹듯 했거든. 도서관에 가서 책을 펼치고 공부를 시작하면 자꾸 게임 생각이 나는 거야. 그래서...

왕 환　바트! 도서관은 음식을 가지고 갈 수 없어. 도서관 들어가기 전에 써 있는 걸 못 봤어? 어떻게 도서관 안에서 밥을 먹을 수 있지? 규칙을 지켜야지. 다른 사람들이 냄새 때문에 얼마나 힘들었겠어.

바 트　왕환! 그게 아니야. 내 말은

왕 환　우리는 대학생이야. 게다가 유학생들이 규칙을 지키지 않으면 외국인들을 안 좋게 볼거야. 한국어가 서툴거나 한국 문화에 익숙하지 않아서 그렇다고 생각할 수도 있지만 그렇게 생각하지 않는 사람도 있거든. 근데, 우리는 한국어를 정말 잘하잖아. 게다가 우리는 한국에 온 지 1년이 넘었는데 그 정도는 알고 지켜야지.

바 트　그래, 정말 눈 깜짝할 사이에 1년이 지났어. 근데 걱정이다 이번 성적이 너무 나빠서 장학금 신청을 못할 것 같아. 이번 시험에 발목을 잡혔어. 고향에 계신 부모님께 어떻게 말해야 할까 걱정이네.

왕 환　바트! 아까부터 계속 이상한 말만 하네. 발목 얘기만 하고.

바 트　왕환, 발목을 잡히다는 말을 설명해 줄게.

## 문화 지식 〈교안〉

다음은 속담과 관용어를 가지고 한국어 수업에서 사용할 수 있는 교안입니다. 이 교안은 하나의 예일 뿐이므로 한국어 교사들은 이 교안을 참고하시고 수업 상황에 맞게 활용하시면 됩니다.

<table>
<tr><th colspan="6">9장 발목을 잡다 / 발목을 잡히다 / 밥 먹듯 하다 / 눈 깜짝할 사이</th></tr>
<tr><td>숙달도</td><td>중급 이상</td><td>차시</td><td>2차시</td><td>시간</td><td>100분</td></tr>
<tr><td>단원목표</td><td colspan="5">1. '발목을 잡다', '발목을 잡히다'와 '밥 먹듯 하다', '눈 깜짝할 사이'의 의미를 이해하고 상황에 맞게 사용할 수 있다.<br>2. 고향의 교육 제도에 대해 설명할 수 있다.<br>3. 조기 외국어 교육에 대해 토론할 수 있다.</td></tr>
<tr><td>차시목표</td><td colspan="5">'발목을 잡다'과 '눈 깜짝할 사이'의 의미를 이해하고 상황에 적절하게 사용할 수 있다.</td></tr>
<tr><td>학습자료</td><td colspan="5">사진 자료, 활동지</td></tr>
<tr><td>구분</td><td colspan="3">수업내용</td><td>학습자료 및 비고사항</td><td>시간(분)</td></tr>
<tr><td>도입</td><td colspan="3">인사를 하고 출석을 확인하며 근황을 묻는다. 지난 시간 이후에 무엇을 했는지 물어본다. 한국어 공부를 했다고 답하는 사람이 있으면 칭찬하고 한국어 공부 이야기가 나오지 않으면 복습은 잘 하고 있냐고 물어보면서 주제와 목표 표현을 도입한다.<br><br>1) 공부를 안 하고 다른 일을 한 경험이 있어요?<br><br>2) 공부를 안 해서 성적이 안 좋았던 경험이 있어요?<br><br>1)번과 2)번을 물어보고, 학생의 이야기 속에서 목표 표현을 인용할 수 있으면 인용하고, 인용하기 어려우면 교사 자신의 경험으로 목표 표현을 도입한다.<br><br>T: 한국어 공부 이야기가 나왔는데요, 여러분은 공부하려고 했는데 공부를 안 하고 다른 것을 한 적이 있어요?<br>S: 네, 있어요.<br>T: 1) 그럼 공부 안 하고 뭐 했어요?<br>S: 친구하고 이야기했어요. / 핸드폰 봤어요.<br>T: 그래요. 선생님도 그런 경험이 있어요. 저는 유튜브를 보다가 눈 깜짝할 사이에 밤이 돼서 공부를 못 한 적이 있어요. 그럼 여러분, 2) 그렇게 공부를 열심히 안 해서 시험을 못 본 적도 있어요?</td><td></td><td>10분</td></tr>
</table>

| 구분 | 수업내용 | 학습자료 및 비고사항 | 시간 (분) |
|---|---|---|---|
| | S: 있어요.<br>T: 언제 그랬어요? / 그래서 어떻게 됐어요?<br>S: (학생의 이야기를 듣는다)<br>T: 그렇군요. 저는 중학교 때 엄마가 시험을 잘 보면 게임기를 사 주겠다고 한 적이 있었어요. 다른 시험은 잘 봤는데, 과학 공부를 안 해서 과학 시험을 못 봤어요. 결국 과학이 발목을 잡아서 게임기를 받지 못했어요.<br><br>학생들의 이야기를 들어본 후, 대화 내용을 소개한다.<br><br>T: 오늘은 왕환 씨와 바트 씨의 이야기를 읽어볼 거예요. 두 사람 모두 학생인데요, 바트 씨가 걱정이 있는 것 같아요. 어떤 걱정을 하는지, 또 어떤 표현을 쓰고 있는지 한번 읽어봅시다. | | |
| 제시 설명 | 학생에게 바트와 왕환의 역할을 맡겨서 읽어 보게 하거나 한 명씩 돌아가며 읽게 한다.<br><br>읽은 다음에 전체적으로 내용을 얼마나 파악했는지 확인하는 질문들을 한다. 처음부터 본문을 보고 대답하지 않고 읽은 내용을 기억해서 말해 보도록 지도한다.<br><br>T: 바트는 왜 한숨을 쉬고 있었어요?<br>S: 시험을 못 봤어요. / 성적이 좋지 않아요.<br>T: 바트는 왜 성적이 안 좋아요?<br>S: 도서관에서 공부를 안 하고 게임을 했어요.<br>T: 성적이 안 좋으면 어떤 문제가 있어요? 바트는 성적이 나빠서 어떤 것을 걱정하고 있어요?<br>S: 장학금 신청을 하지 못할 것 같아서 고향에 계신 부모님께 어떻게 말해야 할지 걱정하고 있어요.<br>T: 이번 대화에서 처음 본 표현이 있었어요?<br>S: 발목... 무슨 이야기가 있었어요.<br>T: 맞아요. 다시 읽어 보세요.<br><br>학생이 내용을 잘못 파악했거나 기억을 못 하는 부분이 있으면 본문 내용에서 찾아보라고 한다. 찾은 후에 다시 답할 수 있게 한다. | | 40분 |

| 구분 | 수업내용 | 학습자료 및 비고사항 | 시간(분) |
| --- | --- | --- | --- |
| | 이번에는 학생들이 돌아가면서 한 줄씩 읽게 하고 어휘를 확인한다. 이번 차시의 목표 표현인 '발목을 잡다', '밥 먹듯 하다', '눈 깜짝할 사이', '발목을 잡히다'는 학생들에게 무슨 뜻일 것 같은지만 물어 보고 다른 단어들을 먼저 확인한다.<br><br>1) 한숨을 쉬다<br>T: 한숨은 이게 한숨이에요. (크게 한숨을 쉰다.) 이렇게 하는 것을 '한숨을 쉬다'라고 해요. 보통 걱정이 있거나 고민이 있을 때 한숨을 쉬어요.<br><br>2) 서툴다<br>T: '서툴다'는 '서투르다'라고 말하기도 해요. 둘 다 표준어예요. '서툴다'와 '서투르다'는 익숙하지 않아서 잘 못하는 것을 이야기해요. 한국어가 익숙하지 않아서 잘 못해요. 그 때 "한국어가 서툴러요."라고 말해요. 또 운전면허를 땄어요. 그런데 아직 운전이 익숙하지 않아요. "아직 운전에 서툽니다." 이렇게 말해요.<br><br>3) 장학금<br>T: 장학금은 학교나 나라에서 학생이 공부를 잘 할 수 있도록 주는 돈을 말해요. 공부를 잘 하는 학생에게 장학금을 주는 경우도 있고, 생활이 어렵고 돈이 부족한 학생에게 장학금을 주는 경우도 있어요.<br><br>다음은 관용어와 속담의 표현의 의미를 제시한다.<br><br>1) 발목을 잡히다 / 발목을 잡다<br>먼저 '발목'과 '잡다', '잡히다'를 제대로 알고 있는지 체크한다.<br><br>T: 여러분, 발목이 어디예요? 네, 맞아요. (발목을 가리키며) 여기가 발목이에요. 그리고 '잡다'와 '잡히다'도 알고 있지요? (학생을 가볍게 잡으며) '제가 ○○ 씨의 어깨를 잡았어요. ○○ 씨는 저에게 어깨를 잡혔어요.' 이렇게 말할 수 있지요.<br><br>아래와 같이 판서한다. | | |

| 구분 | 수업내용 | 학습자료 및 비고사항 | 시간 (분) |
|---|---|---|---|
| | ('사람'이/가) '원인'에/에게 발목을 잡히다<br>→ (미영이가) 시험에 발목을 잡혔다.<br>'원인'이/가 ('사람'의) 발목을 잡다<br>→ 시험이 (미영이의) 발목을 잡았다.<br><br>그리고 본문의 내용을 토대로 '발목을 잡다', '발목을 잡히다'의 의미를 어떻게 생각하는지 물어본다.<br><br>T: 그럼 '발목을 잡히다'는 뭘까요? 여기에서는 바트 씨가 "게임이 발목을 잡을 줄 몰랐어.", "이번 시험에 발목을 잡혀서 장학금 신청을 못 할 것 같아." 이렇게 이야기했네요. 여러분, 바트 씨의 상황을 보면 이 표현은 무슨 의미일까요?<br><br>학생들이 추론한 뜻이 무엇인지 들어본 후, 사진을 보여주고 의미를 제시한다.<br><br>T: 이 사진은 사슬에 발목이 잡힌 사진이에요. 지금 발목을 잡고 있는 것을 사슬, 또는 쇠사슬이라고 해요. 이 사람은 쇠사슬에 발목이 잡혀 있네요. 그럼 이 사람은 움직일 수 있어요?<br>S: 없어요.<br>T: 어디 가고 싶어도 갈 수 없어요. 움직일 수가 없어요. 여러분이 회사에 들어가고 싶은데, 회사에 들어가려면 한국어 시험 점수가 필요해요. 그런데 여러분이 시험을 못 봐서 그 회사에 들어갈 수가 없어요. 이 쇠사슬처럼 한국어 시험 점수가 여러분의 발목을 잡고 있는 거예요. 그래서 여러분은 한국어 시험 점수 때문에 회사에 들어갈 수 없어요. 이때 이렇게 말할 수 있어요. "한국어 시험이 발목을 잡았어요." 또, "한국어 시험에 발목을 잡혔어요." | 사진 자료 준비<br>※사슬=쇠사슬=체인 | |

| 구분 | 수업내용 | 학습자료 및 비고사항 | 시간(분) |
|---|---|---|---|
| | 2) 밥 먹듯 하다<br>어미 '-듯(이)'의 의미를 배웠다면 다시 한 번 상기시킨다. 배우지 않았다면 아래와 같이 간단히만 제시한다.<br>T: "밥 먹듯 하다"에서 '-듯'은 앞의 내용과 뒤의 내용이 거의 같다는 의미로 많이 써요. '사람마다 얼굴이 다르듯이 생각도 다르다'라고 하면, '사람마다 얼굴이 달라요.' 그것하고 똑같이 '사람마다 생각도 달라요.'라는 의미예요.<br>관용어의 의미를 제시한다.<br>T: 그러면 ○○ 씨, 한 달에 밥을 몇 번 먹어요?<br>S: 많이 먹어요.<br>T: 네, 맞아요. 한 달에 밥을 몇 번 먹는지 대답하기 어려울 정도로 많이 먹어요. 그리고 밥을 먹는 게 특별한 일이에요?<br>S: 아니요.<br>T: 밥을 먹는 것은 그냥 평범한 일이죠? 게임을 일주일에 한 번, 두 번, 특별하게 하는 게 아니고 밥 먹듯 했대요. 일상적인 일처럼 아주 많이 한 거예요.<br>3) 눈 깜짝할 사이<br>교사가 눈을 살짝 감았다가 떠서 보여준다.<br>T: 마지막으로 '눈 깜짝할 사이'는 제가 보여 드릴게요. (눈을 살짝 감았다가 뜬다) 지금 제가 한 게 눈을 깜짝한 거예요. 여러분도 해 보세요. 깜짝 깜짝~<br>T: 눈을 깜짝 하는 시간이 길어요, 짧아요?<br>S: 짧아요.<br>T: 맞아요. 아주 짧은 시간을 뜻해요. '눈 깜짝할 사이'라고 할 수도 있고 더 짧게 말해서 '눈 깜짝할 새'라고도 할 수 있어요. | 자료 사진<br><br>깜짝은 다른 의미로도 사용된다. 깜짝 놀라다처럼 갑자기 놀라는 모습을 나타낼 때 사용한다. 따라서 학습자가 물어볼 경우 다른 의미를 설명해 준다. | |
| | 어휘와 내용을 확인한 후에, 활동지(1)를 보면서 본문의 내용들을 다시 확인한다. 〈내용 이해하기〉 부분은 정답을 확인한 후에 X인 부분은 왜 X인지 이야기 하도록 시키고, O인 경우에는 아래와 같이 추가 질문을 던진다. | 학습자 한 명씩 돌아가면서 정답을 말하게 해도 되고 같이 말하게 해도 된다. | |

| 구분 | 수업내용 | 학습자료 및 비고사항 | 시간 (분) |
|---|---|---|---|
| | 1) X<br>T: 왜 X예요?<br>S: 게임을 하느라고 도서관에 못 간 것이 아니고 도서관에 가서 게임을 하느라고 공부를 못 했어요.<br>2) X<br>S: 발목을 사용하는 게임이 아니고 '발목을 잡히다'라는 표현을 사용했어요.<br>3) X<br>S: 도서관에서 정말 밥을 먹은 것이 아니고 도서관에서 게임을 많이 했다는 뜻으로 '밥 먹듯 했다'라는 말을 쓴 것 같아요.<br>4) O<br>T: 맞아요. O예요. 그런데 혹시 바트가 1년이 지났다고 할 때 어떤 표현을 썼는지 기억해요?<br>S: 눈 깜짝할 사이에<br>T: 네, 눈 깜짝할 사이에 1년이 지났대요.<br>5) X<br>S: 혼나지 않았지만 장학금 신청을 못 할 것 같아서 부모님께 뭐라고 말해야 할지 걱정하고 있어요.<br><br>의미를 제시한 후 활동지(1)의 '3. 관용어/속담 이해하기'를 써 보게 하고, 정답을 말하게 한다. | 활동지(1) | |
| 연습 활용 | 활동지(2)를 보면서 표현을 조금 더 연습한다. 2명씩 짝을 만들어서 함께 대화를 완성하게 한다. 1번은 "발목을 잡았네요."라는 것을 토대로 다음에 올 말을 예측해서 적게 하고, 2번은 "밥 먹듯 하더니"라는 말을 토대로 앞의 내용을 예측해서 적어 보게 한다. 모두 끝나면 2~3팀 발표를 시키는데, A와 B의 역할을 맡아서 대화 형태로 발표하게 한다.<br><br>3번은 '눈 깜짝할 사이에'가 들어가는지 확인한다. 그냥 '사이'만 적으면 어색하고 '사이에'가 되거나 '새'가 되는 것이 적절하다는 것을 알려준다.<br><br>마지막 문제는 다시 두 명씩 짝을 지어서 오늘 배운 4개의 표현 중에 하나를 골라 적절한 대화를 만들어 보게 한다. 모두 만들면 2~3팀 발표를 시킨다. | 활동지(2) | 45분 |

<table>
<tr><th>구분</th><th>수업내용</th><th>학습자료 및 비고사항</th><th>시간(분)</th></tr>
<tr><td></td><td>활동지(3)는 시간이 있다면 활동을 진행하고 시간이 없다면 과제로 대체한다.<br><br>이번 차시에 배운 4개의 표현을 인터넷에서 찾아보고, 이 표현이 사용된 문장을 적어 보게 한다.<br><br>'발목을 잡다/발목을 잡히다'는 뉴스의 제목으로 많이 쓰이는데 다소 어려운 표현들이 많으므로 수업 시간 중에는 '밥 먹듯 하다'와 '눈 깜짝할 사이'를 다루고 나머지는 과제로 낼 수도 있다. '밥 먹듯'과 '눈 깜짝할'로 검색할 경우 블로그나 카페 글들이 많이 나오는 점을 참고한다.<br><br>찾은 것 중에 하나를 골라서 글 전체의 내용을 요약해서 적어 보는 과제를 내준다. 인터넷 글을 읽어야 하는 수준이므로 고급 학생들에게 적절하다. 중급 학생들에게는 교사가 인터넷에서 쉬운 글을 찾아 출력하여 나눠주고 읽어 보는 활동도 진행할 수 있다.</td><td>활동지(3)</td><td></td></tr>
<tr><td>마무리</td><td>과제를 내 주기 전에 오늘 배운 내용을 정리한다.<br><br>T: 오늘은 왕환 씨와 바트 씨의 이야기를 공부했어요. 바트 씨는 시험을 잘 봐서 장학금을 받아야 하는데 이번 시험에 발목을 잡혀서 걱정을 하고 있어요. '발목을 잡히다'는 어떤 것 때문에 하고 싶은 것을 못 한다는 뜻이었지요. 그런데 바트 씨가 이번 시험을 못 본 이유는 무엇이었어요?<br>S: 게임을 하느라고 공부를 안 했어요.<br>T: 맞아요. 게임이 바트 씨의 발목을 잡았어요. 시험을 잘 볼 수 있었는데 게임 때문에 시험을 못 봤네요. 공부를 안 하고 게임을 밥 먹듯 하니까 시험을 못 봤어요.<br><br>과제를 안내하고 다음 차시를 소개한다. 인사하고 마무리한다.<br><br>T: 오늘 배운 내용 어려웠어요? 집에 가서 꼭 복습을 하세요. 복습을 안 하면 나중에 속담과 관용어에 발목이 잡힐 거예요. 다음 시간에는 한국의 교육에 대해서 더 이야기해 볼 거예요. 여러분, 다음 시간에 만나요.</td><td></td><td>5분</td></tr>
</table>

| 활동지(1) 정답지 9장 - 문화지식: 발목을 잡다 / 눈 깜짝할 사이 | | |
|---|---|---|
| 어휘 확인하기 | 내용 이해하기 | 관용어/속담 이해하기 |
| 1. 한숨을 쉬셨습니 | 1. X | 1. 발목을 잡혔 |
| 2. 서툴 | 2. X | 2. 발목을 잡아 |
| 3. 장학금 | 3. X | 3. 눈 깜짝할 사이 |
| | 4. O | 4. 밥 먹듯 하 |
| | 5. X | |

## 활동지(1) 9장 - 문화지식: 발목을 잡다 / 눈 깜짝할 사이

### 어휘 확인하기

**※ 다음에서 알맞은 것을 찾아서 문장을 완성하십시오.**

| 서툴다 | 한숨을 쉬다 | 장학금 |
|---|---|---|

1) 어머니께서는 제 성적표를 보시고 긴 ____________다.

2) 피아노 연주는 아직 ________지만 잘 들어 주세요.

3) 이번 학기 공부를 열심히 해서 _________을 받고 싶어요.

### 내용 이해하기

**※ 본문의 내용과 같으면 O, 다르면 X 하십시오.**

1) 바트는 게임을 하느라고 도서관에 못 간 적이 있다. ( O / X )

2) 바트가 하는 게임은 발목을 사용하는 게임이다. ( O / X )

3) 바트는 도서관에서 밥을 먹었다. ( O / X )

4) 바트와 왕환은 한국에 온 지 1년이 넘었다. ( O / X )

5) 바트는 이번 학기 성적이 나빠서 부모님께 혼났다. ( O / X )

### 관용어/속담 이해하기

**※ 다음에서 알맞은 것을 찾아서 빈칸을 완성하십시오.**

| 발목을 잡히다 | 발목을 잡다 | 밥 먹듯 하다 | 눈 깜짝할 사이 |
|---|---|---|---|

1) 결승에 갈 줄 알았는데 준결승에서 만난 팀에게 _______________다.

2) 학점은 좋았지만 영어 실력이 _______________서 취업에 실패했대요.

3) 배가 고파서 피자 한 판을 ______________에 다 먹었네.

4) 미영이 말 너무 믿지 마세요. 거짓말을 ______________더라고요.

## 활동지(2) 9장 - 문화지식: 발목을 잡다 / 눈 깜짝할 사이

| 발목을 잡히다 | 발목을 잡다 | 밥 먹듯 하다 | 눈 깜짝할 사이 |
|---|---|---|---|

**※ 적절한 대화가 될 수 있게 대화를 완성해 봅시다.**

1) A: 가족하고 같이 캠핑 간다면서요? 준비를 잘하고 있어요?

B: 어휴. 다 잘 준비하고 있었는데, 건강이 제 발목을 잡았네요.

A: 네? 왜요?

B: ______________________________

2) A: 민호 씨 표정이 안 좋던데요. 민호 씨한테 무슨 일 있었어요?

B: ______________________________

A: ______________________________

B: 저런... 민호 씨, 지각을 밥 먹듯 하더니 결국 그렇게 됐군요.

**※ 오늘 공부한 표현을 써서, 대화를 완성해 봅시다.**

3) A: 벌써 10시네요. 주말은 정말 빨리 지나가는 것 같아요.

B: 으악! 자고 일어나면 월요일이네요?

주말은 정말 ______________________________지나가네요.

4) A: 진희 씨는요? 아직 한국에 안 왔어요?

B: 진희 씨는 태풍 때문에 ______________________________ 대요.

**※ 오늘 공부한 표현 중에서 1개를 골라서 대화를 만들어 봅시다.**

A: ______________________________

B: ______________________________

A: ______________________________

B: ______________________________

## 활동지(3) 9장 - 문화지식: 발목을 잡다 / 눈 깜짝할 사이

**※ 인터넷에서 오늘 배운 표현들을 검색해 봅시다. 검색할 때 아래의 키워드로 찾아봅시다.**

| 오늘의 표현 | 검색 키워드 |
|---|---|
| 발목을 잡다 | 발목을 잡았다 / 발목 잡았다 / 발목을 잡네 / 발목을 잡아서 |
| 발목을 잡히다 | 발목을 잡혔다 / 발목 잡혔다 / 발목 잡힌 / 발목 잡혀서 |
| 밥 먹듯 하다 | 밥 먹듯 |
| 눈 깜짝할 사이 | 눈 깜짝할 사이 / 눈 깜짝할 새 / 눈 깜짝할 |

**※ 찾은 문장들을 적어 봅시다.**

예 이번 주말은 정말 눈 깜짝할 새 지나간 것 같네요.

예 ○○팀은 많은 기대를 받았지만 결국 선수들의 부상이 팀의 발목을 잡았다.

1: ____________________

2: ____________________

3: ____________________

4: ____________________

5: ____________________

**※ 찾은 문장 중에 관심 있는 내용을 골라, 문장의 앞뒤 내용을 읽고 어떤 내용인지 짧게 요약해 봅시다.**

예 거짓말을 밥 먹듯 하는 아이들을 혼내기 전에 아이가 왜 거짓말을 해야 했는지 살펴봐야 한다. 그리고 아이의 마음을 이해해 주는 시간이 필요하며, 아이에게 거짓말이 왜 나쁜지 설명해 주어야 한다.

____________________

____________________

____________________

# 10 속담 **소귀에 경 읽기**
# 관용어 **신경을 쓰다/입만 아프다/피부로 느끼다**

학습목표

1. '소귀에 경 읽기'와 '신경을 쓰다, 입만 아프다, 피부로 느끼다'의 의미를 이해하고 상황에 맞게 표현할 수 있다.
2. 한국의 환경 정책을 이해하고 고향과 비교할 수 있다.
3. 환경 보호의 필요성을 글로 쓸 수 있다.

다음은 속담과 관용어가 들어간 대화입니다. 잘 읽어보고 언제, 어떻게 사용되는지 또 어떤 뜻으로 사용되는지 알아봅시다.

율리아 휘엔 씨, 얼굴이 안 좋아요. 무슨 일이 있어요?

휘엔 같이 사는 친구 때문에 너무 힘들어요.

율리아 왜요?

휘엔 한국어 온 지 1년이 넘었는데 아직도 쓰레기를 버리는 것을 잘 못해요.

율리아 저도 한국에 처음 왔을 때 쓰레기 버리는 것 때문에 신경이 많이 쓰였어요.

휘엔 제가 쓰레기 때문에 잔소리를 하니까 화를 내더라고요.

율리아 입만 아프게 말하지 말고요. 안 지키면 벌금을 내라고 하세요.

휘엔 잔소리를 하지만 입은 아프지 않아요.

율리아 하하. 그 말은요.

휘엔 요즘은 쓰레기 때문에 환경 문제가 많아지잖아요. 북극곰도 우리가 버린 쓰레기를 먹었다는 기사를 본 적이 있어요.

율리아 사실, 환경 문제를 우리가 피부로 느끼지 못하니까 쓰레기를 그냥 버리는 것 같아요.

휘엔 북극곰의 피부가 안 좋아질 거예요. 쓰레기를 먹는데 피부가 좋겠어요?

율리아 ......

휘엔 쓰레기를 잘 버리지 않는다면 같이 살 수 없다고 친구에게 다시 말해야겠어요.

율리아 1년 동안 같이 살면서 정말 힘들었나 봐요.

휘엔 소귀에 경 읽기에요.

율리아 와, 그 말은 잘 모르겠네요. 소귀에 경 읽기? 무슨 말이에요?

휘엔 저도 어제 배운 속담인데요. 이 말은요....

## 문화 지식 〈교안〉

다음은 속담과 관용어를 가지고 한국어 수업에서 사용할 수 있는 교안입니다. 이 교안은 하나의 예일 뿐이므로 한국어 교사들은 이 교안을 참고하시고 수업 상황에 맞게 활용하시면 됩니다.

| 10장 소귀에 경 읽기 / 신경을 쓰다, 입만 아프다, 피부로 느끼다 | | | | | |
|---|---|---|---|---|---|
| 숙달도 | 중급 이상 | 차시 | 2차시 | 시간 | 100분 |
| 단원목표 | 1. '소귀에 경 읽기'와 '신경을 쓰다, 입만 아프다, 피부로 느끼다'의 의미를 이해하고 상황에 맞게 표현할 수 있다.<br>2. 한국의 환경 정책을 이해하고 고향과 비교할 수 있다.<br>3. 환경 보호의 필요성에 대한 글을 쓸 수 있다. | | | | |
| 차시목표 | '소귀에 경 읽기'와 '신경을 쓰다, 입만 아프다, 피부로 느끼다'의 의미를 이해하고 상황에 맞게 표현할 수 있다. | | | | |
| 학습자료 | 사진자료, 동영상, 활동지 등 | | | | |

| 구분 | 수업내용 | 학습자료 및 비고사항 | 시간(분) |
|---|---|---|---|
| 도입 | 한국에서 쓰레기를 나눠서 버린 경험이 있는지 물어 보면서 수업을 도입한다.<br><br>T: 여러분은 이 쓰레기통을 본 적이 있어요?<br><br>S: 네, 학교에 많이 있어요.<br>T: 그럼, 왜 쓰레기통이 이렇게 나누어져서 노란색, 빨간색, 파란색, 초록색으로 되어 있을까요?<br>S: 쓰레기를 따로 버려요. 종이, 캔, 플라스틱...<br>T: 네, 맞아요. 한국에서는 쓰레기를 나눠서 버려야 해요. 여기 쓰레기통을 자세히 보면 '분리하면 자원절약, 막 버리면 환경파괴'라는 말이 있어요. 쓰레기를 버릴 때 이렇게 따로 | 분리수거는 업체에서 쓰레기를 가져가는 것을 말하고 개인은 분리해서 배출하는 것인데 '분리수거'로 잘못 말하는 경우가 많다.<br><br>그림 자료 준비 | 10분 |

| 구분 | 수업내용 | 학습자료 및 비고사항 | 시간(분) |
|---|---|---|---|
| | 따로 분리해서 버리면 나중에 또 사용할 수 있어요. 하지만 분리하지 않고 같이 버리면 나중에 사용하기가 힘들어요. 쓰레기를 불로 태울 수도 있어요. 그러면 공기가 나빠져요. 환경이 파괴되는 것이지요. 요즘 환경이 나빠지는 것을 피부로 느낄 수 있는데 쓰레기를 나눠서 버리면 좋겠지요?<br>S: 네.<br>T: 그러면 여러분은 학교나 집에서 쓰레기를 나눠서 버린 적이 있어요?<br>S: 네, 그런데 학교에서는 쉬운데 집에서는 힘들어요.<br>T: 무엇이 힘들어요?<br>S: 쓰레기봉투도 사야 하고 어떻게 버리는지 잘 몰라요.<br>S: 선생님, 집 쓰레기봉투가 모두 달라요.<br>T: 맞아요. 쓰레기봉투 색이 다르지요? 저희 집은 일반 쓰레기는 흰색 쓰레기봉투에 넣어야 하고, 음식물 쓰레기는 노란색 쓰레기봉투에 넣어야 하고, 플라스틱, 종이, 캔, 병 같은 재활용 쓰레기는 따로 분리해서 버려야 해요. 저희 집에서는 제가 혼자서 해요. 가족에게 설명해도 잘 몰라서 '소귀에 경 읽기'지요. 저 혼자 입만 아프게 말해요.<br>S: 선생님, 쓰레기 버리는 날도 달라요.<br>T: 맞아요. 저희 집도 월요일, 수요일, 금요일에 일반 쓰레기를 버려야 하고 재활용 쓰레기는 화요일과 목요일에 버려야 해요. 저도 요일마다 버리는 쓰레기가 달라서 헷갈리기도 해요. 많이 신경을 써야 해요. 오늘 우리가 배울 내용도 두 명의 친구가 쓰레기 버리는 문제로 조금 힘들어 해요. 한 번 같이 볼까요? | 지역마다 쓰레기 버리는 방법이 다르기 때문에 확인한 후, 내용 수정이 필요하다. | |
| 제시<br>설명 | 대화 지문을 읽고 어휘를 설명하고 내용을 이해한다.<br>T: 그럼, 율리아 씨와 휘엔 씨의 대화를 읽어 보세요. 모르는 단어가 있으면 질문하세요. 대화에서 오늘 우리가 배울 표현이 나와요. '소귀에 경 읽기', '신경을 쓰다', '입만 아프다', '피부로 느끼다'가 어떤 뜻인지 한번 잘 생각해 보세요.(각자 읽게 하고 모르는 단어를 질문하게 한다.) | | 35분 |

| 구분 | 수업내용 | 학습자료 및 비고사항 | 시간(분) |
|---|---|---|---|
| | T: 잘 읽었어요? 모르는 단어가 있어요?<br>S: 환경이요.<br>T: 환경은 우리가 생활하는 주위의 상태, 상황을 말해요. 환경을 보호하자고 하면 자연 환경을 뜻하지만 앞에 다른 단어와 같이 사용해서 교육 환경, 문화 환경으로 말할 수 있어요.<br>S: 벌금?<br>T: 벌금은 약속을 지키지 않았을 때 벌로 내는 돈을 말해요. 우리가 많이 내는 벌금은 교통 신호를 안 지키거나 주차를 잘못했을 때 내는 돈이에요.<br>S: 잔소리는 어떤 소리예요?<br>T: 잔소리는 반복해서 하는 말이에요. 엄마가 아이들에게 공부하라고 계속 말해요. 아내가 남편에게 술을 마시지 말라고 계속 말해요. ○○ 씨는 무슨 잔소리를 많이 들어요?<br>S: 엄마가 매일 전화하라고 하세요.<br>T: 물론 자주 말하면 잔소리겠지만 ○○ 씨가 전화를 하면 어머니께서 좋아하실 것 같아요. 그리고 잔소리는 필요하지 않은 말을 많이 할 때도 사용할 수 있어요. 너무 많은 정보를 주는 경우에도 말할 수 있어요. 예를 들면 친구가 7시에 뭐 했고 10시에 뭐 했고 12시에 뭐 했고 3시에 뭐했고 계속 쓸데없이 말하면 '잔소리 말고 과제는 했어?'라고 물어볼 수 있어요.<br>S: 신경이 뭐예요?<br>T: 우리 몸에는 많은 신경이 있어요. 누가 내 몸을 만지면 그 느낌을 알아요. 그래서 그 뜻을 넓혀서 어떤 일에 대한 느낌이나 생각을 말해요. 예를 들면 옆집에서 밤마다 '똑똑' 소리를 내면 잠을 잘 수 없어요. 내가 다른 것 때문에 자꾸 생각을 하면 '신경이 쓰이다'라고 해요.<br><br>신경이 쓰이다<br>신경을 쓰다 ↔ 신경을 끊다 | | |

| 구분 | 수업내용 | 학습자료 및 비고사항 | 시간(분) |
|---|---|---|---|
| | 친구가 아파요. 그러면 죽도 끓여 주고, 잘 쉴 수 있도록 도와줘요. 내가 다른 사람을 위해서 잘 해 주려고 자꾸 생각을 해요. 그럴 때는 친구에게 '신경을 써요'라고 해요. 반대말은 '신경을 끊어요'라고 해요.<br><br>▷**신경(을) 쓰다**<br>사소한 일까지 자세히 생각하다.<br>A가 B에게(사람)/에(대상) 신경(을) 쓰다<br>예 친구는 외출할 때 옷차림에 신경을 쓴다.<br>예 수지는 너무 바빠서 생일인 친구에게 신경을 쓰지 못했다.<br><br>▷**신경(을) 끊다**<br>어떤 일에 더 이상 관심을 두지 않거나 생각하지 않다.<br>A가 B에게(사람)/에(대상) 신경(을) 끊다<br>예 엄마는 아빠와 싸운 뒤 집안일에 신경을 끊었다.<br>예 성적이 떨어진 후 나는 좋아하는 연예인에게 신경을 끊고 공부만 했다.<br><br>T: 그럼, '피부로 느끼다'는 어떤 뜻일까요? 우리 몸은 피부로 되어 있어요. 신경은 몸 안에 있는 것이고 피부는 몸을 둘러싸고 있는 겉이에요. 제가 피부를 꼬집으면 아픈 것을 직접 알게 되겠지요?(직접 행동으로 보여주며 설명한다.)<br>S: 네.<br>T: '피부로 느끼다'는 이렇게 직접 경험해서 알게 되는 것을 말해요. 요즘 물가, 생활비가 많이 올랐다고 해요. 뉴스에서 말했어요. 제가 시장에 가서 과일을 사고 고기를 사면서 물가가 비싸다는 것을 직접 알게 되었어요. 그럼 제가 말해요. '저는 장을 보면서 물가가 올랐다는 말을 피부로 느꼈어요'라고 해요. 비슷한 말로 '물가가 올랐다는 말이 피부에 와 닿아요'도 있어요.<br><br>▷**피부로 느끼다**<br>직접적으로 느끼다.<br>A가 B를 피부로 느끼다.<br>예 단풍구경을 하니 가을이 왔다는 것을 피부로 느끼게 되었다. | | |

| 구분 | 수업내용 | 학습자료 및 비고사항 | 시간(분) |
|---|---|---|---|
| | ▷피부에 와 닿다<br>직접 경험해서 느끼다.<br>A가 피부에 와 닿다.<br>예 시장에 가면 물가가 올랐다는 말이 피부에 와 닿는다.<br><br>T: 오늘 우리가 배울 관용어가 하나 더 있어요. '입만 아프다'는 무슨 뜻일까요? 여러분은 언제 입이 아파요?<br>S: 말을 많이 하면 입이 아플 것 같아요.<br>T: 그렇겠네요. 아무리 말을 해도 상대방이 이해하지 못하거나 듣지를 않으면 말을 더 많이 하게 되겠지요. 하지만 잔소리를 해도 아이들이 공부를 하나요? 남편이 술을 안 마시나요?<br>S: 아니요.<br>T: 아무리 말해도 아이들이 공부를 안 하니까 입만 아프지요. 아무리 말해도 남편이 술을 많이 마시니까 입만 아프지요. 아무도 말을 듣지 않아요. 이 관용어의 주의할 점은 입이 아프다가 아니고 '입만 아프다'예요. 여러분 조사 '-만'을 잘 알고 있어요? 조사 '-만'은 앞의 명사가 되고 다른 것은 포함하지 않는 거예요.<br><br>▷-만<br>예 동생은 집에 오면 텔레비전만 봐요.<br>예 비밀이니까 너만 알아야 해.<br>예 저는 다이어트를 해서 닭고기만 먹어요.<br><br>▷입만 아프다<br>아무리 말을 해도 이해하지 못하거나 받아들이지 않다.<br>예 아무리 말을 해도 공부를 하지 않으니 입만 아프다.<br><br>▷입만 살다<br>행동은 하지 않으면서 말만 잘하다.<br>예 그 남자는 입만 살아서 돈도 없으면서 큰소리를 친다.<br><br>T: 오늘 우리는 3개의 관용어를 배웠어요. 무엇을 배웠지요?<br>S: 신경을 쓰다, 입만 아프다, 피부로 느끼다. | | |

| 구분 | 수업내용 | 학습자료 및 비고사항 | 시간(분) |
|---|---|---|---|
| | T: '신경을 쓰다'는 어떤 뜻이지요?(학생을 지목하면서 대답을 할 수 있도록 유도한다. 나머지 관용어도 묻는다.) 모두 잘 알고 있네요. 그럼 대화 내용을 다시 한 번 읽어 보게 한다. (대화 내용을 이해했는지 질문을 한다.)<br><br>본문 내용을 확인한다.<br><br>T: 처음에 율리아 씨와 휘엔 씨는 무슨 대화를 해요?<br>S: 휘엔 씨 친구 이야기를 해요.<br>T: 휘엔 씨 친구가 어때요?<br>S: 한국에 온 지 1년이 넘었는데 쓰레기 버리는 것을 잘 못해요.<br>T: 한국에서 쓰레기 버리는 것은 조금 복잡해서 자세히 생각해야 해요. 신경이 쓰이는 일이에요. 그래서 휘엔 씨는 어떻게 했어요?<br>S: 잔소리를 했어요.<br>T: 그래서 휘엔 씨 친구는 쓰레기를 잘 버렸어요?<br>S: 아니요.<br>T: 그래서 휘엔 씨가 입만 아팠군요. 북극곰은 무슨 이야기예요?<br>S: 북극곰이 우리가 버린 쓰레기를 먹었어요.<br>T: 쓰레기 문제가 심각하네요. 우리 쓰레기가 북극까지 갔나 봐요. 우리가 쓰레기를 잘 버려야겠어요. 여러분은 잘 할 수 있겠지요?<br>S: 네~<br>T: 마지막에 나오는 '소귀에 경 읽기'는 무슨 뜻이에요?<br>S: 잘 모르겠어요.<br>T: '소귀에 경 읽기'는 '입만 아프다'와 비슷한 뜻의 속담이에요. 경은 옛날 책에 나오는 좋은 말씀을 말하는데 소가 그 뜻을 알 수 있을까요? 아무리 좋은 말씀을 가르쳐 주어도 소는 알아듣지 못하기 때문에 배우지를 못 하겠지요? ○○ 씨, 중국어 알아요?<br>S: 잘 몰라요.<br>T: 저도 중국어를 몰라요. 만약 □□ 씨가 중국어로 저한테 좋은 정보를 줘요. 하지만 저는 무슨 말인지 하나도 몰라서 그 정보를 사용할 수 없어요. '소귀에 경 읽기'예요. | 단답형 질문은 같이, 서술형 질문은 학생을 지목해서 대답을 할 수 있도록 유도한다. | |

| 구분 | 수업내용 | 학습자료 및 비고사항 | 시간(분) |
|---|---|---|---|
| | '소귀에 경 읽기'는 아무리 말을 해도 바뀌지 않는 경우에 주로 사용하지만 들어도 이해를 못 했을 때도 사용해요. 휘엔 씨도 친구에게 쓰레기를 잘 버리라고 말했지만 친구가 바꾸려고 노력을 하지 않았어요. 그러니까 '소귀에 경 읽기'예요. 알겠어요?<br>S: 네~ | | |
| 연습 활용 | T: 그럼 활동지(1)를 같이 풀어 볼게요.<br><br>**속담에 관련된 동영상을 보여 주고 속담의 의미를 확실하게 이해하게 한다.**<br><br>T: '소귀에 경 읽기'라는 속담을 확실하게 이해했어요?<br>S: 네.<br>T: 그런데 왜 속담에서 개, 돼지도 아니고 소였을까요?<br>S: 몰라요.<br>T: 옛날에 한국은 농사를 많이 지었어요. 농사를 지을 때는 소가 많은 일을 했어요. 그래서 한국 사람에게 소가 가장 친한 동물이었어요.<br><br>**조를 짜서 활동지(2)를 하게 한 뒤, 발표시킨다.**<br><br>T: 모두 잘 했어요. 그럼 활동지(3)를 하기 전에 동영상을 보고 오늘 배운 관용어 중에서 어떤 관용어인지 알아 맞춰 보세요.<br><br>**동영상 내용**<br>외출할 때 옷차림에 신경을 쓰는 장면<br>많이 먹고 운동을 하지 않는 사람에게 운동을 하라고 말하지만 반응이 없이 밥을 많이 먹는 장면<br>여행을 하면서 계절을 느끼는 장면<br><br>**동영상을 보여준 후, 어떤 관용어가 어울리는지 묻는다.**<br><br>T: 여러분은 어떤 경우에 신경을 쓰세요?<br>S: 외출할 때 예쁜 옷을 입어요.<br>T: 저도 외출을 할 때 가방과 구두에 신경을 써요. 그럼, 여러분은 어떤 경우에 신경이 쓰여요?<br>S: 저는 연예인 ○○ 씨가 신경이 쓰여요. 인터넷에서 매일 기사를 찾아 봐요. | 활동지(1)<br><br>동영상을 보여주고 이해를 돕는다.속담과 격언-소 귀에 경 읽기 [깨비키즈 KEBIKIDS]<br><br>활동지(2)<br><br>TV 예능 프로그램에서 관용어에 관련된 동영상을 찾아서 보여 준다. | 50분 |

| 구분 | 수업내용 | 학습자료 및 비고사항 | 시간 (분) |
|---|---|---|---|
| | T: 저는 밤에 누가 뒤에서 따라 오는 것 같으면 신경이 쓰여요. 그럼, 누구에게 신경을 끊었어요? 저는 친구와 싸우고 나서 친구에게 신경을 끊었어요. 여러분도 한번 생각해 보고 활동지(3)을 적어 보세요.<br>T: 다음 질문을 보세요. 여러분은 주위 사람에게 입만 아프게 말한 적이 있었어요?<br>S: 아니요.<br>T: 저는 친구들에게 여행을 가자고 계속 했지만 아무도 대답을 안 했어요. 친구들이 많이 바빠서 제 입만 아팠지요. 그런데 여러분은 한국에 오기 전에 한국에 대해서 어떻게 생각했어요?<br>S: 한국은 많이 복잡해요.<br>T: 그 생각이 한국에 와서도 같았어요? 한국에 와서 피부로 느낄 수 있었어요?<br>S: 네.<br><br>활동지(2)와 활동지(3)를 활용하여 오늘 배운 표현을 정확하게 이해할 수 있도록 마지막 점검을 한다. 시간이 부족하면 과제로 내 준다. | 활동지(3) | |
| 마무리 | 오늘 배운 학습 내용을 정리한다.<br><br>T: 그럼 오늘 수업을 정리할게요. 오늘 어떤 표현을 배웠지요?<br>S: 소귀에 경 읽기, 신경을 쓰다, 입만 아프다, 피부로 느끼다<br>T: 오늘 배운 표현을 신경을 써서 말하도록 하세요. 새로운 표현은 많이 사용해야지 정확하게 이해할 수 있어요. 제가 입만 아프지 않도록, 소귀에 경 읽기가 되지 않도록 많이 사용해야 해요, 아셨지요? 그럼 다음 시간에는 한국의 쓰레기 분리해서 버리는 것에 대해서 피부로 느낄 수 있도록 체험을 갈 거예요. 오늘 하지 못한 것은 과제로 하고 다음 시간에 만나요.<br>S: 네!<br><br>다음 차시 안내를 하며 마무리한다. | | 5분 |

| 활동지(1) 정답지 10장 - 문화지식<br>소귀에 경 읽기 / 신경을 쓰다, 입만 아프다, 피부로 느끼다 | | |
|---|---|---|
| 어휘 확인하기 | 내용 이해하기 | 관용어/속담 이해하기 |
| 1. 잔소리에 | 1. O | 1. 피부로 느낄 수 있었어요. |
| 2. 환경을 | 2. X | 2. 소귀에 경 읽기 |
| 3. 벌금을 | 3. X | 3. 신경을 쓰지 |
| | 4. X | |
| | 5. O | |

## 활동지(1) 10장 - 문화지식
## 소귀에 경 읽기 / 신경을 쓰다, 입만 아프다, 피부로 느끼다

### 어휘 확인하기

**※ 다음에서 알맞은 것을 찾아서 문장을 완성하십시오.**

| 환경 | 잔소리 | 벌금 |
|---|---|---|

1. 엄마의 공부하라는 ________에 아들은 짜증을 냈어요.

2. 자연 ________을/를 보호하려면 쓰레기를 잘 분리해서 버려야 해요.

3. 우리 모임에서 지각을 하면 10분당 1000원 씩 ________을/를 내기로 했어요.

### 내용 이해하기

**※ 본문의 내용과 같으면 O, 다르면 X 하십시오.**

1. 휘엔 씨의 친구는 아직도 쓰레기를 제대로 버리지 못한다. ( O / X )

2. 휘엔 씨의 친구는 너무 시끄러워서 벌금을 내야 할 정도이다. ( O / X )

3. 율리아 씨와 휘엔 씨는 북극곰을 보호하기 위한 기사를 썼다. ( O / X )

4. 환경 문제가 많아질수록 사람들의 피부는 안 좋아질 것이다. ( O / X )

5. 휘엔 씨는 친구와 같이 살고 싶지 않다. ( O / X )

### 관용어/속담 이해하기

**※ 다음에서 알맞은 것을 찾아서 빈칸을 완성하십시오.**

| 소귀에 경 읽기 | 신경을 쓰다 | 피부로 느끼다 |
|---|---|---|

1. A : 한 달 동안 여행을 했다면서요?

   B : 네, 여행하면서 한국의 아름다움을 ____________.

2. A : 어떻게 내가 몇 번이나 말했는데 기억을 하지 못 할까?

   B : 그 사람한테는 ____________니까 네가 포기하는 것이 좋을 거야.

3. A : 이 식당은 너무 비싼 것 같아.

   B : 오늘은 내가 살 테니까 음식 가격은 ____________지 마.

## 활동지(2) 10장 - 문화지식
## 소귀에 경 읽기 / 신경을 쓰다, 입만 아프다, 피부로 느끼다

**※ 인터넷에서 속담 '소귀에 경 읽기'를 검색해 보고, '소귀에 경 읽기'가 쓰인 글의 내용이 무엇인지 요약해 보십시오.**

어제 서울 강남역에서 음주운전으로 사망자가 발생했다. '윤창호법'이 시행된 후 한 달이 지났지만 여전히 음주운전 사고는 증가하고 있다.

*윤창호법
음주운전으로 사상자를 낸 운전자를 더 세게 처벌하는 법

## 활동지(3) 10장 - 문화지식
## 소귀에 경 읽기 / 신경을 쓰다, 입만 아프다, 피부로 느끼다

**※ 여러분은 어떤 경우에 신경을 씁니까? 어떤 사람에게 신경을 씁니까? 어떤 경우에 신경이 쓰입니까? 어떤 사람에게 신경이 쓰입니까?**

예 저는 외출할 때 가방과 구두에 신경을 써요.

______________________________

______________________________

______________________________

**※ 여러분이 말을 했을 때 입만 아픈 경우가 있었습니까? 누구에게 어떤 일로 말했을 때 입만 아팠습니까?**

| 누구에게 | 어떤 일로 |
|---|---|
| 친구 | 저는 친구들에게 여행을 가자고 했지만 아무도 대답을 안 했어요. |
| | |

**※ 여러분이 한국에 와서 피부로 느낀 것은 무엇입니까?**

예 한국에는 아파트가 많다는 것을 피부로 느꼈어요.

______________________________

______________________________

______________________________

# 2장

# 문화 체험

1. 떡 박물관
2. 화폐 박물관
3. 국립 한글 박물관
4. 전통생활문화관 (월미 문화관)
5. 통일 전망대
6. 김치 박물관
7. 야구 응원 문화 (야구장)
8. 남대문 시장
9. 교과서 박물관
10. 순환자원 홍보관

# 떡 박물관

## 속담 **그림의 떡**
## 관용어 **속을 태우다**

### 문화 체험

한국 문화를 체험하기 전 한국 문화에 대해 알아두면 체험할 때 이해하기가 쉽습니다. 그럼, 우리 함께 한국의 음식, 떡에 대해서 알아볼까요?

#### 가. 한국 문화를 배워요

1. 한국에서 언제 어떤 떡을 먹는지 생각해 보고, 왜 그 떡을 먹는지 친구와 함께 이야기해 봅시다.

| | |
|---|---|
| | 예 떡 이름: 가래떡<br>언제: 설날<br>먹는 이유: 아프지 않고, 오래 살기를 바라는 마음으로 |
| | 떡 이름: 송편<br>언제: ________<br>먹는 이유: ______________________________ |
| | 떡 이름: 시루떡<br>언제: ________<br>먹는 이유: ______________________________ |
| | 떡 이름: 백설기<br>언제: ________<br>먹는 이유: ______________________________ |

2. 한국은 명절 때가 아니라도 특별한 날에 떡을 먹습니다. 고향에서는 특별한 날에 무엇을 먹는지 친구들과 이야기해 봅시다.

3. 떡은 종류도 많지만 만드는 방법도 여러 가지입니다. 각각의 떡은 어떻게 만드는지 〈보기〉를 보고 친구와 함께 이야기해 봅시다.

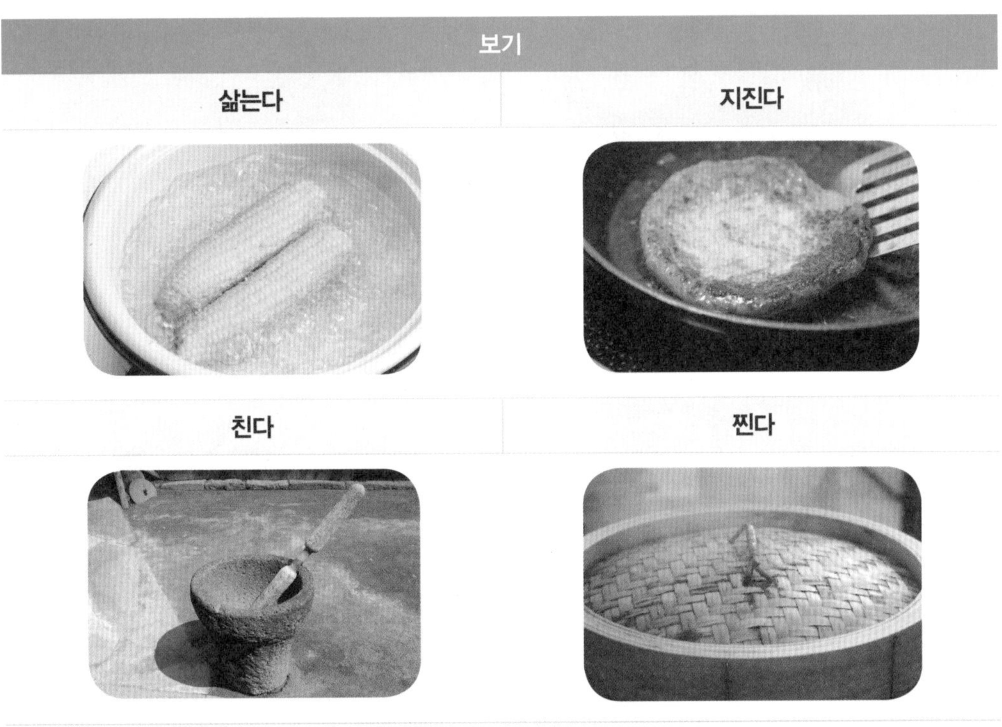


| | 만드는 방법 |
|---|---|
| 삶는 떡 | 예 삶는 떡은 반죽한 찹쌀이나 수수 가루를 끓는 물에 삶아 팥가루, 콩가루 등을 묻혀 만든다. |
| 지지는 떡 | |
| 치는 떡 | |
| 찌는 떡 | |

4. 다음 〈보기〉의 계절과 어울리는 떡을 보고 어떤 느낌이 드는지 친구와 이야기해 봅시다.

| 계절 | 느낌 | 계절 | 느낌 |
|---|---|---|---|
| 봄 | 예 분홍 진달래꽃 색깔 때문인지 꽃을 이용하여 떡을 만든 느낌이 든다. | 여름 | ______________ |
| 가을 | ______________ | 겨울 | ______________ |

5. 아래의 계절과 관련된 단어는 무슨 뜻일까요? 단어와 뜻을 서로 연결해 봅시다.

| | |
|---|---|
| 입춘 • | • 밤이 가장 긴 날 |
| 입추 • | • 봄의 시작 |
| 동지 • | • 가을의 시작 |
| 대서 • | • 1년 중 가장 더운 날 |

## 나. 한국 문화를 체험해요 – 서울 떡 박물관

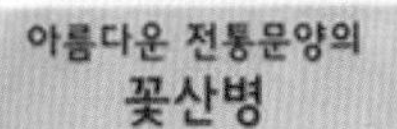

| 박물관 정보 | 개인체험 안내 |
|---|---|
| 전화번호: 02-741-5447<br>주소: 서울 종로구 돈화문로 71 인산빌딩<br>입장료: 3,000원<br>사이트 주소: http://www.tkmuseum.or.kr/ | 시간: 월요일~토요일 (오전 11시, 오후 3시)<br>예약방법: 인터넷 예약 필수<br>소요 시간: 30분<br>체험 가능 연령: 만 4세 이상<br>(만 3세 이하는 전화 상담해 주세요.)<br>메뉴: 떡 만들기 체험(꽃산병, 매화떡 중 택1)<br>비용: 10,000원/인(박물관 입장료 별도)<br>* 단체체험 정보는 떡 박물관 사이트에서 확인 |

1. 왜 떡에 문양을 새겨 넣을까요? 떡 박물관에 가서 그 이유를 찾아 아래에 써봅시다.

이유:

예 음식을 만든 사람의 정성이 느껴진다.

1)

2)

*문양: 무엇인가를 꾸미기 위한 여러 가지 모양을 말합니다. 비슷한 말로 무늬가 있습니다.

2. 옛날에는 계절 별로 먹는 떡이 달랐습니다. 각 계절에는 어떤 떡을 먹었는지 떡 박물관에 가서 찾아봅시다.

봄: 예 달떡, 노비송편, 쑥설기

여름:

가을:

겨울:

3. 서울 떡 박물관에 가서 떡을 직접 만들어 봅시다. 그리고 떡 만드는 순서를 아래에 써 봅시다.

순서 1: 예 떡 반죽을 한다.

순서 2:

순서 3:

순서 4:

순서 5:

4. 직접 만든 떡을 그려 봅시다.

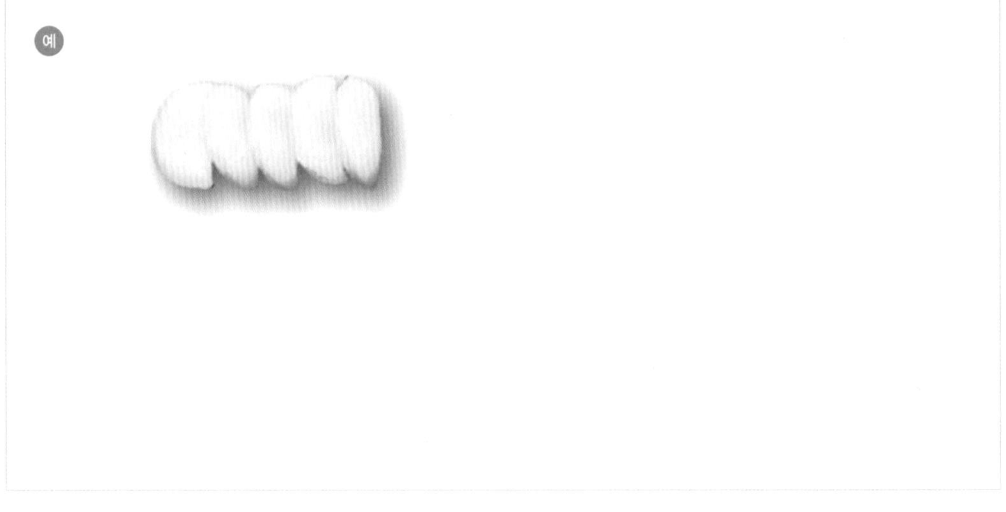

## 다. 정리해 봅시다

1. 아래 내용을 포함해서 떡을 친구에게 소개하는 글을 써 봅시다.

- 떡을 만든 후 느낀 점 예〉 재밌다, 어렵다 등
- 떡을 먹어본 후의 느낀 점 예〉 쫄깃하다, 달다, 달콤하다 등

*쫄깃하다: 음식이 아주 약간 끈적임이 있고, 질긴 듯한 느낌이 있다.

친구야 안녕? 나는 서울 떡 박물관에 다녀왔어.

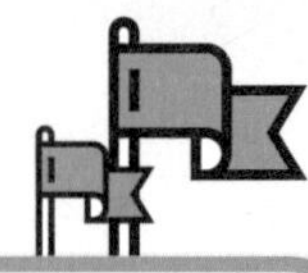

# 화폐 박물관

## 속담 **세 살 버릇 여든까지 간다**
## 관용어 **귀에 못이 박히다**

## 문화 체험

한국 문화를 체험하기 전 한국 문화에 대해 알아두면 체험할 때 이해하기가 쉽습니다. 그럼, 우리 함께 한국의 화폐에 대해서 알아볼까요?

### 가. 한국 문화를 배워요

1. 화폐에는 그 나라를 대표하는 인물, 동물, 식물, 건물, 예술품 등이 그려져 있습니다. 한국의 화폐에는 어떤 그림이 있습니까? 맞게 연결해 봅시다.

| | |
|---|---|
| 50,000원 • | • 세종대왕 |
| 10,000원 • | • 이순신 |
| 5,000원 • | • 학(두루미) |
| 1,000원 • | • 퇴계 이황 |
| 500원 • | • 다보탑 |
| 100원 • | • 신사임당 |
| 50원 • | • 율곡 이이 |
| 10원 • | • 벼 |

2. 여러분 고향의 화폐 단위는 무엇입니까? 화폐의 종류는 몇 가지입니까? 미국 돈 1달러로 바꿀 수 있는 금액은 얼마입니까?

| | 한국 | 고향 |
|---|---|---|
| 화폐 단위 | 원(WON) | |
| 화폐 종류 | 8가지<br>(50000, 10000, 5000, 1000, 500, 100, 50, 10) | |
| 미국 돈 1달러는? | 약 1,250 원 | |
| 버스 기본요금 | 1,250원 | |
| 택시 기본요금 | 3,800원 | |
| 기본 햄버거 | 4,500원 | |
| 대중적인 음식 | 자장면 6,000원 | |

(2019년 기준)

3. 여러분 고향에서 한국 돈 10,000원으로 무엇을 할 수 있습니까?

| | 한국 | 고향 |
|---|---|---|
| 음식 | 편의점에서 맥주 4캔을 살 수 있다. | |
| 물건 | 시장에서 양말 10켤레를 살 수 있다. | |
| 문화 | 영화관에서 영화를 볼 수 있다. | |

## 나. 한국 문화를 체험해요 - 한국은행 화폐박물관

**한국은행 화폐박물관**

전화번호: 02-759-4114

주소: 서울특별시 중구 남대문로 39

관람시간: 화~일 10시~5시

홈페이지 주소: www.bok.or.kr/museum

1. 전시실의 화폐 중에서 무엇이 가장 기억에 남습니까?

| 〈그림〉 | 화폐 이름 : |
|---|---|
| | 화폐 소개 : |
| | |
| | 나의 느낌 : |

2. 각 나라의 화폐 단위를 써 봅시다.

| 유럽연합 | €<br>(유로) | 러시아 | | 사우디아라비아 | |
|---|---|---|---|---|---|
| 말레이시아 | | 베트남 | | 일본 | |
| 중국 | | 인도 | | 호주 | |
| 내가 찾은 나라 | | | | | |

3. 한국은행 화폐박물관을 다니면서 가로세로 단어퍼즐을 풀어 봅시다.

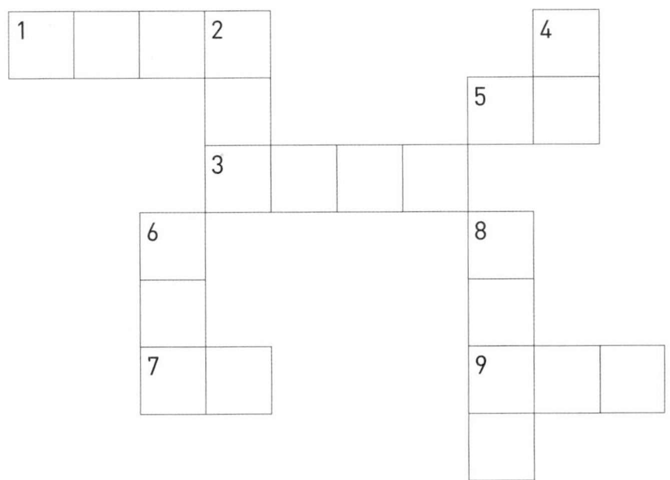


가로 단어

1. 조선시대의 학자이며 정치가. 신사임당의 아들

3. 현금 대신 사용하는 카드

5. 한국의 돈은 50,000원, 10,000원, 5,000원, 1,000원의 지폐와 500원, 100원, 50원, 10원의 OO으로 되어 있다.

7. 독일, 프랑스, 이탈리아 등 유럽에서 사용되는 화폐 단위

9. 불에 타서 반만 남은 만원은 OOO으로 교환할 수 있다.

세로 단어

2. 거북선을 만든 장군으로 100원 앞면의 인물

4. 옛날 동전을 부르는 말. 동전을 만들 때 나뭇잎처럼 매달려 있는 모양을 닮아서 이렇게 부른다.

6. 한국 지폐는 종이가 아니고 OOO로 만들어서 잘 찢어지지 않는다.

8. 왕을 상징하는 그림으로 천 원 앞면에 있으며 해, 달, 다섯 봉우리가 있다.

4. 위조 지폐 방지를 위해서 어떤 방법을 사용할까요? 전시실 1층에서 가짜 돈을 가려내는 방법을 찾아봅시다. 그리고 '비추어 보고, 기울여 보고, 만져 보세요'의 의미는 무엇인지 생각해 봅시다.

5. 전시실 1층과 2층에는 '나도 화폐 속 주인공!', '문질러 보세요', '눌러 보세요', '콕!콕!콕!' 등 다양한 체험이 있습니다. 두 가지 이상을 체험해 보고 무슨 체험이 가장 재미있었는지 친구와 이야기해 봅시다.

**내가 한 체험**

1.

2.

3.

## 다. 정리해 봅시다

1. 각 나라의 화폐는 그 나라의 문화라고 할 수 있습니다. 여러분이 화폐를 만드는 사람이라고 상상해 봅시다. 한국 화폐를 어떻게 만들고 디자인하고 싶습니까? 한국 문화를 생각하면서 그려 봅시다. 한국 돈을 그리기 어렵다면 여러분 고향의 돈을 디자인해서 그려 봅시다.

2. 위의 그림을 보고 어떻게 만들었는지 자세히 설명해 주십시오. (모양, 크기, 색깔, 돈의 액수, 화폐 안의 그림 등등)

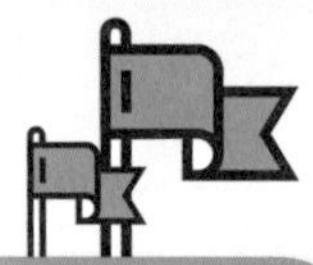

# 03 국립 한글 박물관

## 속담 **가는 말이 고와야 오는 말이 곱다**
## 관용어 **말꼬리를 잡다**

### 문화 체험

한국 문화를 체험하기 전 한국 문화에 대해 알아두면 체험할 때 이해하기가 쉽습니다. 그럼, 우리 함께 한국의 문자, 한글에 대해서 알아볼까요?

가. 한국 문화를 배워요

1. 한글은 누가 만들었습니까? 함께 이야기해 봅시다.

2. 세종대왕이 만든 한글의 원래 이름은 '훈민정음' 이었습니다. '훈민정음'의 뜻이 무엇인지 생각해 보고, 친구와 함께 이야기해 봅시다.

| 가르치다<br>훈(訓) | 백성<br>민(民) | 바르다<br>정(正) | 소리<br>음(音) |
|---|---|---|---|

3. 다음은 한글 자음을 발음할 때의 입 안 모습입니다. 각각 어떤 글자의 발음일까요? 함께 이야기해 봅시다.

4. 현재 한글의 자음과 모음은 각각 14개, 10개입니다. 자음과 모음을 모두 써 봅시다.

| 자음(14개) | |
|---|---|
| 모음(10개) | |

5. 아래의 단어를 발음해 보고 어떤 특성이 있는지 이야기해 봅시다.

| 공 | 콩 | 꽁 |
|---|---|---|
| 들 | 틀 | 뜰 |
| 불 | 풀 | 뿔 |



6. 세계가 인정한 가장 과학적인 글자, 한글! 왜 한글이 과학적인 글자일까요? 다음의 영상을 보고 함께 이야기해 봅시다. (영상을 보려면 옆의 QR코드에 접속하세요.)

## 나. 한국 문화를 체험해요 – 국립한글박물관

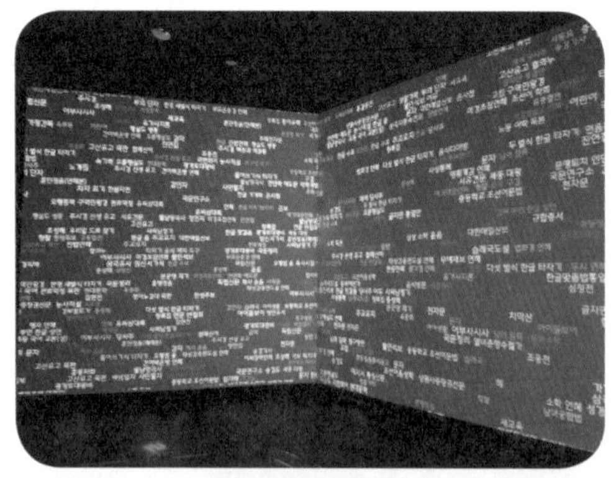

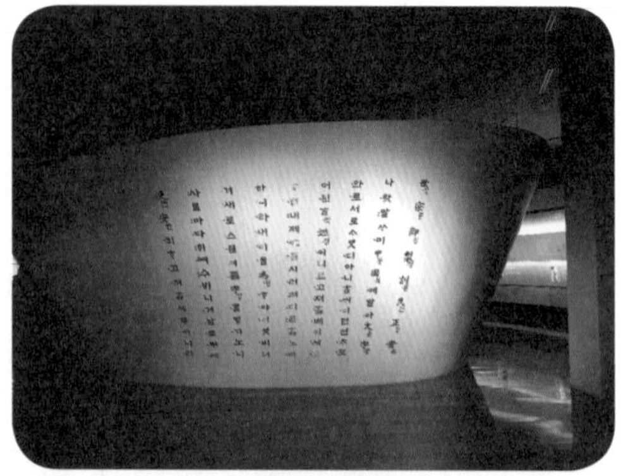

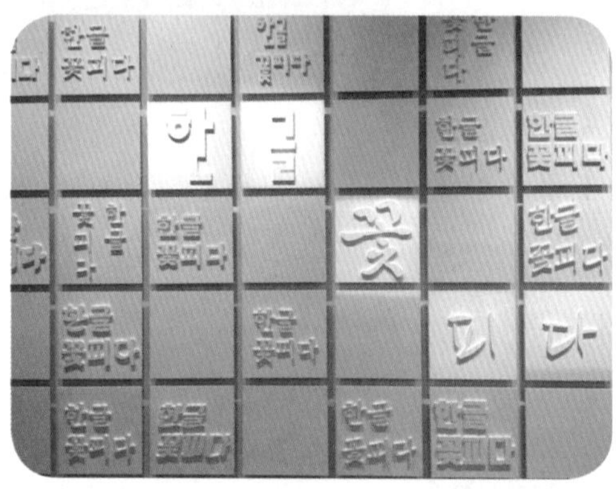


| 박물관 정보 | 개인체험 안내 |
|---|---|
| 전화번호: 02-2124-6200<br>주소: 서울 용산구 서빙고로 139<br>입장료: 무료<br>사이트 주소: https://www.hangeul.go.kr/ | 한국어 정기해설<br>월요일~일요일: 10시, 11시, 14시, 15시, 16시<br>토요일 및 마지막 주 수요일<br>19시 (5~10월에 한함)<br>* 주말 및 공휴일: 오후 2시<br>해설은 어린이 해설로 진행<br>외국어 해설<br>영어: 수요일 오후 2시<br>중국어: 목요일 오후 2시<br>일본어: 금요일 오후 2시 |

1. 훈민정음 창제 당시, 자음은 17개, 모음은 11개였다고 합니다. 국립한글박물관에 가서 현재 사용하지 않는 글자가 무엇인지 찾아봅시다.

(　　　　　　　　　　　　　　　　　　　　　　　　　　　　　　　　　　)

2. 한글의 기본 모음은 '· ㅡ ㅣ'입니다. 이 기본 모음이 어떻게 만들어졌는지 국립한글박물관에 가서 찾아보고 아래에 써 봅시다. 그림으로 그려도 좋습니다.

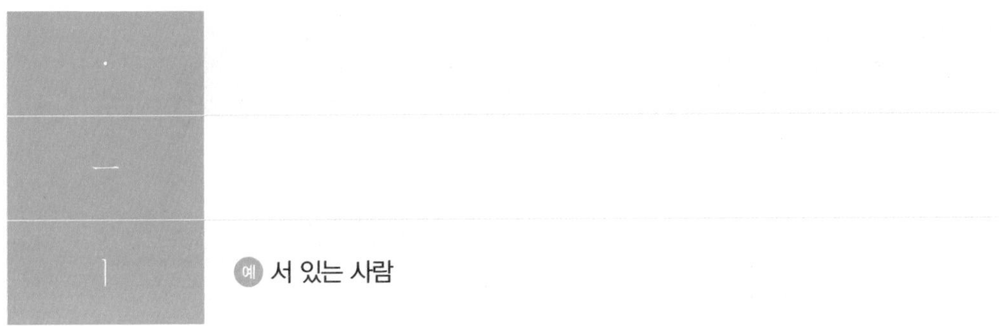

| | |
|---|---|
| · | |
| ㅡ | |
| ㅣ | 예 서 있는 사람 |

3. 옛날에는 한글을 목판 인쇄로 찍어 책을 만들었습니다. 어떤 순서로 만들었을까요? 국립한글박물관에 가서 찾아보고 아래에 써 봅시다.

| | |
|---|---|
| 1단계 | 예 건조시킨 목판 자르기 |
| 2단계 | |
| 3단계 | |
| 4단계 | |
| 5단계 | |
| 6단계 | |

4. 한국 돈 만 원 지폐에는 세종대왕이 있고, 아래의 글이 있습니다. 어디에 있을까요? 찾아서 동그라미를 쳐 봅시다.

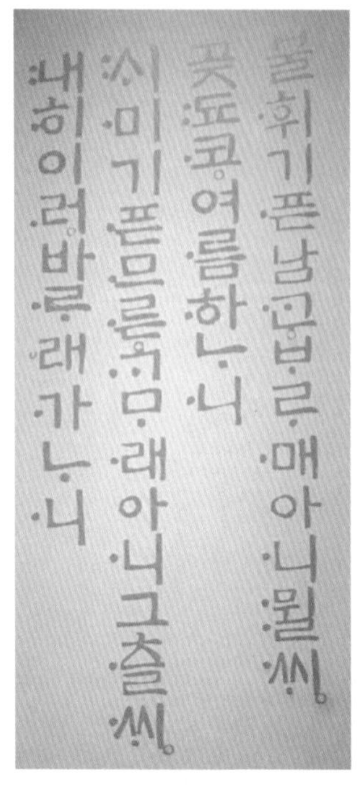

5. 〈보기〉 안의 글자는 옛날에 사용하던 단어입니다. 오늘날에는 어떤 단어로 사용될까요?

보기

그리메

① 그리워하다 ② 그림자 ③ 그림 ④ 그리다

조ᄡᆞᆯ

① 족발 ② 조별 ③ 조바심 ④ 좁쌀

## 다. 정리해 봅시다

국립한글박물관에서 해설사의 설명을 듣고, 아래의 질문에 대답해 봅시다.

1. 국립한글박물관을 지을 때 무엇을 보고 만들었습니까?

✔ 한국의 (                                                            )

2. 세종대왕의 한글 반포를 기념하기 위해 정한 10월 9일은 무슨 날입니까?

✔ (                                                            )

3. 광화문에는 세종대왕 동상이 세워져 있습니다. 세종대왕이 들고 있는 책에는 어떤 내용이 쓰여 있습니까?

✔ (                                                            )

4. 아래의 글은 한국 드라마와 관련 있습니다. 어떤 드라마와 관련이 있는지 아래 빈칸에 써 봅시다.

불휘 깊은 남간 바라매 아니 뮐세 곶 됴쿄 여름 하나니 (뿌리 깊은 나무는 바람에 흔들리지 않으므로 꽃이 화려하고 열매가 풍성합니다)

도움말(Hint)

1. 조선 세종대왕 시대 훈민정음을 발표하기 7일 전 경복궁에서 일어난 이야기를 다룬 드라마다.
2. SBS 방송 드라마
3. 2011년 10월부터 12월까지 방영.
4. 이도(세종대왕) 역할에 한석규가 나왔다.
5. 옆의 글은 용비어천가 2장에 나오는 내용이다.

→ (                                        )

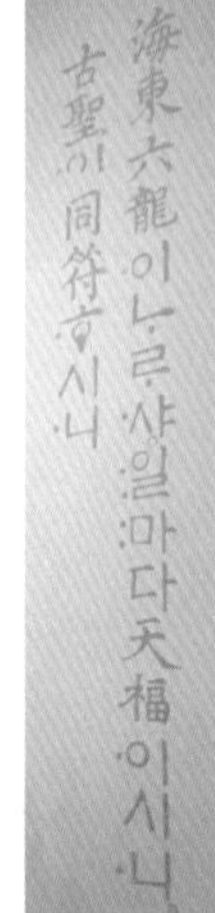


해동 육룡이 나르샤 일마다 천복이시니 고성이 동부하시니(여섯 성인이 웅비하시어 하는 일마다 모두 하늘이 주신 복이 있습니다. 이는 중국의 옛 성군들과 같으십니다)

도움말(Hint)

1. 고려시대가 끝나고 새로운 조선시대를 만들기 위해 노력하는 여섯 명의 이야기를 다룬 드라마다.
2. SBS 방송 드라마
3. 2015년 10월부터 2016년 3월까지 방영.
4. 이 드라마에는 이방원 역할에 유아인, 정도전 역할에 김명민, 이성계 역할에 천호진 배우가 나왔다.
5. 옆의 글은 조선의 건국을 노래한 용비어천가 1장에 나오는 내용이다.

→ (                                        )

## Memo

# 전통생활문화관 (월미 문화관)

속담 **싼 게 비지떡**

관용어 **정신을 차리다**

## 문화 체험

한국 문화를 체험하기 전 한국 문화에 대해 알아두면 체험할 때 이해하기가 쉽습니다. 그럼, 우리 함께 한국의 전통 결혼에 대해서 알아볼까요?

### 가. 한국 문화를 배워요

1. 다음 사진을 보고 이야기해 봅시다.

1) 무엇을 하는 사진입니까?

______________________________________________

2) 신랑과 신부는 무엇을 입고 있습니까?

______________________________________________

2. 다음의 영상을 통해 한국의 전통결혼식 모습을 알아봅시다.
(영상을 보려면 QR코드에 접속하세요.)

## 나. 한국 문화를 체험해요 – 월미 문화관

월미 문화관 전통생활문화 전시실

주소: 인천 중구 북성동1가 97-29

전화번호: 032-440-5933

휴관일: 매주 월요일, 1월 1일

운영시간: 9시-18시(17:30까지 입장)

관람료: 무료

1. 마음에 드는 전통 혼례복을 입고 초례상 앞에 서서 사진을 찍어 봅시다. 그리고 사진을 아래에 붙여 봅시다.

2. 한국 전통 결혼식의 초례상에는 소나무, 대나무, 닭, 대추, 밤 등이 놓여 있습니다. 그 이유는 무엇입니까?

| 소나무, 대나무 | 끝까지 변하지 않음을 의미한다. |
|---|---|
| 대추, 밤 | |
| 닭 | |

*초례상 : 전통결혼식에서 차렸던 상으로 신랑과 신부는 초례상을 가운데에 두고 서로 마주 본다.

3. 초례상에 어떤 것이 놓여 있는지 직접 확인해 봅시다.

→ 초례상에는 ________________________________________

________________________________________ 가 놓여 있다.

4. 여러분 고향에도 신랑과 신부의 행복을 위해 준비하는 특별한 물건이나 음식이 있습니까? 있다면 무엇인지, 그리고 어떤 의미를 갖는지 써 봅시다.

| 음식이나 물건 | 의미 |
|---|---|
| | |

5. 전통 혼례복을 입어 보았다면 회갑 잔칫상에 앉아 보거나 조선 시대 왕이 되어 체험해 봅시다.

| 회갑 잔치 | 조선 시대 왕이 되어 보기 | |
|---|---|---|
|  |  |  |

1) 회갑 잔치는 60번째 생일을 축하하는 자리입니다. 회갑 잔치에는 무엇을 먹었는지 알아봅시다.

→ 회갑 잔치에는 ______________________________

______________________________을 먹었다.

2) 조선 시대 왕과 왕비의 옷을 입고, 왕의 자리에 앉아 사진을 찍어 봅시다. 그리고 사진을 아래에 붙여 봅시다.

3) 왕이 먹었던 음식을 알아보고, 함께 사진을 찍어 봅시다.

→ 조선 시대 왕의 식탁에는 ______________________________

______________________________가 놓여 있다.

## 다. 정리해 봅시다

1. 여러분 고향의 전통 혼례복은 어떤 모습입니까? 여러분 고향과 한국의 전통 혼례복을 그려보고, 차이점을 말해 봅시다.

| 한 국 | 고 향 |
| --- | --- |
| 〈그림〉 | |
| 예 신부는 화려한 색깔의 한복을 입는다. | |

**Memo**

# 05 통일 전망대

## 속담 **산 넘어 산**
## 관용어 **눈앞이 캄캄하다**

### 문화 체험

한국 문화를 체험하기 전 한국 문화에 대해 알아두면 체험할 때 이해하기가 쉽습니다. 그럼, 우리 함께 한국의 정치 상황에 대해서 알아볼까요?

#### 가. 한국 문화를 배워요

1. 다음 보기에 있는 단어를 빈 칸에 알맞게 골라 넣으십시오.

| 휴전선 | 독립 | 이산가족 | 통일 |
|---|---|---|---|

1945년 8월 15일, 한국은 일본으로부터 (　　)을 하였다. 하지만 남쪽에 미국, 북쪽에 소련이 들어오면서 1948년에 남한과 북한이 따로 정부를 세웠다. 그리고 1950년 6월 25일, 북한이 소련의 지원을 받아 남한을 침략하였다. 국제연합(UN)의 16개국이 남한을 지원하고 중국이 북한을 지원하면서 전쟁은 3년 동안 계속 되었다. 마침내 1953년 7월 27일, 남북한은 휴전 협정을 맺고 전쟁을 멈추었다. 이 전쟁으로 인해서 많은 사람이 죽거나 다쳤으며 1,000만 명의 (　　　　)이 생겼다. 남북한은 지금도 (　　　)이 있어서 많은 사람들이 (　　)이 되기를 바라고 있다.

2. 옆의 사진은 이산가족이 만나는 모습을 모형으로 만든 것입니다. 만약 여러분이 전쟁 때문에 가족과 헤어진다면 어떤 마음이 들지 이야기해 봅시다.

## 나. 한국 문화를 체험해요 - 오두산 통일전망대

오두산 통일전망대

전화번호: 031-956-9600

주소: 경기도 파주시 탄현면 필승로 369

관람시간: 화~일 9시~5시

홈페이지 주소: www.jmd.co.kr

1. 1층 전시실에는 통일 피아노와 통일 기차가 있습니다. 이렇게 이름이 만들어진 이유를 추측해 봅시다.

이유

이유

2. 2층 전시실에는 통일향수가 있습니다. 통일향수는 이산가족 다섯 분의 어린 시절의 추억을 담아 고향의 향기로 만든 것입니다. 어떤 향수가 있습니까?

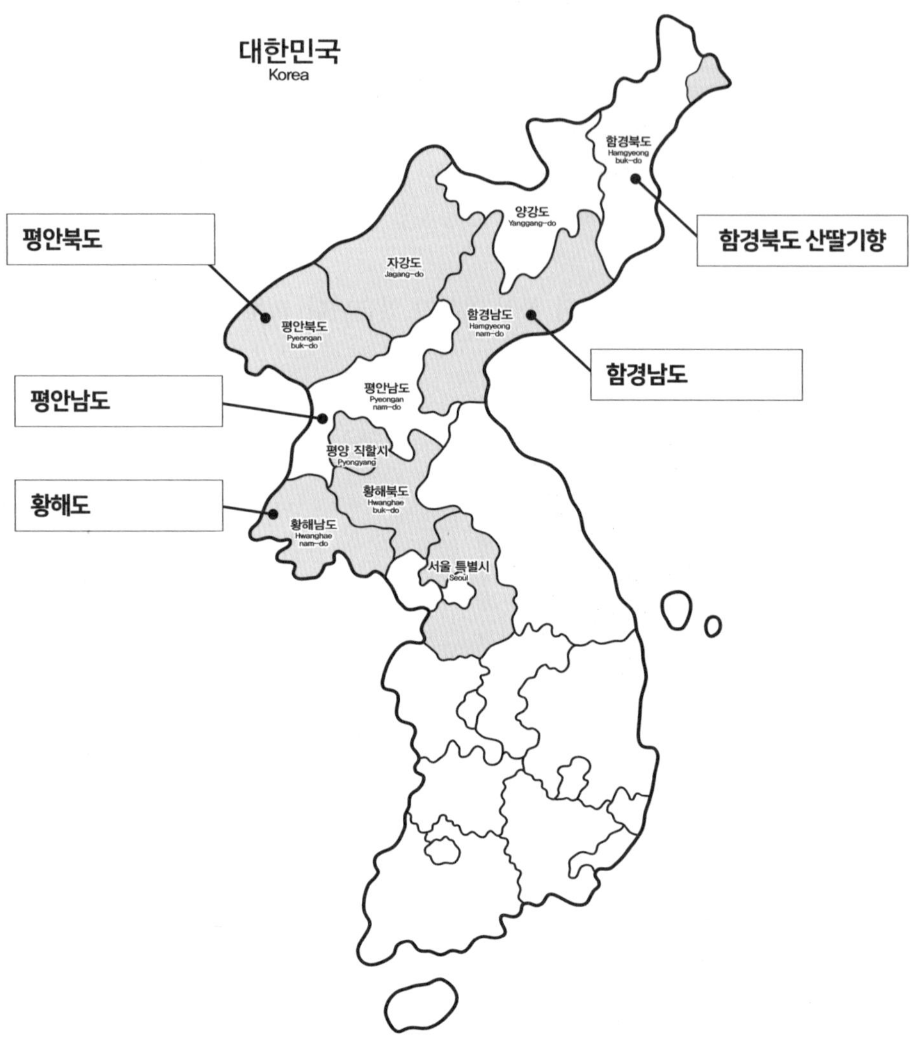


3. 여러분의 고향을 떠올릴 수 있는 향수를 만든다면 무슨 향기로 만들고 싶습니까? 그 이유는 무엇입니까?

저는 제 고향을 생각하면서 ______________________향수를 만들고 싶습니다.

왜냐하면 ________________________________________________________

________________________________________________________________

________________________________________________________________

4. 3층과 4층에는 북한을 볼 수 있는 전망대가 있습니다. 오두산 통일전망대에서 북한까지는 2.1Km 떨어져 있습니다. 여러분은 보기 중에서 무엇을 직접 보았습니까? 그 이외에 무엇을 보았습니까?

| 북한군 초소탈곡장 | 김일성사적관 | 인민문화회관 | 임한소학교 |
|---|---|---|---|
| 덕수저수지 | 여니산 | 군장산 | 송악산 |

(　　　　　　　　　　　　　　　　　　　　　　　　　　　　)

5. 지하 1층에는 어린이 체험관이 있습니다. 이곳의 다양한 체험을 통해서 남한과 북한이 통일을 하면 무엇이 좋을지 생각해 봅시다. (힌트-통일로 가는 길의 나무 퍼즐)

예 전쟁 걱정이 없어지고 국방비가 절약됩니다.

## 다. 정리해 봅시다

1. 한국인에게 통일에 대해서 어떻게 생각하는지 인터뷰를 해 봅시다.

| | 인터뷰1 | 인터뷰2 |
|---|---|---|
| 누구입니까? | 예 김철수(20세, 학생) | |
| 통일이 되면 무엇을 하고 싶습니까? | | |
| 통일을 찬성합니까? 반대합니까? | | |
| 통일을 찬성하거나 반대하는 이유는 무엇입니까? | | |

2. 비무장지대(DMZ, demilitarized zone)는 휴전선을 경계로 2km씩 떨어진 지역을 말합니다. 이곳에는 높은 철조망을 세워서 아무도 들어가지 못하게 했는데 지금은 많은 동식물들이 사는 아름다운 숲이 되었습니다. 앞으로 이곳을 어떻게 활용하면 좋을지 제안해 봅시다.

예 생태 공원

비무장지대
DMZ

Memo

# 06 김치 박물관

## 속담 **백지장도 맞들면 낫다**
## 관용어 **손발이 맞다**

### 문화 체험

한국 문화를 체험하기 전 한국 문화에 대해 알아두면 체험할 때 이해하기가 쉽습니다. 그럼, 우리 함께 한국의 음식, 김치에 대해서 알아볼까요?

#### 가. 한국 문화를 배워요

1. 다음의 김치 중에서 자신이 먹어 본 김치를 골라봅시다.

2. 김치에 어떤 재료가 들어가는지 알아봅시다. 아래의 재료 외에 또 필요한 것이 있습니까? 김치를 만들 때는 무엇이 필요할지, 또 어떻게 만들지 자신의 생각을 말해 봅시다.

## 나. 한국 문화를 체험해요 - 뮤지엄 김치간(김치 박물관)

전화번호: 02-6002-6456
주소: 서울시 종로구 관훈동 196-10 인사동마루 본관 4~6층
입장료: 성인 5천원
휴관일: 매주 월요일
김치 만들기 체험은 예약 필수, 자세한 정보는 사이트에서 https://www.kimchikan.com
(영어 일본어 중국어 지원)

1. 스크린으로 배추김치와 백김치를 만들어 봅시다. 어떤 재료가 들어갔습니까? 배추김치와 백김치는 어떻게 다릅니까?

2. 박물관에서 아래 질문의 답을 찾아봅시다.

1) 김치를 먹으면 어떤 점이 좋습니까?

2) 유산균이란 무엇입니까? 김치에는 유산균이 얼마나 들어 있습니까?

3. 어떤 종류의 김치가 있습니까? 가장 먹어보고 싶은 김치를 골라 봅시다.

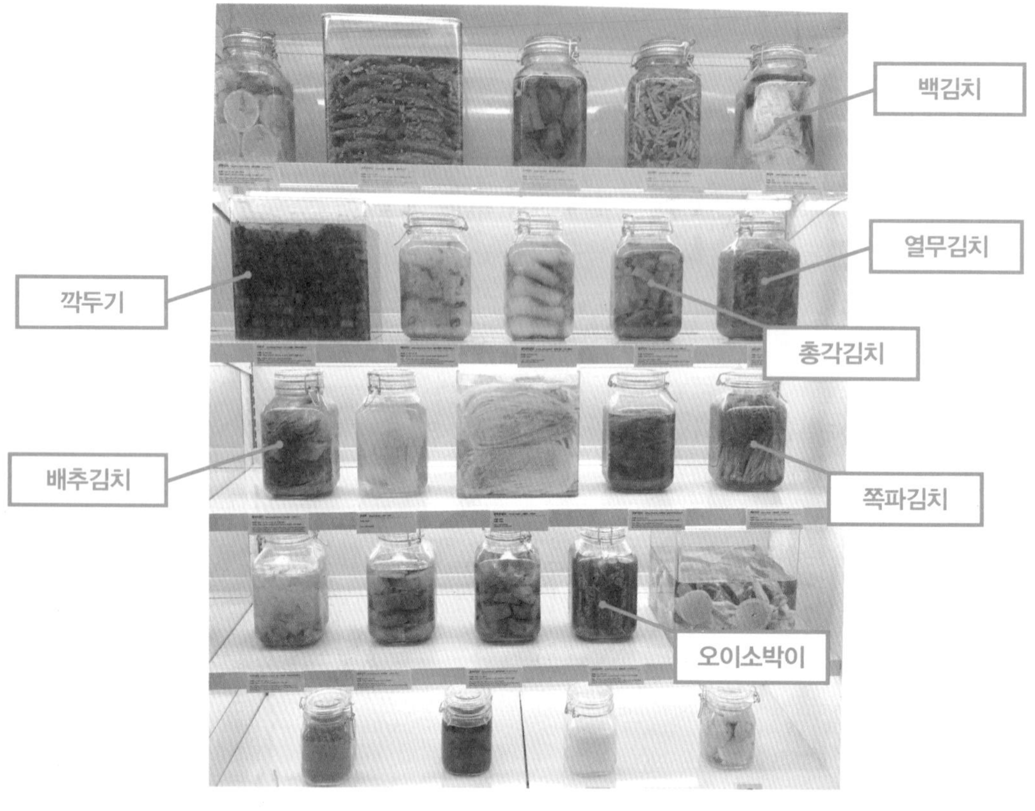


김치의 종류:

가장 먹고 싶은 김치:

## 다. 정리해 봅시다

1. 여러분의 가족이나 친구에게 어떤 김치를 추천하고 싶은지, 그리고 그 이유는 무엇인지 써 봅시다.

2. 여러분의 고향에 있는 대표적인 음식과 김치를 비교해 봅시다.

| 음식 이름 | 김치 | (　　　　) |
|---|---|---|
| 재료 | | |
| 맛 | | |
| 특징 | | |
| 만드는 법 | | |

3. 아래의 글은 한국의 김장에 대한 글입니다. 글을 읽고 한국의 김장 문화에 대해서 어떻게 생각하는지 말해 보세요.

겨울에 먹을 김치를 만드는 것을 김장이라고 한다. 김장은 한국인에게 중요한 문화이다. 멀리 떨어져 있던 가족들도 김장하는 날이 되면 함께 모여 서로의 안부를 확인하고 김치를 만든다. 이웃끼리 김장을 하게 되면 서로 더욱 정이 들고 가까워진다. 한국에서는 매년 11월경 각 지역에서 김장 축제가 열리는데, 김장 축제에 미리 참가 신청을 하면 직접 김치를 만들 수 있다. 이렇게 만든 김치는 그 자리에 모인 사람들이 함께 나눠 먹거나, 어려운 사람을 돕는 데 쓰이기도 한다.

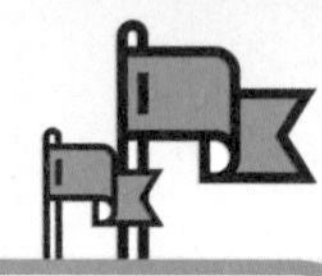

# 07 야구 응원 문화 (야구장)

## 관용어 **한턱내다/눈에 불을 켜다/목이 빠지게 기다리다/입이 딱 벌어지다**

### 문화 체험

한국 문화를 체험하기 전 한국 문화에 대해 알아두면 체험할 때 이해하기가 쉽습니다. 그럼, 우리 함께 한국의 프로 야구단에 대해서 알아볼까요?

가. 한국 문화를 배워요

한국의 프로야구 팀에는 어떤 팀이 있는지 알아봅시다. 그리고 인터넷 검색을 통해 자신이 응원할 팀을 골라 봅시다.(2019년 현재)

| | | | | |
|---|---|---|---|---|
|   |   |   |   |   |
| | |  |  |  |
| SK 와이번스<br>(인천) | 두산 베어스<br>(서울) | 한화 이글스<br>(대전) | 넥센 히어로즈<br>(서울) | KIA 타이거즈<br>(광주) |
|   |   |   |   |   |
|  |  |  |   |  |
| 삼성 라이온즈<br>(대구) | 롯데 자이언츠<br>(부산) | LG 트윈스<br>(서울) | KT 위즈<br>(수원) | NC 다이노스<br>(창원) |

2. 아래의 정보를 읽고 야구 경기장 방문 일정을 계획해 봅시다.

**경기일정:** 매년 3월에 시작하여 9월에 마친다.

**경기장:** 서울, 인천, 수원, 대전, 대구, 부산, 광주, 창원 등에 있다. 고기를 구워 먹을 수 있는 인천 야구장 바비큐 존, 잔디밭에 앉아 야구를 볼 수 있는 대구 야구장 잔디석 등 여러 종류의 표가 있으니 예매할 때 참고한다. 자세한 경기일정과 경기장 위치, 예매에 대한 정보는 한국야구위원(KBO,Korean Baseball Organization) 및 각 팀의 홈페이지에서 찾아볼 수 있다.(https://www.koreabaseball.com/)

3. 다음 영상을 보고, 한국의 야구 응원 문화에 대해 알아봅시다.

한국 야구 응원 문화 (영어 설명)

야구 응원가 영상

## 나. 한국 문화를 체험해요

1. 아래의 질문에 답해 봅시다.

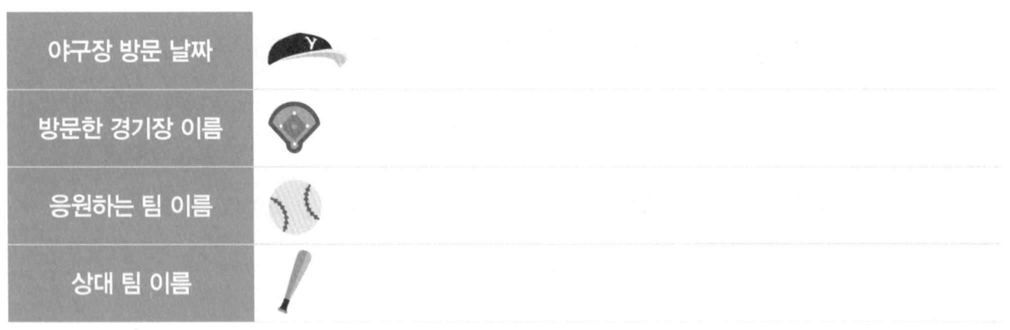

| 야구장 방문 날짜 | |
|---|---|
| 방문한 경기장 이름 | |
| 응원하는 팀 이름 | |
| 상대 팀 이름 | |

2. 예매한 야구 경기 표를 붙여 봅시다.

3. 우리 팀과 상대 팀의 유니폼, 응원 도구는 어떻게 생겼습니까? 그림을 그리고 색칠해 봅시다.

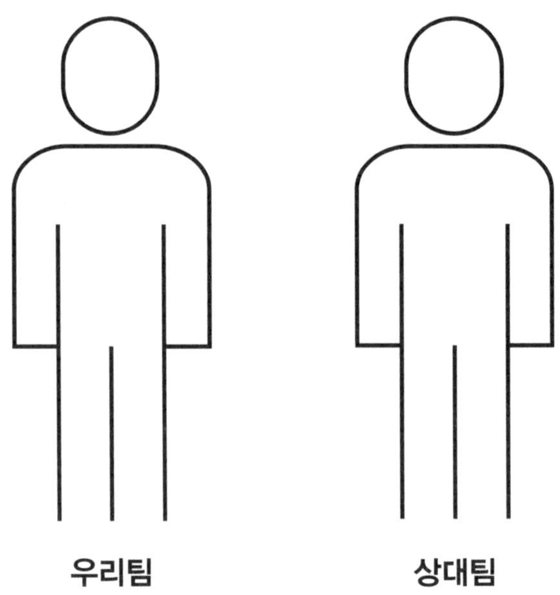

4. 같은 팀 사람들과 어울려 응원을 해 봅시다. 우리 팀의 응원가에는 어떤 것이 있습니까? 기억이 나는 것을 써 봅시다.

예 넥센 히어로즈 응원가

'우리가 누구'
우리가 앞으로 달려나간다
우리가 누구? 히어로즈!
승리를 위해 달려나간다
우리가 뭐? 넥센 히어로즈!

* 응원단장과 치어리더를 따라 하면 더욱 즐겁게 응원할 수 있어요.
* 각 팀의 응원가를 알려주는 핸드폰 앱을 참고하세요.('응원가'로 검색)

5. 한국의 야구장에는 먹을 것이 아주 다양합니다. 한국 야구장의 음식을 경험해 봅시다.

- 경기장마다 유명한 음식이 조금씩 달라요. 잠실 경기장에서는 삼겹살을 먹을 수도 있고, 대구 경기장에서는 떡볶이를 먹을 수 있어요. 내가 간 경기장에서는 어떤 음식이 유명한지 검색해 보고, 음식을 먹으며 즐겁게 야구를 응원해 보세요.
- 경기장 안에서는 맥주를 파는 '맥주보이'도 볼 수 있어요.
- 경기를 예매할 때 '테이블석'을 예매하면 더욱 편하게 음식을 먹을 수 있어요.

내가 먹은 음식: ______________________

## 다. 정리해 봅시다

1. 체험한 항목에 V표시를 해 봅시다.

| | |
|---|---|
| 응원할 팀을 정해서 경기장에 갔다. | |
| 우리 팀의 유니폼과 응원 도구를 가지고 응원했다. | |
| 같은 팀 사람들과 함께 응원가를 불렀다. | |
| 응원단장과 치어리더를 따라 응원했다. | |
| 경기장에서 파는 음식을 먹으며 경기를 즐겼다. | |

2. 한국의 응원문화 중 가장 인상 깊었던 것은 무엇입니까? 그리고 그 이유는 무엇입니까?

3. 체험한 내용을 바탕으로 아래와 같이 그림일기를 써 봅시다.

3월 24일 일요일

오늘 00 야구장에서 야구 경기를 봤다. 내가 응원한 팀은 △△ 팀이었다. 유니폼을 입고 같은 팀을 응원하는 사람들과 함께 노래를 불렀다. 응원하는 노래가 아주 다양해서 인상 깊었다. 치킨을 먹으면서 즐겁게 경기를 봤고, 우리 팀이 이겨서 기분이 좋았다.

Memo

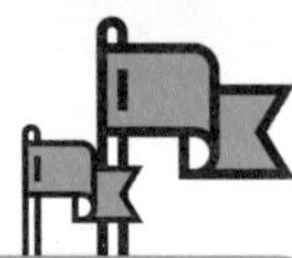

# 08 남대문 시장

## 관용어 **주머니가 가볍다/주머니가 넉넉하다 귀가 얇다/보는 눈이 있다**

### 문화 체험

한국 문화를 체험하기 전 한국 문화에 대해 알아두면 체험할 때 이해하기가 쉽습니다. 그럼, 우리 함께 한국의 전통 시장에 대해서 알아볼까요?

#### 가. 한국 문화를 배워요

1. 다음 내용을 읽고 이곳은 한국의 어느 곳인지 생각해 봅시다.

이 시장은 1414년에 국가에서 몇몇 상인들에게 자리를 준 것에서부터 시작했다. 이곳에는 약 1만 개 이상의 가게가 있고, 약 5만 명의 상인과 직원들이 일하고 있다. 하루에 30만 명이 방문하고 있으며, 그중 외국인 관광객은 1만 명이 넘는다고 한다. 옛날부터 '이 시장에 없으면 서울 어디에도 없다'라는 이야기가 있을 정도였으며, 옷, 액세서리, 식품 등 1,700개 이상의 상품이 있다.

2. 친구와 남대문 시장 체험을 계획해 봅시다.

1) 남대문 시장에서 사고 싶은 것을 체크해 봅시다.

| | | |
|---|---|---|
| □ 의류, 패션 | □ 그릇, 주방용품 | □ 문구 |
| □ 잡화(모자, 신발 등) | □ 이불, 커튼 | □ 농산물, 수산물 |
| □ 액세서리 | □ 식품 | □ 꽃, 인테리어 |

2) 먹고 싶은 것을 체크해 봅시다.

| | | |
|---|---|---|
| □ 만두 | □ 곰탕, 닭곰탕 | □ 호떡, 빈대떡 |
| □ 갈치 | □ 족발 | □ 기타 |

3) 남대문 시장 홈페이지(http://namdaemunmarket.co.kr)를 들어가 봅시다.
[볼거리 〉 관광 & 체험코스]를 살펴보고, 어떤 체험을 하고 싶은지 생각해 봅시다.

내가 하고 싶은 체험 :

______________________________________________

______________________________________________

이유 :

______________________________________________

______________________________________________

## 나. 한국 문화를 체험해요

남대문 시장

전화번호: 02-753-2805

주소: 서울특별시 중구 남대문시장 4길 21

상품과 가게에 따라서 운영 시간이 다름

관광코스와 상품에 대한 정보:

http://namdaemunmarket.co.kr/

1. 조를 나누어 남대문 시장에 가 봅시다. 아래의 물건이나 음식을 찾고 사진을 찍으세요. 찾은 것은 O표 하고, 어디에서 찾았는지 아래 지도에 A~F를 표시하세요. 몇 개나 찾았습니까? 가장 많이 찾은 조는 어느 조입니까?

| 찾아야 하는 것 | | | | | |
|---|---|---|---|---|---|
| A | 핫바 | D | 가방 | H | 꽈배기 |
| B | 귀걸이 | E | 행주 | I | 호떡 |
| C | 모자 | F | 치약 | J | 선글라스 |

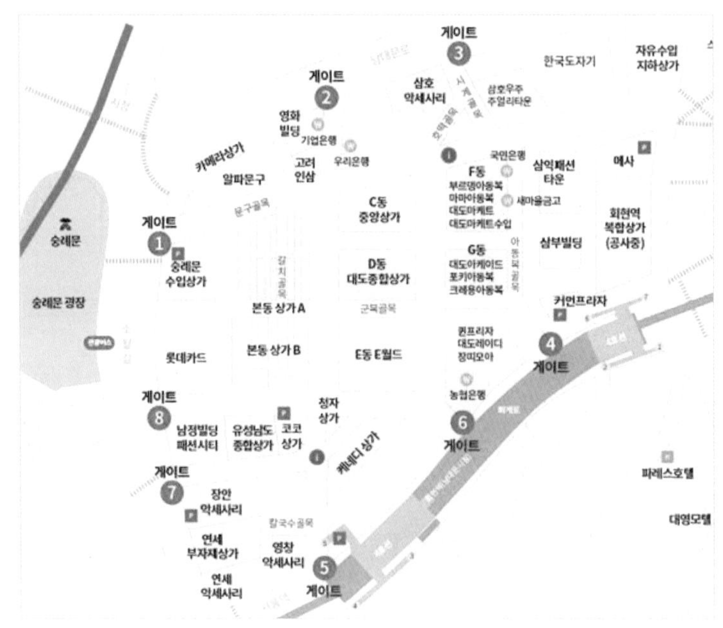

2. ㉠~㉥의 위치에서 살 수 있는 것을 써 봅시다. 우리 조에서 가지 않은 곳은 다른 조에게 물어보고 표를 완성해 봅시다.

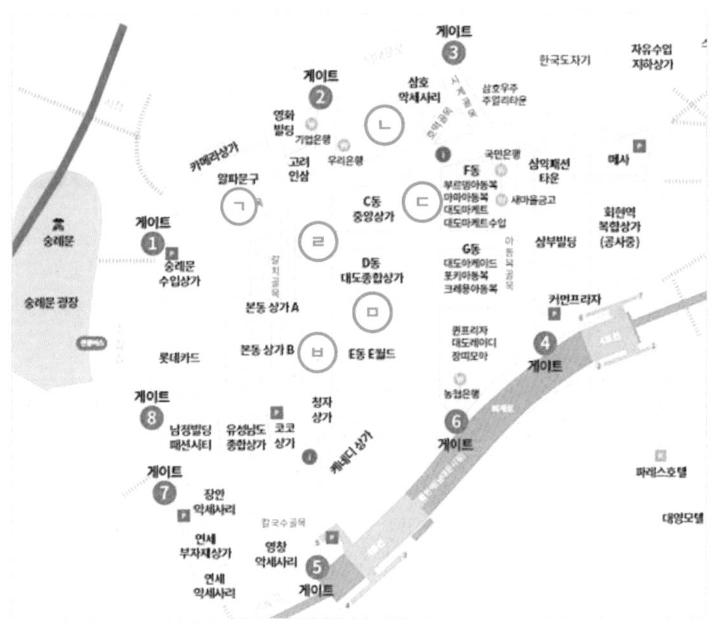


| 위치 | 살 수 있는 것 | 위치 | 살 수 있는 것 |
|---|---|---|---|
| ㉠ | 예 공책 | ㉣ | |
| ㉡ | | ㉤ | |
| ㉢ | | ㉥ | |

• 남대문 시장에서 쇼핑하고, 영수증을 아래에 붙여 봅시다.

(영수증을 붙이세요)

## 다. 정리해 봅시다

1. 찍은 사진을 다른 친구들에게 보여 주고, 어떤 것들을 봤는지 발표해 봅시다.

2. 남대문 시장에서 좋았던 점은 무엇이었습니까? 또 힘들었거나 불편했던 점은 무엇이었습니까?

| 좋았던 점 |
|---|
| 예 음식들이 맛있고 값도 싸서 좋았다. |

| 아쉬운 점 |
|---|
| 예 주차가 불편했다. 사람이 너무 많아서 걷기 힘들었다. |

3. 대형 마트 때문에 전통 시장들이 많이 없어지고 있습니다. 여러분은 전통 시장이 필요하다고 생각합니까? 그 이유는 무엇입니까?

## Memo

# 09 교과서 박물관

## 관용어 발목을 잡다/발목을 잡히다 밥 먹듯 하다/눈 깜짝 할 사이

### 문화 체험

한국 문화를 체험하기 전 한국 문화에 대해 알아두면 체험할 때 이해하기가 쉽습니다. 그럼, 우리 함께 한국의 교과서에 대해서 알아볼까요?

가. 한국 문화를 배워요

1. 여러분은 고향에서 언제, 어떤 과목을 배웠습니까? 친구의 고향과 비교해 봅시다. 그리고 한국에서는 초등학교, 중학교, 고등학교 때 어떤 과목을 배우는지 생각해 봅시다.

| 내 고향 | | 친구 고향 | | 한국 | |
|---|---|---|---|---|---|
| 과목 이름 | 배우는 시기 | 과목 이름 | 배우는 시기 | 과목 이름 | 배우는 시기 |
| | | | | | |
| | | | | | |
| | | | | | |
| | | | | | |
| | | | | | |

2. 다음은 한국의 학교에서 배우는 과목입니다. 과목 이름을 보고 어떤 과목일지 생각해 봅시다.

| 과목 이름 | 배우는 내용(예상) |
|---|---|
| 바른 생활 | |
| 도덕 | |
| 사회 | |

## 나. 한국 문화를 체험해요

교과서 박물관

전화번호: 044-861-3141~5

주소: 세종특별자치시 연동면 청연로 492-14

입장료: 무료

운영 시간: 9:30 ~ 17:00

(매주 월요일, 설날, 추석, 1/1, 12/25 휴관)

체험 예약 및 더 자세한 정보:

http://www.textbookmuseum.com/

1. 교과서를 통해 옛날 한국어의 모습을 볼 수 있습니다. 전시된 교과서의 내용을 보고 교과서 안에 있는 문장을 3개 써 봅시다.

| 예 | 순이 야, 잘 놀아. |
|---|---|
| 1 | |
| 2 | |
| 3 | |

2. 옛날 교과서의 한국어는 지금 사용하는 한국어와 다른 점이 있습니까? 무엇이 다릅니까?

3. 박물관에서 아래 질문들의 답을 찾아봅시다.

1) 1948년에 '바둑이와 철수'라는 책에 등장한 이후 30년 동안 교과서에 계속 나온 이름은 무엇입니까? 이 이름은 한국 국민에게 가장 친근한 이름이라고 합니다.

2) 1945년~1954년에는 어떤 교과서들이 있습니까?

3) 2013년 이후에는 어떤 교과서들이 있습니까?

## 다. 정리해 봅시다

• 교과서 박물관에서는 사진을 찍을 수 있습니다. 박물관에서 기념사진을 찍고, 어디에서 사진을 찍었는지 써 봅시다.

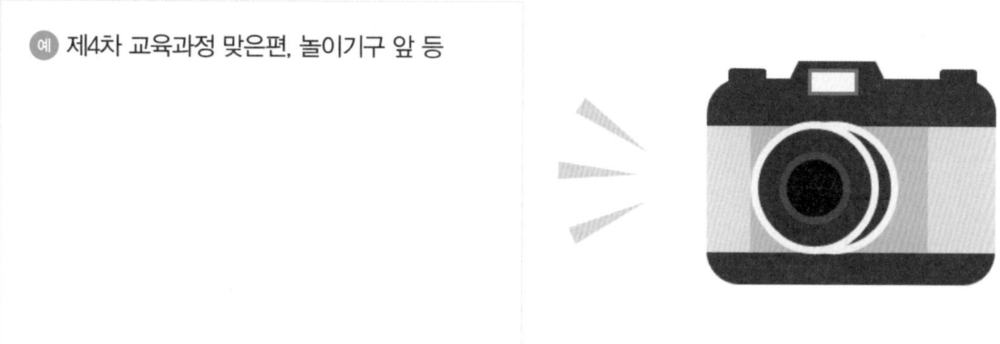

예 제4차 교육과정 맞은편, 놀이기구 앞 등


• 고향에서 배운 과목을 하나 골라, 교과서의 사진을 인터넷에서 찾아봅시다. 찾은 사진을 친구들에게 보여 주고, 어떤 과목이었는지 소개해 봅시다.

저는 중학교 때 OO 과목이 있었는데... 교과서는...
저는...


• 한국의 교과서가 여러분 고향의 교과서와 가장 다르다고 느낀 점은 무엇이었습니까? 간단히 써 보고 친구와 이야기해 봅시다.

• 교과서 박물관에서는 한국 교육의 과거와 현재를 볼 수 있습니다. 과거에 비해 어떤 것이 달라졌습니까? 그 이유는 무엇이라고 생각합니까?

| 과목 이름 | 배우는 나이 |
|---|---|
| 예 '농사짓기' 교과서가 없어졌다. | 예 농사를 하는 사람들이 적어져서 |

• 교과서 박물관을 다녀와서 느낀 점을 정리해 봅시다.

Memo

# 10 순환자원 홍보관

### 속담 **소귀에 경 읽기**
### 관용어 **신경을 쓰다/입만 아프다/피부로 느끼다**

## 문화 체험

한국 문화를 체험하기 전 한국 문화에 대해 알아두면 체험할 때 이해하기가 쉽습니다. 그럼, 우리 함께 한국에서는 쓰레기를 어떻게 배출하는지 알아볼까요?

### 가. 한국 문화를 배워요

1. 한국에서 쓰레기는 일반 쓰레기, 음식물 쓰레기, 재활용 쓰레기로 구분합니다. 다음 중 재활용 쓰레기에 해당하는 단어를 찾아봅시다.
(금속 캔, 비닐봉지, 스티로폼, 유리병, 종이팩, 페트병, 플라스틱)

| | | | | | | | | | |
|---|---|---|---|---|---|---|---|---|---|
| 서 | 우 | 추 | 버 | 달 | 스 | 티 | 로 | 폼 | 정 |
| 개 | 종 | 이 | 팩 | 금 | 한 | 고 | 인 | 브 | 캔 |
| 림 | 태 | 볼 | 감 | 플 | 마 | 해 | 토 | 속 | 화 |
| 페 | 간 | 파 | 하 | 라 | 문 | 절 | 금 | 탕 | 가 |
| 은 | 트 | 콜 | 동 | 스 | 는 | 유 | 림 | 기 | 도 |
| 양 | 피 | 병 | 차 | 틱 | 새 | 리 | 솔 | 위 | 청 |
| 화 | 입 | 문 | 도 | 싸 | 광 | 병 | 더 | 파 | 이 |
| 소 | 저 | 수 | 북 | 교 | 급 | 버 | 김 | 만 | 신 |
| 국 | 서 | 길 | 비 | 닐 | 봉 | 지 | 복 | 드 | 랑 |
| 나 | 행 | 용 | 애 | 과 | 주 | 크 | 사 | 치 | 날 |

2. 이것은 친환경 인증 마크입니다. 여러분 고향에도 비슷한 의미의 그림이 있습니까? 인터넷에서 찾아서 소개해 봅시다.

3. 여러분 고향에서는 쓰레기를 어떻게 버립니까? 한국과 비교하여 써 봅시다.

| | 한국 | 고향 |
|---|---|---|
| 과일 껍질 | 음식물 쓰레기봉투에 넣어서 버린다. | |
| 동물 뼈 | 일반 쓰레기봉투에 넣어서 버린다. | |
| 맥주병 | 슈퍼에 가서 돈으로 바꾼다. | |
| 책 | 끈으로 묶어서 종이류에 버린다. | |
| 옷 | 옷 수거함이나 재활용센터에 기부한다. | |
| 침대 | 주민 센터에 신고하고 스티커를 붙여서 버린다. | |
| 건전지 | 건전지함에 넣어서 버린다. | |

## 나. 한국 문화를 체험해요 – 순환자원홍보관

다시 쓰는 세상 – 순환자원홍보관

전화번호: 1688-9609

주소: 경기도 성남시 분당구 석운로 164번길 19

관람시간: 월~토 10시~5시

홈페이지 주소: www.reworld.kora.or.kr

1. 코라 원정대 친구들에게 재활용 분리 배출 방법을 배우고 어떻게 재활용이 되는지 맞게 연결해 봅시다.(힌트-1층 코라봇과 만나요)

| 이름 | 그림 | 분리 배출 방법 | 재활용 |
|---|---|---|---|
| 캐니 |  | 페트병 안의 내용물을 비우고 병뚜껑과 라벨을 반드시 따로 분리한다. | 페트병, 부직포, 달걀판, 뚜껑 |
| 팩이 |  | 캔 안의 내용물을 비우고 깨끗이 헹궈 말린 후 분리 배출한다. | 화장실 휴지 미용티슈 |
| 빈이&병이 |  | 플라스틱 용기와 비닐은 내용물을 비우고 깨끗이 씻어서 분리 배출한다. | 유리병 유리타일 |
| 페티 |  | 스티로폼은 테이프를 떼고 깨끗이 닦아서 분리 배출한다. | 통조림 캔, 음료수 캔, 건축자재 |
| 폼이 |  | 유리병은 내용물을 비우고 깨끗하게 씻어서 병뚜껑과 따로 분리한다. | 화분 건축자재 |
| 플라 |  | 종이팩은 물로 헹군 후에 잘 말려서 일반 종이와 따로 분리 배출한다. | 사진액자 욕실 발판 |

*코라봇은 한국순환자원유통지원센터의 영어 이름인 코라(KORA)와 로봇(ROBOT)이 합쳐진 이름입니다.

2. 우리가 사는 지구는 지금 어떤 상태입니까?(힌트-3층 도와줘요! 지구가 위험해요)

숲이 ______________________

사막이 ______________________

바다에 ______________________

빙하가 ______________________

3. 코라 지킴이 선서의 6가지 내용은 무엇입니까?(힌트-2층 선서의 나무)

1. 재활용 쓰레기는 분리해서 버려요.

2.

3.

4.

5.

6.

4. 다음 괄호 안에 해당하는 숫자를 쓰고 숫자가 큰 순서대로 번호를 써 봅시다.

① 컵라면 그릇인 스티로폼이 땅 속에서 분해되려면 (     )년 이상이 걸린다.

② 1년에 버려지는 종이팩을 재활용하면 (     )억 원이 절약될 수 있다.

③ 한 사람이 1년 동안 사용하는 플라스틱은 약 (     )*kg*이다.

④ 유리병 1개를 재활용하면 컴퓨터를 (     )분 사용할 수 있는 전기를 절약할 수 있다.

⑤ 나무 한 그루를 베면 (     )개의 종이컵을 만들 수 있다.

(          ) → (          ) → (          ) → (          ) → (          )

5. 다음 질문이 맞으면 O, 틀리면 X를 표시해 봅시다.

① 쓰레기를 처리하는 방법은 땅 속에 묻거나 불로 태우거나 분리배출을 한다. ( O / X )

② 미국에서는 쓰레기통을 푸벨이라고 부른다. ( O / X )

③ 생수병을 분리 배출하면 야구 유니폼을 만들 수 있다. ( O / X )

④ 우유를 담는 종이팩을 만들기 위해서는 나무를 잘라서 만든다. ( O / X )

⑤ 플라스틱은 변형이 어려워서 재활용해도 다양한 제품을 만들 수 없다. ( O / X )

⑥ 유리병은 깨끗이 사용해도 재활용할 수 없다. ( O / X )

⑦ 비닐, 플라스틱, 페트병은 석유로 만들었다. ( O / X )

⑧ 페트병은 다른 재질을 가지고 있기 때문에 뚜껑은 플라스틱, 라벨은 비닐, 병은 페트병으로 분리해서 배출해야 한다. ( O / X )

6. 순환자원홍보관에서는 다양한 체험을 할 수 있습니다. 체험을 마치고 도장을 찍어서 수료증을 받아 봅시다.

**나의 수료증**

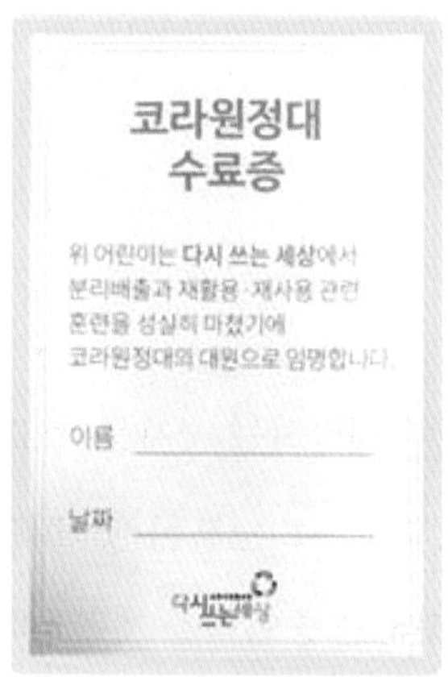

코라원정대
수료증

위 어린이는 **다시 쓰는 세상**에서
분리배출과 재활용·재사용 관련
훈련을 성실히 마쳤기에
코라원정대의 대원으로 임명합니다.

이름 ______________

날짜 ______________

다시쓰는세상

## 다. 정리해 봅시다

1. 한 사람이 1년 동안 사용하는 일회용품의 양은 종이컵 약 250개, 나무젓가락 약 50개, 물티슈 약 1000장, 비닐봉투 약 300개라고 합니다. 일회용품을 줄이기 위해서 우리는 어떤 노력을 해야 합니까?

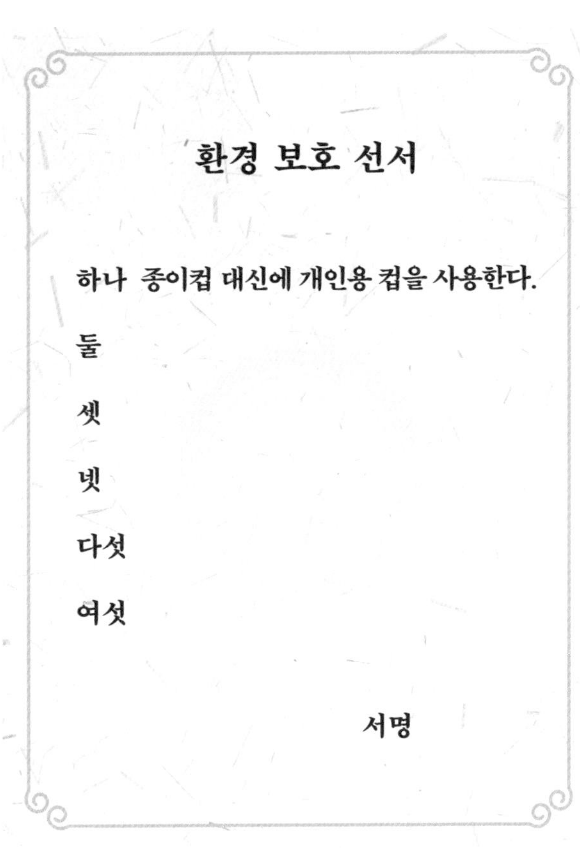


2. 순환자원홍보관 견학 후 느낀 점과 함께 환경보호의 필요성에 대해서 써 봅시다.

# 3장

# 문화 관점

# 속담 그림의 떡
# 관용어 속을 태우다

## 문화 관점

문화 관점은 한국의 문화와 고향의 문화를 서로 비교해 보며 다양한 문화가 있다는 것을 이해하는 시간입니다. 먼저 한국 음식 문화에 대해 얼마나 알고 있는지 점검해 봅시다.

**활동지(1) 1장 – 문화 관점: 한국의 전통 음식**

### 가. 한국의 전통 음식, 어디까지 알고 있어요?

- 한국의 전통 음식에 대한 내용으로 맞으면 O, 틀리면 X 하십시오.
- 인터넷은 찾지 말고, 조별로 논의해서 O, X를 체크해 봅시다.

| 번호 | 질문 | 우리 조 생각 | 정답 |
|---|---|---|---|
| 1 | 한국에서는 여름에 김장을 한다. | O / X | O / X |
| 2 | 김치의 종류는 하나다. | O / X | O / X |
| 3 | 한국에서는 식사할 때 어린아이가 먼저 먹는다. | O / X | O / X |
| 4 | 수저란 숟가락을 의미한다. | O / X | O / X |
| 5 | 한국인은 쌀밥만 먹는다. | O / X | O / X |
| 6 | 한국인은 생일에 미역국을 먹는다. | O / X | O / X |
| 7 | 한국인은 시험 볼 때 미역국을 먹는다. | O / X | O / X |
| 8 | 비빔밥이란 밥에 나물, 고기 등을 넣어 비빈 밥이다. | O / X | O / X |
| 9 | 떡은 밀가루를 이용하여 만든 음식이다. | O / X | O / X |
| 10 | 오곡밥은 5가지 곡식을 넣어 지은 밥이다. | O / X | O / X |
| | 우리 조는 정답을 몇 개 맞혔을까? | | /10 |

※ 함께 이야기해 봅시다.

- 한국의 전통 음식을 가장 많이 알고 있는 조는 어느 조입니까?
- 한국의 전통 음식 중에 가장 좋아하는 것은 무엇입니까?

## 나. 음식 문화에 관련된 읽기

※ 다음 글을 읽고 한국과 중국의 전통 음식을 비교해 봅시다.

(가) 한국의 추석에 빼 놓을 수 없는 대표적인 음식이 '송편'이라면 중국에서는 음력 8월 15일 중추절에 빠지지 않는 음식이 '월병'이다. 중요한 명절에 달 모양을 본뜬 음식을 만든다는 점에서 비슷하다. (나) 또한 한국이나 중국에서 추석에 가족들이 모여 앉아 송편과 월병을 먹으면서 가족의 건강과 행복을 빈다는 것도 비슷하다고 할 수 있다. (다) 최근에 점차적으로 각국의 젊은이들이 즐겨하지 않게 되는 전통 음식이라는 점에서도 비슷하다. 반면에 송편은 반달 모양이고 월병은 보름달 모양이라는 점이 다르다. (라) 또한 송편은 찌는 음식이지만 월병은 굽거나 튀긴 음식이다.

1) 글의 내용의 제목으로 알맞은 것을 고르십시오.

① 추석과 중추절 ② 사라지는 전통 음식
③ 송편과 월병의 비교 ④ 전통 음식의 모양과 맛

2) 다음 글에서 〈보기〉의 문장이 들어가기에 알맞은 것은 무엇입니까?

보기
송편의 재료가 쌀인 것과는 달리 월병의 재료는 밀가루라는 점에서 차이가 있다.

① (가) ② (나) ③ (다) ④ (라)

3) 송편과 월병의 공통점과 차이점은 무엇입니까?

공통점: 1) 예〉 명절에 먹는 전통 음식이다.

2) ________________________________

차이점: 1) 예〉 송편은 반달 모양이지만 월병은 보름달 모양이다.

2) ________________________________

## 활동지(3) 1장 - 문화 관점: 비교하기 표현

### 다. 비교하기 표현

※ 한국 음식 문화와 고향의 음식 문화를 비교하려고 합니다. 문화를 비교하기 위해서 필요한 표현을 배워 봅시다. 그리고 예문을 만들어 봅시다.

1) V~는다는 점에서 비슷하다.

예 빈대떡과 파전은 기름에 부쳐 먹는다는 점에서 비슷하다.

•

•

2) A~다는 점에서 비슷하다.

예 파전과 피자는 모양이 동그랗다는 점에서 비슷하다.

•

•

3) N(이)라는 점에서 비슷하다.

예 한국의 만두와 중국의 빠오즈는 재료가 밀가루라는 점에서 비슷하다.

•

•

4) N와/과 N의 공통점은 ~(는)다는 것이다.

예 한국 육개장과 헝가리 굴라시의 공통점은 색깔이 빨갛고 약간 맵다는 것이다.

•

•

## 활동지(4) 1장 - 문화 관점: 명절에 먹는 전통 음식 비교

### 라. 한국의 전통 음식과 고향의 전통 음식 비교

※ 한국의 명절 음식은 어떤 것이 있고, 고향의 명절 음식에는 어떤 것이 있습니까?

| 한국의 명절 음식 | 고향의 명절 음식 |
|---|---|
| • 설날: 떡국<br>• 정월대보름: 오곡밥<br>• 추석: 송편 | |

※ 한국의 명절 음식, 고향의 명절 음식 중에서 하나씩 골라서 그 특징을 써 봅시다.

| | 한국의 명절 음식:예〉 설날 떡국 | 고향의 명절 음식: |
|---|---|---|
| 특징 | 예 새해 첫날 아침에 먹는 음식이다.<br>1.<br>2. | 1.<br>2.<br>3. |

※한국과 고향의 명절 음식을 비교하는 글을 써 봅시다.

꼭 들어가야 하는 것

- 한국과 고향에서 명절에 먹는 전통 음식의 특징 비교하기
- 앞에서 배운 비교하기 표현 사용하기

# 속담 **세 살 버릇 여든까지 간다**
# 관용어 **귀에 못이 박히다**

## 문화 관점

문화 관점은 한국의 문화와 고향의 문화를 서로 비교해 보며 다양한 문화가 있다는 것을 이해하는 시간입니다. 먼저 여러분의 경제 습관 중 소비 습관에 대해서 점검해 봅시다.

**활동지(1) 2장 - 문화관점 : 경제 습관**

### 가. 경제 습관: 자신의 소비 습관 점검하기

※ 아래 소비 습관 내용 중 자신에게 해당되는 항목에 ✓표시를 해 봅시다.

| | |
|---|---|
| 마트에서 '오늘의 특가'를 보면 사는 편이다. | 마트에 가면 30분 이상의 시간이 필요하다. |
| 인터넷에서 쇼핑 검색을 자주 한다. | 쇼핑을 하면 슬픔, 걱정 등을 잊게 된다. |
| 인터넷 쇼핑몰에서 상품 메일이 자주 온다. | 일회용품은 쌀 때 사 두는 것이 좋다. |
| 옷장에는 입지 않은 새 옷이 걸려 있기도 하다. | 갖고 싶은 물건을 가져야 마음이 놓이는 편이다. |
| 인터넷 쇼핑몰은 할인율이 커서 좋다고 생각한다. | 하루를 꼬박 쇼핑으로 시간을 보낸 적이 있다. |
| 신용카드 결제를 위해 다른 신용카드를 이용해 본 경험이 있다. | 세일을 하면 별로 필요하지 않은 것도 사는 편이다. |
| 당장 필요하지 않아도 나중에 쓸 것이라는 생각으로 사 둔다. | 꼭 그 물건이 필요해서라기보다는 쇼핑 그 자체를 즐기는 편이다. |

당신은 몇 개에 해당됩니까? 아래 의견에 동의합니까?

**5개 이하: 쇼핑 중독과 전혀 관련이 없습니다.**

**6~8개: 쇼핑을 좋아하는 편이나 쇼핑중독은 아닙니다.**

**9~11개: 주의가 필요합니다. 용돈을 계획에 따라 쓰는 습관이 필요합니다.**

**12개 이상: 쇼핑 중독입니다. 쇼핑 습관을 검토할 필요가 있습니다.**

**※ 현명한 쇼핑을 위해서 어떤 소비 습관을 가지는 것이 좋습니까? 생각해 봅시다.**

## 나. 화폐에 관련된 읽기

1. 다음 글을 읽고 질문에 답하십시오.

화폐는 그 나라를 상징하는 종합 예술품이라고 할 수 있다. (ㄱ)왜냐하면 화폐의 도안에는 그 나라의 문화, 역사, 풍습 등이 담겨져 있으며 그 나라 국민들이 존경하는 인물이나 동식물, 유서 깊은 건축물 등이 소개되어 있기 때문이다. (ㄴ)화폐의 그림에 가장 많이 쓰는 소재는 인물이다. (ㄷ)세계 중앙은행에 따르면 인물은 전체 화폐 그림의 83%를 차지하고 있다고 한다. (ㄹ)인물은 그 나라를 대표하는 상징적인 의미도 있지만 다른 소재들에 비해서 조금만 바뀌어도 쉽게 알아볼 수 있어서 돈의 위조를 방지하는데 도움이 된다고 한다.

1) 다음 문장이 들어가기에 가장 알맞은 곳을 고르십시오.

**보기**

화폐의 인물은 예전에는 왕이나 대통령 등 정치인이었지만 최근에는 예술가, 과학자 등 다양한 분야에서 업적을 남긴 인물이 많이 등장하고 있다.

① (ㄱ) ② (ㄴ) ③ (ㄷ) ④ (ㄹ)

2) 화폐 도안으로 인물을 사용하는 가장 큰 이유는 무엇입니까?

① 세계 중앙은행은 인물 그림을 좋아한다.

② 그 나라 국민들에게 유명하고 인기가 많다.

③ 인물이 다른 동식물이나 건축물보다 그리기가 쉽다.

④ 그림을 금방 알아볼 수 있어서 돈의 위조를 막기 쉽다.

3) 위 글을 읽고 화폐 그림으로 알맞지 않은 것을 고르십시오.

① 사자 ② 성당 ③ 소파 ④ 접시꽃

## 활동지(3) 2장 - 문화 관점 : 인용하기

### 다. 인용 표현

※ 한국 화폐와 고향의 화폐에 대해서 설명하려고 합니다. 화폐 속의 인물들이 한 말을 친구에게 전달하기 위한 표현을 배워 봅시다. 그리고 예문을 만들어 봅시다.

1. 인용할 때 쓰는 표현을 알아봅시다.

1) (뉴스, 신문, 조사, 속담, 명언) -에 따르면 -다고/라고 한다.

- 한국 속담에 따르면 세 살 버릇은 여든까지 간다고 한다.
- 한국 통계청 조사에 따르면 2016년 외국 유학생은 104,262명이라고 한다.

2) (단체, 모임, 조직) -에서는 -다고/라고 한다.

- 정부에서는 이번 경제 성장률을 3% 높이겠다고 했다.
- 한국 대학교에서는 외국 유학생을 위한 장학금을 늘리겠다고 했다.

3) (사람(교수, 친구, 전문가 등), 직업) -은/는 -다고/라고 한다.

- 세종대왕은 백성이 나라의 근본이라고 했다.
- 헬렌 켈러는 장애는 불편하지만 불행한 것은 아니라고 했다.

2. 한국 화폐나 여러분 고향 화폐에 있는 인물이 말한 내용을 찾아서 인용하는 문장을 만들어 봅시다.

1) 누구: 이순신

⇒ ______________________________

______________________________

2) 누구:

⇒ ______________________________

______________________________

3) 누구:

⇒ ______________________________

______________________________

## 활동지(4) 2장 – 문화 관점: 고향의 화폐와 한국의 화폐

### 라. 고향의 화폐 소개하기

※ 고향의 화폐에는 어떤 것이 있고 어떤 그림이 그려져 있습니까?

| 고향의 화폐 종류 | |
|---|---|
| 고향의 화폐 그림 | |

※ 고향의 화폐와 한국의 화폐는 어떤 점이 다릅니까? 특징을 써 봅시다.

| | 고향의 화폐 | 한국의 화폐 |
|---|---|---|
| 특징 | | |

※ 위에서 정리한 것을 바탕으로 고향의 화폐를 여러 친구에게 소개하려고 합니다. 고향 화폐의 특징을 잘 생각하고 화폐 속 그림이나 인물 등을 소개해 봅시다. (앞에서 배운 인용하기 표현을 사용해서 글을 써 봅시다)

Memo

# 03 속담 **가는 말이 고와야 오는 말이 곱다** 관용어 **말꼬리를 잡다**

## 문화 관점

문화 관점은 한국의 문화와 고향의 문화를 서로 비교해 보며 다양한 문화가 있다는 것을 이해하는 시간입니다. 이번 시간에는 인터넷, 통신 문화에 대해 얼마나 알고 있는지 점검해 봅시다.

**활동지(1) 3장 - 문화 관점: 디지털 시대의 문제**

### 가. 인터넷/통신 문화 얼마나 알고 있어요?

- 인터넷/통신 문화 내용으로 맞으면 O, 틀리면 X 하십시오.
- 인터넷은 찾지 말고, 조별로 논의해서 O, X를 체크해 봅시다.

| 번호 | 질문 | 우리 조 생각 | 정답 |
|---|---|---|---|
| 1 | 한국의 인터넷 속도는 다른 나라보다 빠른 편이다. | O / X | O / X |
| 2 | 상대방이 올린 글에 대한 비방이나 험담을 하는 악의적인 댓글을 악성 댓글이라 한다. | O / X | O / X |
| 3 | 인터넷을 이용하여 다른 사람을 괴롭히는 것을 인터넷 폭력이라고 한다. | O / X | O / X |
| 4 | 셧다운 제도는 밤 12시부터 오전 9시까지 청소년들이 인터넷 게임을 할 수 없도록 만든 것을 말한다. | O / X | O / X |
| 5 | 셧다운 제도는 만 16세 미만 청소년을 대상으로 한다. | O / X | O / X |
| | 우리 조는 정답을 몇 개 맞혔을까? | | /5 |

※ 함께 이야기해 봅시다.

- 인터넷 / 통신문화를 가장 많이 알고 있는 조는 어느 조입니까?
- 여러분 고향의 인터넷과 한국의 인터넷은 어떤 차이가 있습니까?
- 여러분 고향의 인터넷 규제에는 무엇이 있습니까?

*규제: 규칙으로 못 하게 막음

## 활동지(2) 3장 – 문화 관점: 디지털 시대의 언어 문제

### 나. 인터넷 언어와 문화

※ 다음 자료를 읽고 함께 생각해 봅시다.

인터넷 댓글 실명제에 대한 국민여론 (단위:%)


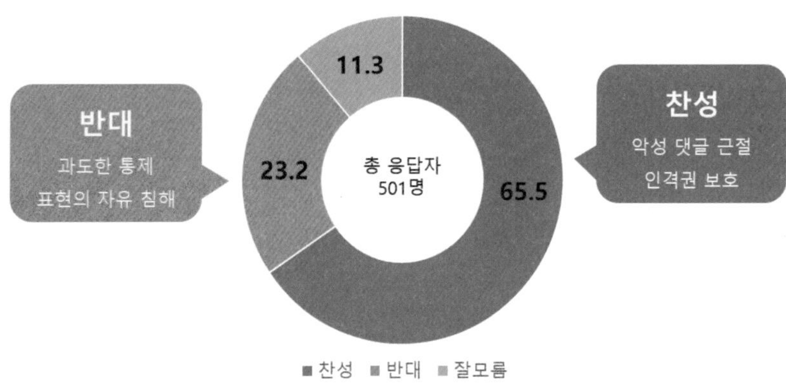


[출처] 여론조사 전문기관 리얼미터(2018)

* 실명제: 인터넷 상에서 실제 이름을 밝히도록 하는 법으로 만든 규칙
* 여론조사: 국민의 공통된 의견을 조사하는 것
* 침해: 함부로 남의 것에 들어가 해를 끼침
* 근절: 아주 없애 버림

1. 도표의 내용과 같은 것을 고르십시오.
   ① '실명제 도입 반대'가 더 높다.
   ② 500명을 대상으로 여론조사를 실시했다.
   ③ 응답자 3명 중 2명은 인터넷 댓글 실명제 도입에 찬성한다.
   ④ 인터넷은 '표현의 자유'가 있어야 된다고 답한 사람이 11.3%였다.

2. 인터넷 댓글 실명제에 대해 찬성합니까? 혹은 반대합니까? 그 이유는 무엇입니까?

## 다. 주장할 때 쓰는 표현

※ 인터넷 문화에 대한 생각과 의견을 쓰거나 말하려고 합니다. 내 생각과 의견을 주장하기 위해서 필요한 표현을 배워 봅시다.

- 은/는 ~는다고/이라고 생각한다.
- 은/는 ~는다고/이라고 말한다.
- 은/는 ~는다고/이라고 주장한다.

※ 주장할 때 쓰는 표현을 활용하여 다음 〈보기〉와 같이 써 봅시다.

**보기**

건강한 인터넷 문화를 위한 인터넷 규제

주장 1
정부가 엄격하게 규제해야 한다.

주장 2
자율 규제를 유도해야 한다.

*자율 규제: 자기 스스로 규칙을 정해 못 하게 하는 것

일부 사람들은 건강한 인터넷 문화를 위해서는 정부가 엄격하게 인터넷 생활을 규제해야 한다고 말한다. 그러나 일부 사람들은 정부가 직접적으로 개입하기보다는 자율규제를 유도하는 것이 더 좋다고 주장한다.

악성 댓글 방지를 위한 실명제 실시

주장 1
실명제를 통해 악성 댓글을 줄일 수 있다.

주장 2
실명제는 표현의 자유를 침해할 수 있다

## 라. 인터넷 사용의 문제점 말하기

※ 인터넷 이용률이 증가함에 따라 인터넷을 통한 사회 문제도 증가하고 있습니다. 아래의 문제 중 어떤 문제가 가장 심각할지 생각해 보고, 친구들과 이야기해 보십시오.

| 개인정보 유출 | 악성 댓글 | 비속어 남용 |
|---|---|---|
| 유해 콘텐츠 확산 | 심각한 언어 파괴 | 인터넷 중독 |

*유출: 밖으로 내보냄 *남용: 함부로 씀 *유해 콘텐츠: 인터넷을 통해 제공되는 해로운 것

※ 왜 그 문제가 가장 심각하다고 생각하는지 〈보기〉와 같이 '주장하기 표현'을 사용해서 아래에 써 봅시다. 그리고 친구와 토의해 봅시다.

보기

- 사회문제: 악성 댓글
- 근거) 1) 무분별한 악성 댓글은 상대방에게 심각한 정신적 피해를 준다.
  2) 악성 댓글은 사회적 분위기를 나쁘게 만들기도 한다.
  3) 악성 댓글로 괴로움을 견디다 못해 스스로 목숨을 끊는 사람들이 많아지고 있다.

▶ 저는 악성 댓글이 가장 심각한 문제라고 생각합니다. 무분별한 악성 댓글은 상대방에게 심각한 정신적 피해를 줄 수 있고, 사회적 분위기를 나쁘게 만들기도 합니다. 특히 악성 댓글로 자살률이 높아지면서 악성 댓글로 인한 피해가 심각한 수준으로 치닫고 있습니다.

| 내 생각 | 친구 생각 |
|---|---|
| • 사회문제:<br>• 근거: | • 사회문제:<br>• 근거: |

# 속담 **싼 게 비지떡**
# 관용어 **정신을 차리다**

## 문화 관점

문화 관점은 한국의 문화와 고향의 문화를 서로 비교해 보며 다양한 문화가 있다는 것을 이해하는 시간입니다. 한국의 결혼 문화에 대해 얼마나 알고 있는지 점검해 봅시다.

**활동지(1) 4장 - 문화 관점 : 한국의 결혼 문화**

### 가. 한국의 결혼 문화, 어디까지 알고 있어요?

- 한국의 결혼 문화에 대한 내용으로 맞으면 O, 틀리면 X 하십시오.
- 인터넷은 찾지 말고, 조별로 논의해서 O, X를 체크해 봅시다.

| 번호 | 질문 | 우리 조 생각 | 정답 |
|---|---|---|---|
| 1 | 결혼을 축하해 주기 위해 대부분 돈을 주기 보다는 선물을 해 준다. | O / X | O / X |
| 2 | 한국의 결혼식은 아주 친한 사람만 초대를 받을 수 있다. | O / X | O / X |
| 3 | 축의금을 줄 때에는 하얀색 봉투에 넣어서 준다. | O / X | O / X |
| 4 | 축의금을 낼 때는 짝수 즉, 2, 4, 6, 8, 10만원을 내면 좋다. | O / X | O / X |
| 5 | 결혼식에 초대받았을 때는 하얀색 옷을 입지 않는 것이 좋다. | O / X | O / X |
| 6 | 한국의 결혼식은 결혼식장에서만 할 수 있다. | O / X | O / X |
| 7 | 결혼 선물로 칼이나 가위를 선물하지 않는다. | O / X | O / X |
| 8 | 한국의 결혼식에는 보통 주례자와 사회자가 있다. | O / X | O / X |
| 9 | 한국의 결혼식은 보통 하루 종일 한다. | O / X | O / X |
| 10 | 결혼 날짜를 잡은 후에 다른 사람의 결혼식에 가지 않는다. | O / X | O / X |
| | 우리 조는 정답을 몇 개 맞혔을까? | /10 | |

※ 함께 이야기해 봅시다.

- 한국의 결혼 문화에 대해 가장 많이 알고 있는 조는 어느 조입니까?
- 한국의 결혼 문화 중 가장 놀라운 것은 무엇입니까?

## 나. 결혼 문화에 대한 읽기

1. 다음 글을 읽고 질문에 답하십시오.

한국에서는 신랑과 신부를 축하하기 위해 봉투에 돈을 넣어서 선물하는데, 이것을 축의금이라고 한다. 중국도 한국처럼 축의금 문화가 있지만, 한국은 축의금을 흰색 봉투에 넣는데 반해서 중국은 빨간색 봉투에 넣는다는 데에서 차이가 있다. 중국에서는 흰색이 죽음을 의미하는 반면에 빨간색은 ( ㉠ )

1) ㉠에 들어갈 내용으로 가장 알맞은 것을 고르십시오.

① 외로움을 의미한다. ② 흰색과 같은 의미이다.

③ 행운과 복을 상징한다. ④ 실패와 좌절을 상징한다.

2) 이 글의 제목으로 가장 알맞은 것을 고르십시오.

① 결혼 축의금 금액

② 한국과 중국의 전통 결혼식

③ 한국과 중국의 축의금 문화

④ 결혼식에 입고 갈 의상의 색깔

2. 이 글의 내용과 같은 것을 고르십시오.

콩고에서는 결혼식 날 신랑과 신부가 절대로 웃어서는 안 된다고 한다. 결혼 사진을 찍을 때에도 웃으면 안 되는데, 그 이유는 결혼에 대한 진지한 마음을 보여야 한다고 생각하기 때문이다. 독일에서는 결혼식 전날에 손님들이 신랑 신부의 집 앞에서 오래된 그릇을 깬다고 한다. 이때 거울이나 유리그릇을 깨면 좋지 못한 의미이나, 도자기 그릇을 깨면 그 소리가 신랑 신부에게 행운을 가져다주고 나쁜 것들을 쫓아낸다고 한다. 그래서 꼭 도자기 그릇을 사용해야 하고, 신랑과 신부가 함께 깨진 조각들을 치워야 한다.

① 콩고의 신랑 신부는 결혼사진을 찍을 수 없다.

② 콩고의 신랑 신부는 거울을 깨야 행운이 온다고 믿는다.

③ 독일에서는 결혼 전날 손님들이 도자기 그릇을 깬다.

④ 독일에서는 결혼 전날 손님들이 도자기 조각을 치운다.

## 활동지(3) 4장 – 문화 관점 : 대조하기

### 다. 대조할 때 쓰는 표현

※ 한국과 고향의 결혼 문화에서 차이점을 찾으려고 합니다. 차이점을 설명하기 위한 표현을 배워 봅시다. 그리고 예문을 만들어 봅시다.

1. V/A –지만

예 언니는 키가 크지만 저는 키가 작아요.

2. V/A –(으)나

예 눈은 내리고 있었으나 그렇게 춥지 않았다.

3. V/A –은/는 반면에

예 동생은 성격이 좋은 반면에 형은 그렇지 않네요.
수지 씨는 한국어는 잘하는 반면에 영어는 못합니다.

4. N와/과는 달리

예 도시는 시골과 달리 사람이 많습니다.

5. 반면에 ~에서 차이가 있다.

예 한국과 중국은 신랑 신부에게 축의금을 선물한다는 점이 같다.
반면에 축의금을 넣는 봉투 색깔에서 차이가 있다.

※ 위에서 배운 문법을 써서 아래의 문장을 완성해 봅시다.

예 노래는 못한다. 춤은 잘 춘다.

⇒ 노래는 못하지만 춤은 잘 춘다.

1. 그 식당은 음식이 맛있다, 가격이 너무 비싸다

⇒ ______________________________

2. 서울은 비가 내린다, 대전은 날씨가 맑다

⇒ ______________________________

3. 조용하다, 동생, 활달하다, 언니 (와/과는 달리)

⇒ ______________________________

## 라. 한국의 결혼 문화와 고향의 결혼 문화 대조

※ 여러분 고향의 결혼 문화에는 어떤 것이 있습니까? 소개하고 싶은 것을 하나 골라 말해 봅시다.

예 결혼식 전에 신랑이 신부의 모습을 보면 안 된다.

※ 인터넷을 통해 한국의 결혼 문화에 대해 조사해 봅시다. 그리고 가장 인상 깊은 것을 한 가지 소개해 봅시다.

예 별로 친하지 않은 회사 동료에게도 청첩장을 주며 결혼식에 초대한다.

※ 위의 내용을 바탕으로 한국과 여러분 고향의 결혼 문화에 대해 쓰고, 어떤 점이 다른지 비교해 봅시다. (앞에서 배운 대조하기 표현을 사용해서 써 보십시오.)

# 05 속담 **산 넘어 산** 관용어 **눈앞이 캄캄하다**

## 문화 관점

문화 관점은 한국의 문화와 고향의 문화를 서로 비교해 보며 다양한 문화가 있다는 것을 이해하는 시간입니다. 먼저 한국 군대에 대해서 얼마나 알고 있는지 점검해 봅시다.

**활동지(1) 5장 - 문화 관점: 한국의 군대와 군인**

### 가. 한국의 군대나 군인, 어디까지 알고 있어요?

• 한국의 군대나 군인에 대한 내용으로 맞으면 O, 틀리면 X 하십시오.

| 번호 | 질문 | 우리 조 생각 | 정답 |
| --- | --- | --- | --- |
| 1 | 한국은 군대에 갈 의무가 있는 징병제의 나라다. | O / X | O / X |
| 2 | 성인 여성도 군대에 가야 한다. | O / X | O / X |
| 3 | 훈련 기간이 일반적으로 1년 이상이다. | O / X | O / X |
| 4 | 육군, 공군, 해군 중 원하는 곳으로 갈 수 있다. | O / X | O / X |
| 5 | 친구나 형제와 함께 군대에 갈 수 있다. | O / X | O / X |
| 6 | 군인의 수가 이미 많다면 군대에 가지 않는다. | O / X | O / X |
| 7 | 전쟁이 일어났을 때만 군대에 간다. | O / X | O / X |
| 8 | 외국인도 군대에 갈 수 있다. | O / X | O / X |
| 9 | 군인들은 군대에서 있는 기간에 월급을 받는다. | O / X | O / X |
| 10 | 군인 사병의 계급은 이등병, 일등병, 상등병, 병장 순이다. | O / X | O / X |
| | 우리 조는 정답을 몇 개 맞혔을까? | /10 | |

※ 함께 이야기해 봅시다.

• 한국의 군대에 대해 가장 많이 알고 있는 조는 어느 조입니까?

• 한국의 군대 문화 중 특이한 것은 무엇입니까?

## 나. 각 나라의 군대와 징병제에 대한 읽기

1. 다음 글을 읽고 질문에 답하십시오.

> 한국에서는 남성이 병역의 의무를 갖는다. 병역의 의무란, 나라를 지키기 위해 ( ㉠ ). 성인이 된 남자는 몸과 마음이 건강한지 검사를 받은 후, 이 검사를 통과하면 군대에 들어가 훈련을 받게 된다. 하지만 건강이 심각하게 안 좋거나 특별한 이유가 있는 경우에는 군대에 가지 않을 수도 있다. 훈련 기간은 육군, 공군, 해군 등에 따라 차이가 있으며, 일반적으로 20개월보다 길거나 짧다.

1) ㉠에 들어갈 내용으로 가장 알맞은 것을 고르십시오.

① 군대에 가야 한다는 뜻이다　　② 취업을 해야 한다는 뜻이다

③ 학업을 마쳐야 한다는 뜻이다　　④ 결혼과 출산을 해야 한다는 뜻이다

2) 이 글의 내용과 같은 것을 고르십시오.

① 여성은 남성보다 훈련을 짧게 받는다.

② 훈련 기간은 보통 약 20개월 정도이다.

③ 한국에서는 남성이 무조건 군대에 간다.

④ 건강 상태에 따라 육군, 공군, 해군으로 나뉜다.

2. 다음을 순서대로 맞게 나열한 것을 고르십시오.

> (가) 한국은 성인 남성이 군대에 가는 징병제 국가이며, 한국 외에도 북한, 이스라엘, 스위스, 핀란드 등이 징병제 국가에 속한다.
>
> (나) 징병제란, 국민이 군대에 가야 하는 의무가 있는 제도를 말한다.
>
> (다) 한편, 태국에서는 특이하게도 성인 남성이 공을 뽑아서 빨간 공이 나오면 군대에 가고, 검은 공이 나오면 군대에 가지 않아도 된다고 한다.
>
> (라) 특히 그중에서도 북한과 이스라엘은 남성뿐 아니라 여성도 군대에 가야 한다.

① 가 - 나 - 다 - 라　　② 가 - 라 - 다 - 나

③ 나 - 가 - 라 - 다　　④ 나 - 가 - 다 - 라

## 다. 감정 표현

1. 사진 속 사람을 보고 어떤 기분일지 이야기해 봅시다.

| | |
|---|---|
| | 예 힘들어 보여요, 재미있을 것 같아요. |
| | |
| | |
| | |

2. 여러분이 곧 군대에 가게 되었습니다. 오랫동안 만나지 못할 가족과 친구들에게 편지를 써 봅시다.

## 활동지(4) 5장 - 문화 관점 : 고향의 군대 제도와 한국의 군대 제도

### 라. 고향의 군대 제도와 한국의 군대 제도

1. 여러분 고향의 군대 제도에 대해 생각해 봅시다. 누가 군대에 갑니까? 훈련 기간은 얼마나 됩니까? 어떻게 갑니까? 등을 간단하게 써 봅시다.

2. 고향의 군대와 한국의 군대의 특징은 무엇입니까? 잘 모를 경우 인터넷을 찾아서 특징을 써 봅시다.

| 고향의 군대 | 한국의 군대 |
| --- | --- |
| | |

3. 여러분은 고향에서 군대에 갔다 왔습니까? 갔다 왔다면 군대 시절에 대한 경험과 느낌을 써 봅시다. 만약 앞으로 가야 한다면 갈 때 느낌이 어떨지 써 봅시다. 가지 않아도 된다면 군대에 가는 한국 남자들에게 하고 싶은 말을 써 봅시다.

Memo

# 속담 **백지장도 맞들면 낫다**
# 관용어 **손발이 맞다**

## 문화 관점

문화 관점은 한국의 문화와 고향의 문화를 서로 비교해 보며 다양한 문화가 있다는 것을 이해하는 시간입니다. 먼저 한국 음식인 김치에 대해 얼마나 알고 있는지 점검해 봅시다.

**활동지(1) 1과 - 문화 관점: 한국의 김치**

### 가. 한국의 김치, 어디까지 알고 있어요?

• 한국의 김치에 대한 내용으로 맞으면 O, 틀리면 X 하십시오.

| 번호 | 질문 | 우리 조 생각 | 정답 |
|---|---|---|---|
| 1 | 김치는 된장, 고추장과 같은 발효 음식이다. | O / X | O / X |
| 2 | 김치는 모두 맵다. | O / X | O / X |
| 3 | 김치는 조선 시대부터 먹기 시작했다. | O / X | O / X |
| 4 | 김치는 영양이 풍부하여 비타민 C, 무기질, 섬유질, 칼슘, 단백질 등을 가지고 있다. | O / X | O / X |
| 5 | 김치는 설탕에 절인 음식이다. | O / X | O / X |
| 6 | 김치는 각 지역마다 맛이 다르다. | O / X | O / X |
| 7 | 한국에서는 김치만을 위한 전용 냉장고가 있다. | O / X | O / X |
| 8 | 김장은 원래 겨울에 채소를 구하기 어려워서 저장하기 위한 한국의 풍습이다. | O / X | O / X |
| 9 | 김치는 배추와 무로만 만들 수 있다. | O / X | O / X |
| 10 | 예전에는 겨울에 김치를 하면 항아리에 넣어 얼지 않도록 땅에 묻었다. | O / X | O / X |
| | 우리 조는 정답을 몇 개 맞혔을까? | /10 | |

※ 함께 이야기해 봅시다.

• 한국의 김치에 대해 가장 많이 알고 있는 조는 어느 조입니까?

• 한국의 김치를 좋아합니까? 좋아한다면 왜 좋아합니까?

## 나. 한국인의 정서에 대한 읽기

1. 다음 글을 읽고 질문에 답하십시오.

> 한국 문화를 경험한 외국인에게 가장 기억에 남는 것을 물으면 많은 사람이 한국인의 '정'에 대해 이야기한다. '정'은 한마디로 설명하기 힘들지만, ( ㉠ )이라고 할 수 있다. 한 외국인은 이렇게 말한다. "한국 사람들은 음식을 먹을 때에도 함께 나눠 먹을 뿐만 아니라, 다른 사람이 먹은 것까지 자기가 계산할 때가 있죠. 또, 제가 아플 때는 옆집 아주머니께서 약을 사다 주시고 죽까지 만들어 주셨어요. 처음에는 이 '정'문화 때문에 많이 놀랐지만, 지금은 ㉡익숙해졌어요. 이젠 과일을 살 때도 시장에 가요. 가격도 싼 데다가 꼭 한두 개씩 더 넣어 주시거든요. 따뜻한 '정'을 느낄 수 있어서 좋아요."

1) ㉠에 들어갈 내용으로 가장 알맞은 것을 고르십시오.

① 젊은 사람들의 우정　　② 남녀 간의 사랑과 이별
③ 직장에서 가져야 하는 책임감　　④ 다른 사람을 배려하는 따뜻한 마음

2) ㉡과 바꿔 쓸 수 있는 말을 고르십시오.

① 곤란해요.　　② 적응했어요.
③ 당황스러워요.　　④ 귀찮아졌어요.

2. 다음을 순서대로 배열한 것을 고르십시오.

> (가) 하지만 이웃끼리 함께 아이를 돌보거나 김장을 할 때도 서로 돕는 등 아직도 그 일부가 생활 곳곳에 남아있다.
> (나) 품앗이는 한국의 오래된 전통문화로, 힘든 일을 할 때 서로 도움을 주고받는 것을 말한다.
> (다) 이러한 품앗이 문화는 현대 사회에서 그 모습이 많이 사라졌다.
> (라) 우리 가족이 농사를 지을 때 옆집에서 도와주었다면, 도움을 받은 만큼 우리도 옆집의 일을 거들어 주는 것이다.

① (나)-(다)-(라)-(가)　　② (라)-(다)-(나)-(가)
③ (나)-(라)-(다)-(가)　　④ (라)-(나)-(다)-(가)

## 다. 첨가하기 표현

한국의 김치와 한국인의 정서, 고향의 음식과 고향 사람의 정서에 대해서 비교하려고 합니다. 덧붙여서 말하거나 쓰기 위해서 필요한 표현을 배워 봅시다. 그리고 예문을 만들어 봅시다.

1. V/A -(으)ㄹ 뿐만 아니라

예 집이 넓을 뿐만 아니라 교통도 편리하다.
사과는 맛있을 뿐만 아니라 건강에도 좋다.

2. V/A -(으)ㄴ/는 데다가

예 숙제가 많은 데다가 시험까지 있어서 아주 바쁘다.
수정이는 춤을 잘 추는 데다가 성격도 좋아서 친구들에게 인기가 많다.

3. V/A -(으)며

예 개는 주인을 잘 따르며 충성심이 강하다.
얼굴이 예쁘며 공부를 잘한다.

※ 배운 문법을 사용해서 아래의 문장을 완성해 봅시다.

예 가격이 싸다, 디자인이 예쁘다
⇒ 가격이 싼데다가 디자인이 예쁘다.

1. 형은 나보다 키가 더 크다, 힘도 더 세다
⇒ ___________________________

2. 그 연예인은 노래를 잘 부른다, 연기도 잘한다
⇒ ___________________________

3. 산에 가면 운동을 할 수 있다, 깨끗한 공기도 마실 수 있다
⇒ ___________________________

4. 휴가철에 여행을 가면 사람이 많다, 숙박비도 비싸다
⇒ ___________________________

## 라. 외국인이 생각하는 정 문화

※ 한국의 '정'문화를 경험한 적이 있습니까? 혹시 경험하지 못했다면, 한국 영화나 드라마에서 '정'을 느낄 수 있는 장면이 있었는지 생각해 봅시다.

예 시장에 가서 사과를 샀는데 아주머니가 외국인 학생이라고 싸게 주고 덤으로 몇 개를 더 주셨다. 한국에서 힘들 테니까 과일 먹으러 자주 오라고 하셨다. 이때 정말 정을 느낄 수 있었다.

※ 처음 '정'문화를 경험하거나 보고 들었을 때 어떤 느낌을 받았습니까? 여러분의 고향에도 비슷한 문화가 있습니까? 있다면, 비슷한 점이나 다른 점은 무엇입니까?

※ 위의 내용을 바탕으로 한국의 '정'에 대한 자신의 생각을 글로 써 봅시다. (앞에서 배운 첨가하기 표현을 사용해 봅시다)

# 관용어
# 한턱내다/눈에 불을 켜다 목이 빠지게 기다리다/입이 딱 벌어지다

## 문화 관점

문화 관점은 한국의 문화와 고향의 문화를 서로 비교해 보며 다양한 문화가 있다는 것을 이해하는 시간입니다. 먼저 한국인의 여가 활동에 대해 얼마나 알고 있는지 점검해 봅시다.

**활동지(1) 1과 - 문화 관점: 한국인의 여가 활동**

### 가. 한국인의 여가 활동, 어디까지 알고 있어요?

• 한국인의 여가 활동에 대한 내용으로 맞으면 O, 틀리면 X 하십시오.

| 번호 | 질문 (2018년 기준) | 우리 조 생각 | 정답 |
|---|---|---|---|
| 1 | 한국인들은 주말 여가 활동 시간으로 하루 평균 3시간 정도를 사용한다. | O / X | O / X |
| 2 | 한국인들이 주말에 하는 여가 활동으로 가장 많이 하는 것은 TV시청이다. | O / X | O / X |
| 3 | 한국인들은 여가 활동을 혼자 하는 것보다 여럿이 많이 한다. | O / X | O / X |
| 4 | 한국인들은 여가 활동 비용으로 월 평균 13만 원 정도를 사용한다. | O / X | O / X |
| 5 | 한국인의 여가 생활 중 가장 좋아하는 운동은 야구다. | O / X | O / X |
| 6 | 한국인들은 운동을 관람하는 활동보다 운동을 직접 참여하는 활동을 더 많이 한다. | O / X | O / X |
| 7 | 한국인이 하고 싶은 여가 활동 중 첫 번째는 여행이다. | O / X | O / X |
| 8 | 한국인들이 대체적으로 소극적인 여가 활동을 좋아하는 것은 피곤하기 때문이다. | O / X | O / X |
| 9 | 한국인들이 최근 여가 활동에 대한 관심이 많아지면서 여가 활동이 다양해지고 있다. | O / X | O / X |
| 10 | 한국인 20대가 가장 많이 하는 여가 활동은 게임이다. | O / X | O / X |
| | 우리 조는 정답을 몇 개 맞혔을까? | /10 | |

※ 함께 이야기해 봅시다.

• 한국인의 여가 활동에 대해 가장 많이 알고 있는 조는 어느 조입니까?

• 한국인의 여가 활동 중에 가장 좋아하는 것은 무엇입니까?

## 나. 여가 활동에 대한 읽기

1. ㉠에 들어갈 내용으로 가장 알맞은 것을 고르십시오.

여가 활동은 일이나 공부를 하지 않는 자유로운 시간에 할 수 있는 여러 가지 활동을 말한다. 여가 활동에는 독서, 음악 감상, 등산, 축구 등 다양한 활동이 있으며, 이를 통해 사람들은 스트레스를 풀거나 평소 배우고 싶었던 것을 배우면서 ( ㉠ ).

① 자신의 돈을 절약할 수 있다.
② 다양한 정보를 얻을 수 있다.
③ 삶의 만족도를 높일 수 있다.
④ 외모에 관심을 가질 수 있다.

2. 다음 글을 읽고 질문에 답하십시오.

OECD 국가 중 벨기에, 노르웨이, 그리스는 가장 많은 시간을 여가 활동에 보내는 국가에 속한다. ( ㉠ ) 그 중에서 1위는 벨기에가 차지했으며, 하루 평균 369분을 여가 활동에 쓰는 것으로 나타났다. 그렇다면 한국은 어떨까? ( ㉡ ) 한국인의 여가 활동은 1위가 텔레비전 보기, 2위와 3위가 인터넷과 게임으로 혼자서 하는 소극적인 활동을 선호하는 것으로 나타났다. ( ㉢ ) 대부분의 사람들은 좀 더 적극적으로 여가 생활을 즐기고 싶지만 여가 시간이나 비용이 부족해서 그러지 못한다고 답했다. ( ㉣ )

1) 이 글의 내용과 같은 것을 고르십시오.

① 벨기에 사람들은 하루 평균 6시간을 일한다.
② 한국인은 여가 시간을 대부분 친구와 함께 보낸다.
③ 많은 한국인이 여가 시간이 충분하지 않다고 생각한다.
④ 대부분의 OECD 국가에서 텔레비전 보기가 1위를 차지했다.

2) 다음 문장이 들어갈 곳으로 가장 적절한 것을 고르십시오.

한국은 17위로, 하루 291분을 여가 활동으로 보낸다는 결과가 나왔다.

① ㉠ ② ㉡ ③ ㉢ ④ ㉣

## 다. 분류할 때 쓰는 표현

기준에 따라서 나누어 설명하면 상대방이 잘 이해할 수 있습니다. 어떻게 표현하면 좋을지 배워 봅시다. 그리고 예문을 만들어 봅시다.

1. N은/는 A, B, C(으)로 나눌 수 있다.

   예 사계절은 봄, 여름, 가을, 겨울로 나눌 수 있다.

   재활용 쓰레기는 플라스틱, 종이, 유리, 캔으로 나눌 수 있다.

2. N에는 A, B, C이/가 있다.

   예 집에서 하는 여가 활동에는 텔레비전 보기, 그림 그리기, 독서 등이 있다.

   한국의 전통놀이에는 윷놀이, 널뛰기, 제기차기 등이 있다.

3. A, B, C은/는 N에 속한다.

   예 한국, 일본, 중국은 동아시아에 속한다.

   사과, 딸기, 귤은 과일에 속하고, 배추, 양파, 당근은 채소에 속한다.

※ 주어진 단어를 참고하여 배운 문법을 활용해 봅시다.

예 반려동물: 개, 고양이, 금붕어, 새 (N에는 A, B, C이/가 있다.)

⇒ 반려동물에는 개, 고양이, 금붕어, 새가 있다.

1. 한국의 교육과정: 초등학교, 중학교, 고등학교, 대학교

   (N은/는 A, B, C(으)로 나눌 수 있다.)

   ⇒ ______________________________

2. 스포츠: 야구, 축구, 골프, 테니스 (N에는 A, B, C이/가 있다.)

   ⇒ ______________________________

3. 악기: 피아노, 바이올린, 기타 (A, B, C은/는 N에 속한다.)

   ⇒ ______________________________

4. 집에서 할 수 있는 여가 활동: 텔레비전 보기, 독서, 음악 감상

   (A, B, C은/는 N에 속한다.)

   ⇒ ______________________________

## 라. 한국과 고향의 여가 활동

1. 여러분의 고향에서 인기 있는 여가 활동은 무엇입니까? 3가지 이상 써 봅시다.

2. 여러분은 어떤 여가 활동을 좋아합니까? 그 이유는 무엇입니까? 여가 활동을 어디에서 누구와 함께 하는 편입니까?

3. 여러분이 새로 시작하거나 배워보고 싶은 여가 활동에는 어떤 것이 있습니까?

4. 다음의 글을 참고하여 고향의 여가 활동을 소개해 봅시다. 인기 있는 여가 활동은 물론 자신이 좋아하는 여가 활동에 대해 써 보고 발표해 봅시다. (앞에서 배운 분류하기 표현을 사용합시다.)

보기

우리나라에서 인기 있는 여가 활동에는 스키, 테니스, 요가 등이 있다. 나는 운동이 될 뿐만 아니라 기분도 좋아지기 때문에 춤을 추는 것을 좋아한다. 나는 집에서 혼자 춤을 추거나, 가끔 친구들을 만나서 함께 연습하기도 한다. 그런데 최근 내가 배워 보고 싶은 여가 활동으로는 요리하기와 악기 연주하기가 있다.

Memo

# 08 관용어
# 주머니가 가볍다/주머니가 넉넉하다 귀가 얇다/보는 눈이 있다

## 문화 관점

문화 관점은 한국의 문화와 고향의 문화를 서로 비교해 보며 다양한 문화가 있다는 것을 이해하는 시간입니다. 먼저 한국 전통 시장에 대해 얼마나 알고 있는지 점검해 봅시다.

**활동지(1) 8장 - 문화 관점: 한국의 전통 시장**

### 가. 한국의 전통 시장, 어디까지 알고 있어요?

- 한국의 전통 시장에 대한 내용으로 맞으면 O, 틀리면 X 하십시오.

| 번호 | 질문 (2018년 기준) | 우리 조 생각 | 정답 |
|---|---|---|---|
| 1 | 남대문 시장에서 남대문의 옛날 이름은 숭례문이다. | O / X | O / X |
| 2 | 전통 시장 중 5일장은 5일 동안 시장이 열리는 것을 말한다. | O / X | O / X |
| 3 | 서울의 최대 전통 시장은 동대문 시장이다. | O / X | O / X |
| 4 | 전통 시장에서는 온누리 상품권을 현금처럼 사용할 수 있다. | O / X | O / X |
| 5 | 광장 시장에서 유명한 음식은 밀면과 돼지국밥이다. | O / X | O / X |
| 6 | 서울의 통인 시장은 통인 시장에서만 사용하는 엽전을 이용해서 도시락을 먹을 수 있다. | O / X | O / X |
| 7 | 동대문 시장은 한국의 패션 관광 지역으로도 유명하다. | O / X | O / X |
| 8 | 제주도에는 서귀포 올레 시장과 국제 시장이 유명하다. | O / X | O / X |
| 9 | 노량진 수산물도매시장에서는 신선한 소고기와 돼지고기를 판다. | O / X | O / X |
| 10 | 전국에 있는 전통 시장을 찾으려면 '전통시장 통통'이라는 홈페이지를 찾으면 된다. | O / X | O / X |
| | 우리 조는 정답을 몇 개 맞혔을까? | /10 | |

※ 함께 이야기해 봅시다.

- 한국의 전통 시장에 대해 가장 많이 알고 있는 조는 어느 조입니까?
- 한국의 전통 시장 중에 가장 좋아하는 곳은 어디입니까?

## 나. 세계의 전통 시장

※ 세계에는 다양한 전통 시장이 있습니다. 베트남에는 물 위에 있는 수상 시장도 있고, 두바이에는 금을 파는 시장도 있습니다. 태국에는 기찻길에 있는 시장도 있고, 캄보디아에는 거미를 파는 시장도 있다고 합니다. 여러분은 어느 시장에 가 보고 싶습니까? 여러분이 가 본 시장 중에 가장 재미있는 시장은 어디였습니까?

1. 여러분은 어느 시장에 가 보고 싶습니까?

→ ______________________________

2. 여러분이 가 본 시장 중에 가장 재미있는 시장은 어디였습니까?

→ ______________________________

3. 여러분이 시장을 만든다면, 어떤 시장을 만들어 보고 싶습니까?
   친구들과 이야기해 보고, 재미있을 것 같은 시장을 써 봅시다.

→ ______________________________

______________________________

## 다. 열거하기 표현

유명 장소, 전통 시장 여러 곳을 설명하려고 합니다. 그러기 위해서는 열거하기 표현을 배우면 좋습니다. 그리고 아래와 같이 예문을 만들어 봅시다.

1) 첫째, 둘째, ... 마지막으로

2) 우선(먼저), 또한, 그 다음으로

3) 첫 번째, 두 번째, 그리고

예 한국어를 잘하기 위해서는 우선 한국어를 듣거나 말할 기회가 많아야 한다. 한국 친구가 많거나 한국어 교실에서 적극적으로 말하는 학생이 한국어를 더 잘하는 것은 당연한 일이다. 한국 드라마나 뉴스를 듣는 것 또한 도움이 된다. 특히 드라마를 듣고 따라 하면 자연스럽게 억양을 배울 수 있어서 좋다. 그리고 수업 시간에 배운 내용을 복습하는 것도 중요하다. 학교 시험이나 숙제를 귀찮다고 생각하지 말고 복습할 수 있는 기회로 생각해 보자. 마지막으로 한국 문화에 대한 이해도 필요하다. 언어는 문화를 나타낸다. 한국 문화에 대한 이해가 없으면 한국 사람들과 한국어로 적절하게 의사소통할 수 없다. 열린 마음으로 한국 문화를 이해해 보려고 할 때 한국어를 더 잘할 수 있게 될 것이다.

※ 위 표현을 써서, 아래의 질문에 대답해 봅시다.

1. 한국으로 유학을 가기 전에 무엇을 준비해야 합니까? 여러분의 생각을 써 봅시다.

집을 구하다, 비자를 받다, 건강 검진을 하다, 한글을 배우다,

학교 수업을 등록하다, 필요한 약을 사다...

→ ____________________

____________________

____________________

____________________

## 활동지(4) 8장 - 문화 관점: 고향의 전통 시장

### 라. 고향의 전통 시장 소개

※ 고향의 시장에 대해서 이야기해 봅시다. 여러분의 고향에서는 어떤 시장이 가장 유명합니까? 그 시장에서는 무엇을 팝니까? 친구와 이야기해 봅시다.

| 고향 | 시장 이름 | 파는 것 |
|---|---|---|
| 예 한국 | 남대문 시장 | 옷, 신발, 그릇, 꽃, 안경, 음식(호떡, 갈치, 칼국수 등)... |
| | | |
| | | |
| | | |

※ 고향의 시장을 하나 골라서 친구들에게 소개해 봅시다. 아래에 발표문을 쓰고, 친구들 앞에서 발표해 봅시다.

**발표문에 꼭 들어가야 하는 것**

- 시장의 이름과 위치
- 그 시장에서 유명한 물건, 유명해진 이유
- 그 시장에서 파는 다양한 물건 소개('열거하기' 표현 사용)

# 관용어
# 발목을 잡다/발목을 잡히다
# 밥 먹듯 하다/눈 깜짝 할 사이

## 문화 관점

문화 관점은 한국의 문화와 고향의 문화를 서로 비교해 보며 다양한 문화가 있다는 것을 이해하는 시간입니다. 먼저 한국의 교육 문화에 대해 얼마나 알고 있는지 점검해 봅시다.

**활동지(1) 9장 - 문화 관점: 한국의 교육 제도**

### 가. 한국의 교육 제도, 얼마나 알고 있어요?

- 한국의 교육 제도의 내용으로 맞으면 O, 틀리면 X 하십시오.

| 번호 | 질문 | 우리 조 생각 | 정답 |
|---|---|---|---|
| 1 | 4월과 10월에 학기가 시작된다. | O / X | O / X |
| 2 | 봄 방학, 여름 방학, 가을 방학, 겨울 방학이 있다. | O / X | O / X |
| 3 | 초등학교 6년, 중학교 3년, 고등학교 3년이다. | O / X | O / X |
| 4 | 초등학교 6년과 중학교 3년은 누구나 꼭 다녀야 한다. | O / X | O / X |
| 5 | 보통 한국 나이로 8살에 초등학교를 입학한다. | O / X | O / X |
| 6 | 초등학교에서 수영은 필수 과목이다. | O / X | O / X |
| 7 | 초등학교~고등학교는 모두 1년에 4학기이다. | O / X | O / X |
| 8 | 월요일부터 토요일까지 학교를 간다. | O / X | O / X |
| 9 | 초등학교 때부터 학교에서 영어를 배운다. | O / X | O / X |
| 10 | 초등학교에서는 학생에게 점심 식사를 무료로 준다. | O / X | O / X |
| 11 | 보통 중학교까지 교복이 없고, 고등학생은 교복을 입는다. | O / X | O / X |
| 12 | 초, 중, 고등학교 졸업식은 보통 3월이다. | O / X | O / X |
| | 우리 조는 정답을 몇 개 맞혔을까? | /12 | |

※ 여러분은 어떻게 한국의 교육 제도를 알게 되었습니까?

정답을 많이 맞힌 조의 친구들은 어떻게 한국의 교육 제도를 알게 되었다고 합니까?

친구들에게 물어 봅시다.

⇒ ______________________________

______________________________

※ 한국의 교육 제도 중에서 가장 인상 깊은 것은 무엇입니까? 이야기해 봅시다.

1) 한국의 교육 제도 중에서 인상 깊은 것

⇒ ______________________________

______________________________

2) 인상 깊은 이유

⇒ ______________________________

______________________________

※ 여러분 고향의 교육 제도와 비교해서 이야기해 봅시다.

| 고향의 교육 제도 |
| --- |
| 예 점심 식사는 집에서 도시락을 가지고 와서 먹는다.<br>•<br>• |

| 한국의 교육 제도 |
| --- |
| 예 초등학교와 중학교는 점심 식사가 무료다.<br>•<br>• |

※ 여러분의 고향과 가장 비슷한 교육 제도가 있는 곳은 어디입니까?

또, 여러분의 고향과 교육 제도가 가장 다른 곳은 어디입니까?

| 1. 비슷한 곳<br>2. 무엇이 비슷합니까? | 1. 다른 곳<br>2. 무엇이 다릅니까? |
| --- | --- |
| | |

## 나. 한국의 교육 제도

1. 다음 글을 읽고 질문에 답하십시오.

한국교육개발원의 교육통계서비스에 따르면 2018년 한국의 대학진학률은 69.7%로 이번에도 OECD 국가 중 1위를 차지했다. 하지만 2016년에 실시된 설문조사 결과 대학생 36%가 '취업 등의 이유로 대학 졸업장이 필요해서' 대학에 왔다고 답했다. 고등학교 졸업생 10명 중 7명이 대학에 입학하고 있지만 정작 대학은 학문의 탐구라는 본래의 목적을 잃어가고 있는 것이다. 취업이나 사회적 성공을 위해 필요한 기능이나 자격을 갖추려고 대학으로 향하는 현실이다. 가고 싶은 사람이 '선택'해서 진학해야 하는 대학 교육은 현실적으로는 먹고 살기 위한 '필수' 요소가 됐다. 그렇다면 꼭 대학을 졸업해야 제대로 된 인생을 사는 것일까?

1) 필자의 태도로 가장 알맞은 것을 고르십시오.

① 좋은 대학에 못 갈 것 같아서 우려하고 있다.

② 한국의 높은 대학진학률을 자랑스럽게 생각한다.

③ 공부를 위해서 대학에 꼭 가야한다고 주장하고 있다.

④ 취업을 위한 대학 진학이 옳은지 의문을 제기하고 있다.

2) 이 글의 다음에 올 내용으로 적절한 것을 고르십시오.

① 한국의 대학진학률이 세계적으로 높은 이유

② 학문을 위해 대학에 진학하는 것이 옳은 이유

③ 대학을 졸업하지 않고 성공한 사람들의 이야기

④ 취업 때문에 졸업장이 필요했던 사람들의 이야기

2. 여러분은 대학에 꼭 진학해야 한다고 생각합니까? 아니면 진학하지 않아도 된다고 생각합니까? 그 이유는 무엇입니까? 아래 표에 적고 친구와 이야기해 봅시다.

| 꼭 가야 하는 이유 | 가지 않아도 되는 이유 |
|---|---|
| 예 좋은 직장에 취업할 수 있다.<br>•<br>•<br>• | 예 등록금에 비해서 얻는 게 없다.<br>•<br>•<br>• |

## 다. 토론할 때 쓰는 표현

자신의 의견과 생각을 주장하고 싶을 때 사용하는 표현입니다. 아래의 내용을 잘 보고 예문을 만들어 봅시다.

1. V/A –아/어야 하다

예 대학교는 공부를 하고 싶은 사람들만 가야 합니다.

학생들도 자유롭게 옷을 입을 수 있어야 한다.

2. N 이/가 필요하다

예 쓰레기 문제에 대한 관심이 필요하다.

사회에 나가서 적응할 수 있게 학교에서도 경쟁이 필요합니다.

3. V/A –(으)ㄹ 필요가 있다

예 담배를 피우지 않는 사람들의 의견도 들어 볼 필요가 있습니다.

교실에도 CCTV를 설치할 필요가 있다.

3. V/A –(으)ㄴ/(느)ㄴ다고 생각하다

예 학생들도 늦은 밤까지 자유롭게 게임을 할 수 있다고 생각합니다.

대학을 위한 공부보다 생활에 필요한 지식을 쌓아야 한다고 생각한다.

※ 위 표현을 써서, 자신의 생각을 짧게 써 봅시다.

예 ① 대학을 가야 할까?

⇒ 저는 공부 하지 않을 사람은 대학에 가지 않아도 된다고 생각합니다.

예 ② 대학을 가야 할까?

⇒ 더 많은 기회를 얻기 위해서는 대학에 갈 필요가 있습니다.

1) 학생들에게 교복이 필요할까?

⇒ ______________________________

______________________________

2) 국가에서 무상 교육을 어느 과정까지 제공하는 것이 좋을까?

⇒ ______________________________

______________________________

## 활동지(4) 9장 - 문화 관점: 조기 외국어 교육, 필요할까?

*조기 외국어 교육: 10살 이하의 아이에게 외국어를 교육하는 것

### 라. 조기 외국어 교육에 대한 찬성과 반대

※ 다음은 "조기 외국어 교육"에 대한 안건입니다. 토론을 준비해 봅시다.

〈안건〉 **외국어 교육은 초등학교 이전에 시작하는 게 좋다.**

1. 위 안건에 대해서 찬성합니까? 반대합니까? [ 찬성 / 반대 ]
2. 찬성 또는 반대하는 이유에 대해 써 봅시다.

| [ 찬성 / 반대 ] 이유 |
| --- |
| 예 (찬성) 초등학교 이전에 배우면 외국어를 더 쉽게 배울 수 있다.<br>•<br>•<br>•<br>• |

3. 나와 의견이 다른 친구들은 어떠한 이유 때문에 그렇게 생각하는지 생각해 봅시다. 여러분이 '찬성'이면 '반대'하는 친구들의 이유에 대해서, 여러분이 '반대'라면 '찬성'하는 친구들의 이유에 대해서 생각해 봅시다.

| [ 찬성 / 반대 ] 이유 |
| --- |
| 예 (반대) 초등학교 이전에 외국어를 배우면 모국어를 잘 사용하지 못할 것이다.<br>•<br>•<br>•<br>• |

4. 여러분은 3번의 생각에 대해서 아니라고 생각할 때 그 이유를 말해야 합니다. 그 이유는 무엇입니까?

| 반박 근거 |
| --- |
| 예 (반대에 대한 반대) 한국의 경우 외국어를 빨리 배우더라도 한국어 사용이 더 많다. 따라서 외국어를 배우는 것이 한국어 사용에 큰 영향을 주지 않는다고 생각한다.<br>•<br>•<br>• |

5. 토론 후, 생각이 바뀌었습니까? 안건에 대해 어떻게 생각합니까? [ 찬성 / 반대 ]

# 10 속담 **소귀에 경 읽기**
# 관용어 **신경을 쓰다/입만 아프다/피부로 느끼다**

## 문화 관점

문화 관점은 한국의 문화와 고향의 문화를 서로 비교해 보며 다양한 문화가 있다는 것을 이해하는 시간입니다. 먼저 한국의 환경 정책에 대해 얼마나 알고 있는지 점검해 봅시다.

**활동지(1) 10장 - 문화 관점 : 한국의 환경 정책**

### 가. 한국의 환경 정책, 어디까지 알고 있어요?

- 한국의 환경 정책의 내용으로 맞으면 O, 틀리면 X 하십시오.
- 인터넷은 찾지 말고, 조별로 논의해서 O, X를 표시해 보십시오.

| 번호 | 질문 | 우리 조 생각 | 정답 |
|---|---|---|---|
| 1 | 미세먼지와 황사는 같은 말이다. | O / X | O / X |
| 2 | 미세먼지의 농도는 여름과 가을에 높다. | O / X | O / X |
| 3 | 미세먼지는 요리를 할 때도 발생한다. | O / X | O / X |
| 4 | 미세먼지가 심하면 차량 2부제를 시행한다. | O / X | O / X |
| 5 | 하이브리드차, 전기차, 수소차를 친환경 자동차라고 한다. | O / X | O / X |
| 6 | 친환경 자동차는 세금 할인만 혜택을 받는다. | O / X | O / X |
| 7 | 승용차 요일제는 주말에 차를 운전하지 않는 것이다. | O / X | O / X |
| 8 | 식당에서 1회용품을 사용하면 벌금을 내야 한다. | O / X | O / X |
| 9 | 커피 전문점 실내에서 1회용 컵을 사용할 수 있다. | O / X | O / X |
| 10 | 공공기관의 여름 실내 온도는 28도를 유지해야 한다. | O / X | O / X |
| 11 | 쓰레기 종량제는 1995년부터 시작했다. | O / X | O / X |
| 12 | 폐가전제품은 전화하면 무료 수거를 한다. | O / X | O / X |
| | 우리 조는 정답을 몇 개 맞혔을까? | /12 | |

※ 한국의 환경 정책 중에 가장 인상 깊은 것은 무엇입니까? 이야기해 보십시오.

## 나. 쓰레기 분리 배출에 대한 읽기

1. 다음 글을 읽고 질문에 답하십시오.

**음식물 쓰레기 분리 배출 안내**

- 1월1일부터 음식물 쓰레기는 음식물 쓰레기봉투에 넣어서 버려야 합니다.
- 음식물 쓰레기와 일반 쓰레기가 섞이지 않도록 분리 배출해야 합니다.
- 동물이 소화할 수 없는 것은 음식물 쓰레기가 아닙니다.
- 육류 및 생선 뼈, 티백 등 차 찌꺼기, 복숭아 등 큰 과일 씨앗, 알 껍질, 갑각류 껍데기, 밤 등 단단한 껍질은 일반 쓰레기와 함께 버려야 합니다.
- 음식물 쓰레기는 화요일과 목요일에 따로 내 놓으시기 바랍니다.

1) 다음 중 음식물 쓰레기봉투에 넣을 수 있는 것은 무엇입니까?

① 소 뼈　　② 달걀 껍질
③ 수박 껍질　　④ 조개 껍데기

2) 이 글의 내용과 다른 것을 고르십시오.

① 음식물 쓰레기는 화요일과 목요일에 버려야 한다.
② 음식물 쓰레기는 동물이 먹을 수 있는 것이어야 한다.
③ 음식물 쓰레기에는 옥수수 껍질과 달걀 껍질이 포함되지 않는다.
④ 음식물 쓰레기와 일반 쓰레기는 같이 쓰레기봉투에 넣어서 버려도 된다.

2. 다음 글에서 포함하지 않는 내용은 어떤 것입니까?

요즘 버리는 물건을 단순히 재활용하지 않고 '새활용'을 한다고 한다. '새활용'이란, 못 쓰는 물건을 완전히 새로운 것으로 만들어 다시 활용하는 것을 말한다. 예를 들어 버려진 종이를 모아서 또다시 종이로 만든다면 그것은 재활용이라고 할 수 있지만, 가구나 지갑과 같이 완전히 다른 것으로 만든다면 새활용을 했다고 할 수 있다. 새활용을 통해 예술작품을 만들거나 생활에 필요한 물건을 만들어 판매하면 환경을 보호할 수 있을 뿐만 아니라, 버려지는 물건에 새로운 가치를 주어 경제적인 효과를 볼 수 있다.

① 새활용의 의미　② 새활용의 단점　③ 새활용의 장점　④ 새활용과 재활용의 차이점

## 다. 그래프 설명하기

읽기를 잘 하려면 그래프나 표도 잘 읽어야 합니다. 인터넷에서 관심 있는 그래프를 찾고 어떤 그래프인지 짧게 설명해 봅시다.

예 쓰레기 분리 배출이 귀찮은지를 묻는 조사 결과, '귀찮지 않다'는 의견이 42.2%로 가장 높았다. '전혀 귀찮지 않다'는 의견도 23.1%이어서 응답자 대부분은 분리 배출이 귀찮지 않다고 생각했다. 반면 분리배출이 귀찮다고 생각하는 비율은 '매우 귀찮다'와 '귀찮다'를 포함하여 11.6%를 차지했다.

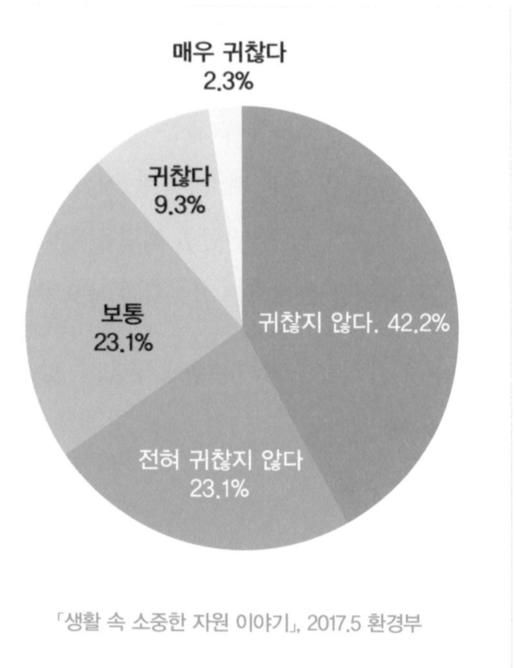


「생활 속 소중한 자원 이야기」, 2017.5 환경부

※아래 그래프를 보고 어떤 그래프인지 설명해 봅시다.

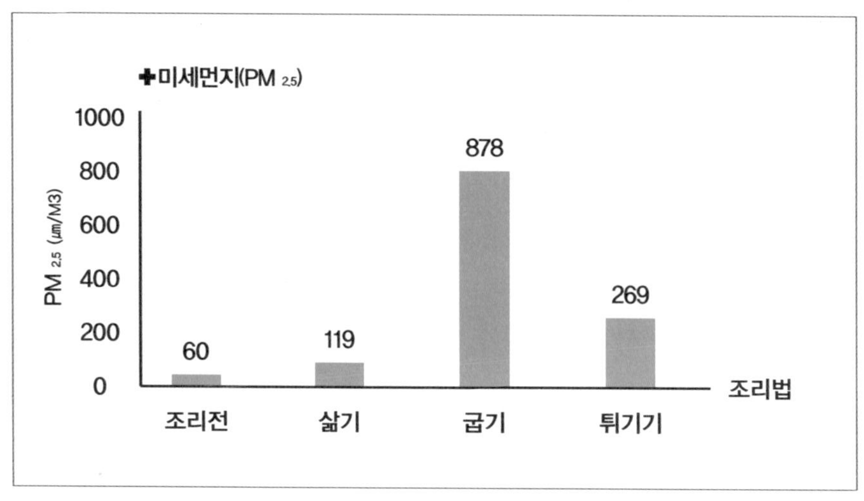

※ 인터넷에서 환경과 관련이 있는 그래프나 표를 찾아봅시다. 어떤 그래프와 표를 찾았습니까?

## 라. 한국과 고향의 쓰레기 처리와 환경 보호

1. 한국은 쓰레기 처리를 어떻게 하고 있을까요? 인터넷 등에서 찾아보고 한국인에게 한국에서 쓰레기 처리를 잘 하고 있다고 생각하는지 인터뷰해 봅시다.

예 한국에서는 생활 쓰레기의 59%가 재활용된다고 한다. 나머지 쓰레기 중 25%는 불에 태우고(소각) 16%는 땅에 묻는다고 한다. (매립)

인터뷰: 한국에서 쓰레기 처리를 잘하고 있다고 생각합니까?

→

2. 고향에서는 쓰레기 처리를 어떻게 하고 있을까요? 인터넷 등에서 찾아보고 고향 사람에게 쓰레기 처리에 대해서 인터뷰를 해 봅시다.

인터뷰: 고향에서 쓰레기 처리를 잘하고 있다고 생각합니까?

→

3. 인터뷰한 결과 한국과 고향 중 어느 곳이 쓰레기 처리를 잘한다고 생각합니까? 쓰레기 처리 방법에 대해 자료를 비교해 보고 그래프나 표로 만들어 봅시다. 그리고 그래프나 표를 간단히 설명해 봅시다.

# 부 록

1 해설사 전사 자료

2 3장 PPT 자료 예

3 활동지 모범 답안

## 3장. 국립한글박물관 해설사의 해설

이 글은 해설사의 설명을 전사한 것입니다.

국립한글박물관에 오신 것을 환영합니다. 국립한글박물관은 한글의 가치와 역사를 세상에 널리 알리기 위해 2014년 10월 9일 한글날에 처음 문을 열었습니다. 자, 그래서 올해 4년 정도밖에 안 된 신생박물관이랍니다. 그리고 이 사진은 국립한글박물관의 정면 모습인데요. 지붕이 위로 살짝 올라와 있죠? 이 모습은 우리나라 전통 한옥의 추녀의 모습을 현대적인 감각으로 재해석한 것입니다. 박물관 건축물은 여기 다시 보시면, 하늘의 켜 땅의 켜 사람의 켜를 층층이 쌓아 올려서 훈민정음 모음이 만들어진 원리인 하늘, 땅, 사람을 구성한 건축물입니다.

자, 그리고 이곳은 2층이고요. 상설전시실 앞인데 상설전시는 제목이 있어요. 보시는 대로 '한글이 걸어온 길'이라고 해서 훈민정음이 어떻게 창제되어서 어떻게 널리 퍼졌고, 오늘날 어떤 모습을 하고 있는지 역사적인 인물들과 함께 살펴보는 그런 전시실입니다.

자, 안으로 들어가서 훈민정음은 누가 만들었는지 먼저 볼게요. 역사적인 기록이 있습니다. 조선왕조실록이라고 되어 있고요. 세종 25년 12월 30일 자 기록입니다. 12월 30일 자 기록이란 말은 12월에 있었던 모든 사건을 적어서 말일 날 정리한 거예요. 아무튼 12월에 일어났던 일입니다. 12월 이달의 모든 사람의 꼭대기인 사람이 누구일까요? 어떤 왕이시죠? 네, 세종대왕입니다. 여기에 이렇게 적혀 있습니다. '세종대왕님이 언문 28자를 친히 지으셨다. 이를 훈민정음이라 부른다.' 이와 같이 훈민정음이 언제 만들어졌고 누가 만들었는지 역사적인 기록이 남아 있습니다. 안으로 조금 들어갈게요.

자, 세종대왕이 훈민정음 28자를 만들었다고 했어요. 그중에서도 기본글자는 5자(ㄱ,ㄴ,ㅁ,ㅅ,ㅇ)예요. 이 기본글자 5개는 전부 다 사람의 입 안의 모습을 그림으로 그려 넣었습니다. 발음하는 기관이나 발음하는 모양을 본떴기 때문인데요. 정말 그런지 'ㅡ'를 붙여서 읽어 보도록 할게요. 'ㄱ' 아래에 'ㅡ'를 붙이면? '그'죠? 그렇게 소리를 낸 다음에 멈춰서 입 안의 혀가 어떻게 됐나 떠올려 보세요. 이렇게 기본글자 5자를 먼저 만들었습니다. 그러나 5개는 너무 적었어요. 이것만 가지고는 우리가 말하는 것을 정확하게 들을 수가 없어서 획을 하나씩 더 붙여서 글자를 만들었습니다. ㄱ에 가획을 하면 ㄲ 이런 식으로 글자를 더 만들었습니다. 자, 이렇게 세종대왕은 17개의 자음을 만들었지만 꼭지가 달린 이응, 반치음, 여린히읗은 사라져서 지금은 14개의 자음만 남아 있습니다. 자 모음인데요. 모음은 간단하게 3개에요. 아까 자음은 발음 기관을 흉내 냈어요. 그러나 모음은 우주가 담겨 있습니다. 동그란 하늘을 본뜬 '·', 평평한 땅을 나타낸 'ㅡ', 서 있는 사람을 나타낸 'ㅣ'입니다. 이렇게 모음에는 천지인이 들어가 있는데 이것은 어느 위치에 놓느냐에 따라 변형이 됩니다. 서 있는 사람 'ㅣ'에 '·'를 오른쪽으로 두 번 찍으면 '야'가 되고, 왼쪽으로 두 번 찍으면 '여'가 됩니다. 자, '·'을 어디에 찍느냐가 중요할까요? 중요해요. 어감의 차이가 현격하게 달라집니다. 바깥쪽이나 오른쪽 위에 찍으면 '깡총깡총'에서 보는 것처럼 양성모음이라는 작고, 맑고, 귀여운 소리가 납니다. 그러나 안쪽이나 아래쪽에 찍으면 '껑충껑충'에서 보는 것처럼 음성모음이라는 어둡고 크고 무거운 느낌을 나타냅니다. 그래서 어감의 차이가 생깁니다. 이 중에서 하늘을 나타내는 '·'는 공식적으로 1933년 한글 맞춤법 통일안 때 사라지게 됩니다. 그래서 세종대왕이 만든 11개의 모음 중에서 지금 10개만 남아 있습니다. 이 모든 것들은 모두 훈민정음 해례본 안에 들어가 있는 설명을 정리한 거예요. 우리 광화문에 세종대왕 동상이 있죠? 세종대왕 동상을 보면 세종대왕의 왼손에 책이 있습니다. 그 책의 내용이 바로 훈민정음이 어떻게 만들어져 있는지 쓰여 있는 훈민정음 해례본이랍니다. 자, 이렇게 우리는 세종대왕이 만든 훈민정음 28자가 어떻게 만들어졌지 알아봤습니다. 1부 끝. (이하중략)

## 3장. PPT 자료 예

**3과. 가는 말이 고와야 오는 말이 곱다.**
**말꼬리를 잡다.**

학습목표

말과 관련된 한국의 속담과 관용어를 이해하고,
상황에 따라 말할 수 있다.

다음과 같은 상황에서 어떻게 말할 거예요?

옆집 사람

저기요! 음악 좀 꺼요. 시끄러워 죽겠어요. 생각이 있어요?
당신 때문에 우리 집 아기가 깼잖아요!

나

?

상황1.

옆집 사람

죄송합니다만 음악 소리가 너무 크게 들리네요.
아기가 지금 자고 있으니까, 조금만 조용히 해주실 수 있으세요?

나

?

상황2.

율리아: 휘엔 씨! 저는 지난주 토요일에 한글 박물관에 갔었어요.
휘엔: 한글 박물관이요? 그럼 한글을 만든 사람 알아요?
율리아: 당연하죠! 쎄총대왕님이잖아요.
휘엔: 율리아 씨! 쎄총대왕님이 아니라 세.종.대.왕.님 이에요!
율리아: 네... 한국어 발음 아직도 어려워요. 한국어를 더 열찌미 콩부해야 겠어요.
휘엔: 율리아 씨! '열찌미 콩부해야 겠어요.'가 아니라 '열심히 공부해야 겠어요.' 이에요.
율리아: 휘엔 씨... 더 이상 말꼬리 잡지 마세요!
휘엔: 한글 박물관에서 말꼬리 잡기 게임도 있었어요? 재미있었겠다.
율리아: 휘엔 씨! 그 말이 아니라... 에휴... 휘엔 씨는 모르는 게 너무 많아요.

대화.

휘엔: 율리아 씨보다는 많이 알걸요, 내가 한국어 발음이 더 좋잖아요!
율리아: 한국어 발음이 좋으면 뭐해요? 한국어 속담도 잘 모르잖아요!
휘엔: 뭐라고요?? 지금 나를 무시하는 거예요?
율리아: 가는 말이 고와야 오는 말이 곱지요!
휘엔: 율리아 씨는 속담을 많이 안다고 너무 잘난 체해요.
율리아: 휘엔 씨도 속담 공부 열찌미 하세요. 열!찌!미!
휘엔: 하하, 열찌미가 아니라 열심히 라니깐요.
율리아: 일부러 그런 거예요.
휘엔: 지난번에도 열찌미 라고 했잖아요.
율리아: 알겠어요. 우리 이제 그만 해요.

대화.

말 꼬리?

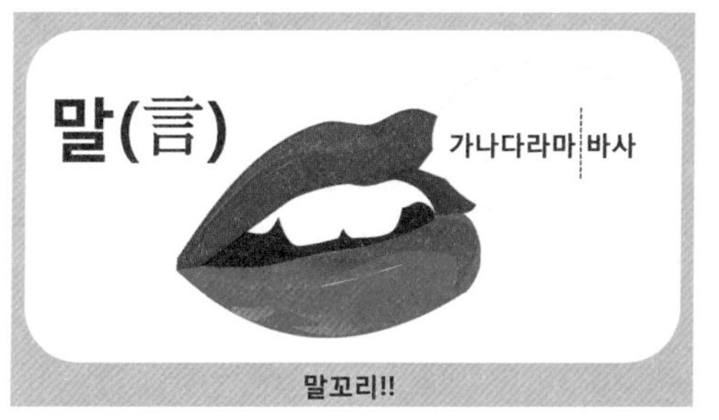

말꼬리!!

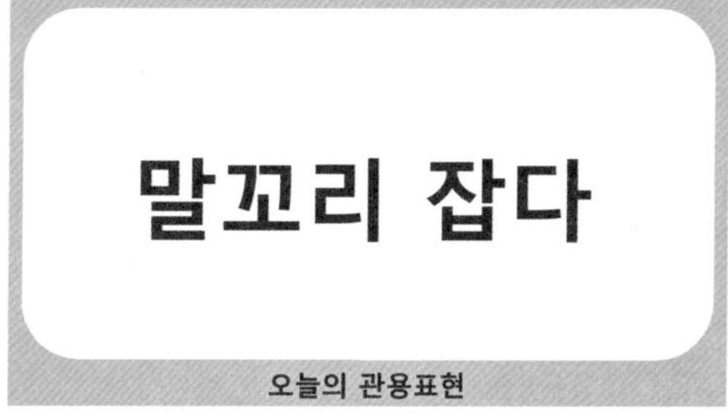

오늘의 관용표현

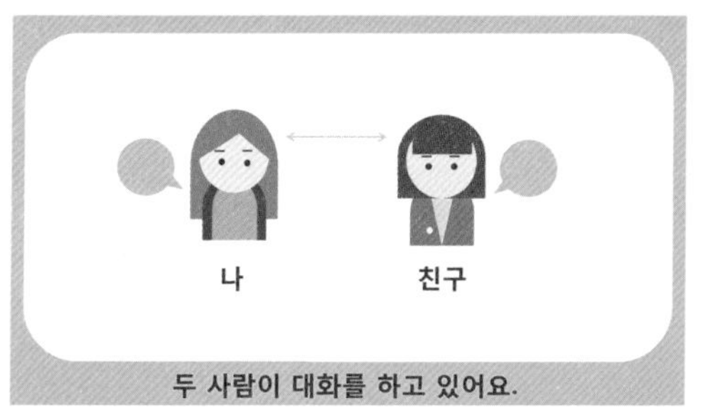

두 사람이 대화를 하고 있어요.

가는 말.

오는 말.

곱다.

곱- + -아 = 고와

가는 말이 고와야 오는 말도 곱다

오늘의 속담.

<어휘 확인하기>

※ 다음에서 알맞은 것을 찾아서 문장을 완성하십시오.

| 무시하다 | 잘난 체하다 | 곱다 |
|---|---|---|

1) 철수는 자기 집에 돈이 많다고 항상 ______________ .
2) 그 아이는 마음씨가 아주 ______________ .
3) 형은 내가 하는 말은 듣지 않고 항상 ______________ .

활동지(1)

<내용 이해하기>>

※ 본문의 내용과 같으면 O, 다르면 X 하십시오.

1) 율리아 씨는 지난주 토요일에 한글 박물관에 갔다. ( O / X )
2) 율리아 씨는 세종대왕님을 모른다. ( O / X )
3) 한글 박물관에는 말꼬리 잡기 게임이 있다. ( O / X )
4) 율리아 씨는 휘엔 씨의 말 때문에 기분이 나쁘다. ( O / X )

활동지(1)

<관용어/속담 이해하기>

※ 다음에서 알맞은 것을 찾아서 빈칸을 완성하십시오.

| 가는 말이 고와야 오는 말도 곱다 | 말꼬리를 잡다 |
|---|---|

1) 친구가 계속해서 저의 ________________. 그래서 친구와 계속 싸웠어요.
2) 길에서 어떤 사람하고 세게 부딪쳤어요. 그런데 제가 먼저 죄송하다고 말했더니 상대방도 죄송하다고 말했어요. 역시 ________________.

활동지(1)

## 활동지(2)

속담을 보고 어떤 뜻일지 생각해 보고, 친구와 이야기해 봅시다.

발 없는 말이 천 리 간다.
* 천 리: 매우 먼 거리를 말해요.
발이 없다?
활동지(2)

입이 열 개라도 할 말이 없다.
X 10개 =
활동지(2)


## 활동지(3)

다음 속담을 가지고, 이야기를 <보기>처럼 만들어 봅시다.

[속담] 가는 말이 고와야 오는 말이 곱다.

<보기>

가: 아까 웬디 씨에게 왜 화를 냈어요?

나: 가는 말이 고와야 오는 말이 곱다고 나도 처음엔 좋게 말하려고 했어요. 그런데 휘엔 씨가 먼저 기분 나쁘게 말했어요.

활동지(3)

[속담] 발 없는 말이 천 리 간다.
가: 흐엉 씨, 다른 사람들도 그 이야기 다 알던데요?
나: ________________.
가: 휴, 발 없는 말이 천 리 간다고 하잖아요.
활동지 3.

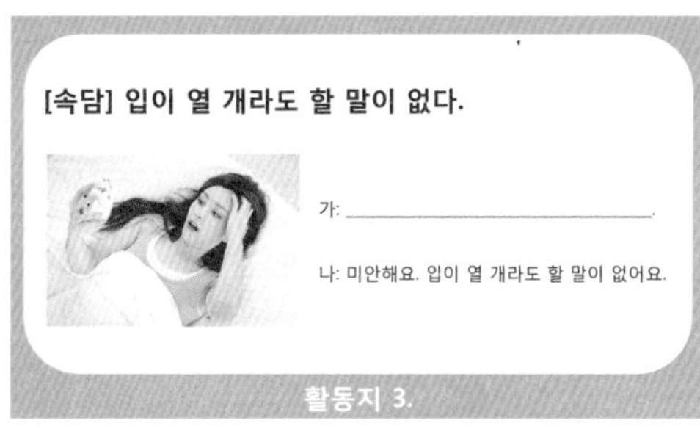
[속담] 입이 열 개라도 할 말이 없다.
가: ________________.
나: 미안해요. 입이 열 개라도 할 말이 없어요.
활동지 3.

국제한국어교육자협회

# 활동지 모범 답안

## 1장. 문화 관점 – 활동지(1)

| 번호 | 질문 | 정답 |
|---|---|---|
| 1 | 한국에서는 여름에 김장을 한다. | X |
| 2 | 김치의 종류는 하나다. | X |
| 3 | 한국에서는 식사할 때 어린 아이가 먼저 먹는다. | X |
| 4 | 수저란 숟가락을 의미한다. | X |
| 5 | 한국인은 쌀밥만 먹는다. | X |
| 6 | 한국인은 생일에 미역국을 먹는다. | O |
| 7 | 한국인은 시험 볼 때 미역국을 먹는다. | X |
| 8 | 비빔밥이란 밥에 나물, 고기 등을 넣어 비빈 밥이다. | O |
| 9 | 떡은 밀가루를 이용하여 만든 음식이다. | X |
| 10 | 오곡밥은 5가지 곡식을 넣어 지은 밥이다. | O |

## 1장. 문화 관점 – 활동지(2)

**1.** ③

**2.** ④

**3.** 1) 추석에 가족들이 송편이나 월병을 먹으면서 가족의 건강과 행복을 빈다는 점에서 비슷하다.

2) 송편은 찌는 음식인 반면에 월병은 굽거나 튀긴 음식이라는 점에서 다르다.

## 2장. 문화체험

**2.**

| 유럽연합 | €<br>**(유로)** | 영국 | £<br>**(파운드)** | 러시아 | py6<br>**(루블)** |
|---|---|---|---|---|---|
| 말레이시아 | RM<br>**(링깃)** | 베트남 | ₫<br>**(동)** | 일본 | ¥<br>**(엔)** |
| 중국 | ¥<br>**(위안)** | 인도 | Rs<br>**(루피)** | 호주 | $<br>**(달러)** |

**3.**

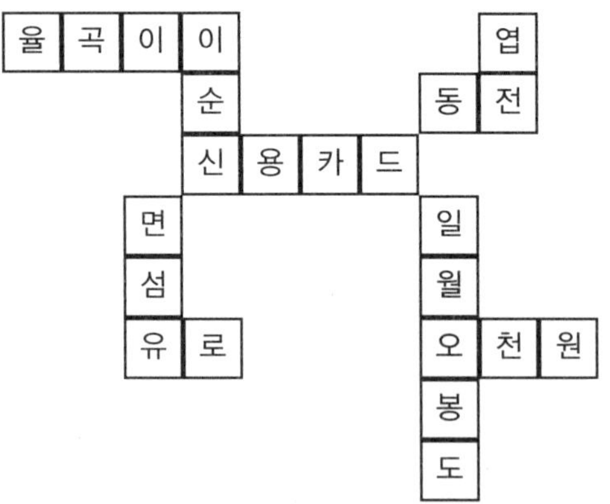


**4.** 화폐를 빛에 비추어 보면 인물의 숨은 그림이 보인다. 화폐를 기울여 보면 각도에 따라서 한국지도, 태극무늬, 4괘가 번갈아 나타난다. 화폐를 만져 보면 볼록한 감촉을 느낄 수 있다.

## 2장. 문화 관점 – 활동지(2)

**1.** 1) ④ 2) ④ 3) ③

## 3장. 문화 관점 – 활동지(1)

| 번호 | 질문 | 정답 |
|---|---|---|
| 1 | 한국의 인터넷 속도는 다른 나라보다 빠른 편이다. | O |
| 2 | 상대방이 올린 글에 대한 비방이나 험담을 하는 악의적인 댓글을 악성 댓글이라 한다. | O |
| 3 | 인터넷을 이용하여 다른 사람을 괴롭히는 것을 인터넷 폭력이라고 한다.<br>→ 인터넷 폭력(X) **사이버 폭력(O)** | X |
| 4 | 셧다운 제도는 밤 12시부터 오전 9시까지 청소년들이 인터넷 게임을 할 수 없도록 만든 것을 말한다.<br>→ 밤 12시~오전 9시 (X)<br>**밤 12시 ~ 오전 6시** | X |
| 5 | 셧다운 제도는 만 16세 미만 청소년을 대상으로 한다. | O |

### 3장. 문화 관점 – 활동지(2)

**1.** ③

### 4장. 문화 체험

**2.** 대추, 밤 – 아이를 많이 낳고 오래 사는 것을 의미한다.

닭 – 어두운 밤을 끝내고 아침을 시작하는 동물이므로, 나쁜 것이 없는 새로운 시작을 의미한다.

### 4장. 문화 관점 – 활동지(1)

| 번호 | 질문 | 정답 |
|---|---|---|
| 1 | 결혼을 축하해 주기 위해 대부분 돈을 주기 보다는 선물을 해 준다. | X |
| 2 | 한국의 결혼식은 아주 친한 사람만 초대를 받을 수 있다. | X |
| 3 | 축의금을 줄 때에는 하얀색 봉투에 넣어서 준다. | O |
| 4 | 축의금을 낼 때는 짝수 즉, 2, 4, 6, 8, 10 만원을 내면 좋다. | X |
| 5 | 결혼식에 초대받았을 때는 하얀색 옷을 입지 않는 것이 좋다. | O |
| 6 | 한국의 결혼식은 결혼식장에서만 할 수 있다. | X |
| 7 | 결혼 선물로 칼이나 가위를 선물하지 않는다. | O |
| 8 | 한국의 결혼식에는 보통 주례자와 사회자가 있다. | O |
| 9 | 한국의 결혼식은 보통 하루 종일 한다. | X |
| 10 | 결혼 날짜를 잡은 후에 다른 사람의 결혼식에 가지 않는다. | O |

**1.** 한국에서 결혼을 축하할 때 보통 돈으로 축하금을 준다.

**2.** 한국 결혼식은 아는 사람을 모두 초대할 수 있다.

**4.** 축의금은 보통 홀수 3, 5, 7만 원으로 낸다.

**6.** 한국에서 결혼식은 여러 장소에서 할 수 있다. 결혼식장은 물론, 호텔, 식당, 성당, 교회, 절, 공원 등 다양하다.

**9.** 한국의 결혼식은 보통 1시간 정도면 끝이 난다.

### 4장. 문화 관점 활동지(2)

**1.** 1) ③ 2) ④

**2.** ③

### 4장. 문화 관점 – 활동지(3)

**1.** 그 식당은 음식이 맛있지만 가격이 너무 비싸다.
그 식당은 음식이 맛있으나 가격이 너무 비싸다.
그 식당은 음식이 맛있는 반면에 가격이 너무 비싸다.

**2.** 서울은 비가 내리지만 대전은 날씨가 맑다.
서울은 비가 내리나 대전은 날씨가 맑다.
서울은 비가 내리는 반면에 대전은 날씨가 맑다.

**3.** 조용한 동생과는 달리 언니는 활달하다.

### 5장. 문화 체험

**1.** 통일피아노는 휴전선의 철조망을 피아노 현으로 만들었다.
통일기차는 남한에서 북한을 거쳐서 유럽까지 갈 수 있다.

**2.** 함경남도 명사십리 해당화향
함경북도 한여름 산딸기향
평안북도 옥수수향
평안남도 대동강 솔향
황해도 해주 바다내음

**5.** 이산가족을 다시 만나고 북한 친구를 만나요.
풍부한 북한 자원으로 경제가 좋아져요.
유럽까지 한 번에 기차여행을 가요.

### 5장 문화 관점 활동지(1)

| 번호 | 질문 | 정답 |
|---|---|---|
| 1 | 한국은 군대에 갈 의무가 있는 징병제의 나라다. | O |
| 2 | 성인 여성도 군대에 가야 한다. | X |
| 3 | 훈련 기간이 일반적으로 1년 이상이다. | O |
| 4 | 육군, 공군, 해군 중 원하는 곳으로 갈 수 있다. | O |

| 5 | 친구나 형제와 함께 군대에 갈 수 있다. | O |
|---|---|---|
| 6 | 군인의 수가 이미 많다면 군대에 가지 않는다. | X |
| 7 | 전쟁이 일어났을 때만 군대에 간다. | X |
| 8 | 외국인도 군대에 갈 수 있다. | X |
| 9 | 군인들은 군대에서 있는 기간에 월급을 받는다. | O |
| 10 | 군인 사병의 계급은 이등병, 일등병, 상등병, 병장 순이다. | O |

## 5장. 문화 관점 활동지(2)

**1.** 1) ① 2) ②

**2.** ③

## 6장. 문화 체험 – 활동지(1)

**1.** 백김치에는 고춧가루가 들어가지 않는다.

**2.** 1) 유산균이 많아서 건강에 좋다.
2) 유산균은 몸에 좋은 균이다. 김치국물 1cc당 5억–10억 마리

## 6장. 문화 관점 – 활동지(1)

| 번호 | 질문 | 정답 |
|---|---|---|
| 1 | 김치는 된장, 고추장과 같은 발효 음식이다. | O |
| 2 | 김치는 모두 맵다. | X |
| 3 | 김치는 조선 시대부터 먹기 시작했다. | X |
| 4 | 김치는 영양이 풍부하여 비타민 C, 무기질, 섬유질, 칼슘, 단백질 등을 가지고 있다. | O |
| 5 | 김치는 설탕에 절인 음식이다. | X |
| 6 | 김치는 각 지역마다 맛이 다르다. | O |
| 7 | 한국에서는 김치만을 위한 전용 냉장고가 있다. | O |
| 8 | 김장은 원래 겨울에 채소를 구하기 어려워서 저장하기 위한 한국의 풍습이다. | O |
| 9 | 김치는 배추와 무로만 만들 수 있다. | X |
| 10 | 예전에는 겨울에 김치를 항아리에 넣어 얼지 않도록 땅에 묻었다. | O |

**2.** 백김치나 물김치는 맵지 않다.

**3.** 김치는 삼국시대부터 먹기 시작했다.

**5.** 소금에 절인 음식이다.

**9.** 김치를 만들 수 있는 재료는 다양하다.

## 6장. 문화 관점 – 활동지(2)

**1.** 1) ④ 2) ②

**2.** ③

## 6장. 문화 관점 – 활동지(3)

**1.** 형은 나보다 키가 더 클 뿐만 아니라 힘도 더 세다.
형은 나보다 키가 더 크며 힘도 더 세다.

**2.** 그 연예인은 노래를 잘 부를 뿐만 아니라 연기도 잘한다.
그 연예인은 노래를 잘 부르는데다가 연기도 잘한다.
그 연예인은 노래를 잘 부르며 연기도 잘한다.

**3.** 산에 가면 운동을 할 수 있을 뿐만 아니라 깨끗한 공기도 마실 수 있다.
산에 가면 운동을 할 수 있는데다가 깨끗한 공기도마실 수 있다.
산에 가면 운동을 할 수 있으며 깨끗한 공기도 마실 수 있다.

**4.** 휴가철에 여행을 가면 사람이 많을 뿐만 아니라 숙박비도 비싸다.
휴가철에 여행을 가면 사람이 많은데다가 숙박비도 비싸다.
휴가철에 여행을 가면 사람이 많으며 숙박비도 비싸다.

## 7장. 문화 관점 – 활동지(1)

| 번호 | 질문 (2018년 기준) | 정답 |
|---|---|---|
| 1 | 한국인들은 주말 여가 활동 시간으로 하루 평균 3시간 정도를 사용한다. | X |
| 2 | 한국인들이 주말에 하는 여가 활동으로 가장 많이 하는 것은 TV시청이다. | O |
| 3 | 한국인들은 여가 활동을 혼자 하는 것보다 여럿이 많이 한다. | X |
| 4 | 한국인들은 여가 활동 비용으로 월 평균 13만 원 정도를 사용한다. | O |
| 5 | 한국인의 여가 생활 중 가장 좋아하는 운동은 야구다. | X |
| 6 | 한국인들은 운동을 관람하는 활동보다 운동을 직접 참여하는 활동을 더 많이 한다. | X |
| 7 | 한국인이 하고 싶은 여가 활동 중 첫 번째는 여행이다. | O |
| 8 | 한국인들이 대체적으로 소극적인 여가 활동을 좋아하는 것은 피곤하기 때문이다. | O |
| 9 | 한국인들이 최근 여가 활동에 대한 관심이 많아지면서 여가 활동이 다양해지고 있다. | O |
| 10 | 한국인 20대가 가장 많이 하는 여가 활동은 게임이다. | X |

**1.** 주말에는 보통 5시간을 사용한다.
**3.** 혼자 하는 것을 더 많이 한다.
**5.** 한국인 가장 좋아하는 운동은 산책(걷기)이다.
**6.** 참여하는 것보다 관람하는 것을 더 많이 한다.
**10.** 20대가 가장 많이 하는 여가 활동은 인터넷, SNS 활동이다.

## 7장. 문화 관점 – 활동지(2)

**1.** ③
**2.** 1) ③ 2) ②

## 7장. 문화 관점 – 활동지(3)

한국의 교육과정은 초등학교, 중학교, 고등학교, 대학교로 나눌 수 있다.
**2.** 스포츠에는 야구, 축구, 골프, 테니스가 있다.
**3.** 피아노, 바이올린, 기타는 악기에 속한다.
**4.** 텔레비전 보기, 독서, 음악 감상은 집에서 할 수 있는 여가 활동에 속한다.

## 8장 문화 관점 – 활동지(1)

| 번호 | 질문 | 정답 |
|---|---|---|
| 1 | 남대문 시장에서 남대문의 옛날 이름은 숭례문이다. | O |
| 2 | 전통 시장 중 5일장은 5일 동안 시장이 열리는 것을 말한다. (5일에 한 번 열림) | X |
| 3 | 서울의 최대 전통 시장은 동대문 시장이다. (최대 전통 시장은 남대문 시장) | X |
| 4 | 전통 시장에서는 온누리 상품권을 현금처럼 사용할 수 있다. | O |
| 5 | 광장 시장에서 유명한 음식은 밀면과 돼지국밥이다.<br>(광장시장은 전과 마약 김밥) | X |
| 6 | 서울의 통인 시장은 통인 시장에서만 사용하는 엽전을 이용해서 도시락을 먹을 수 있다. | O |
| 7 | 동대문 시장은 한국의 패션 관광 지역으로도 유명하다. | O |
| 8 | 제주도에는 서귀포 올레 시장과 국제 시장이 유명하다. (국제시장은 부산) | X |
| 9 | 노량진 수산물도매시장에서는 신선한 소고기와 돼지고기를 판다.<br>(신선한 해산물) | X |
| 10 | 전국에 있는 전통 시장을 찾으려면 '전통시장 통통'이라는 홈페이지를 찾으면 된다. | O |

## 9장 문화 관점 – 활동지(1)

| 번호 | 질문 | 정답 |
|---|---|---|
| 1 | 4월과 10월에 학기가 시작된다. | X |
| 2 | 봄 방학, 여름 방학, 가을 방학, 겨울 방학이 있다. | X |
| 3 | 초등학교 6년, 중학교 3년, 고등학교 3년이다. | O |
| 4 | 초등학교 6년과 중학교 3년은 누구나 꼭 다녀야 한다. | O |
| 5 | 보통 한국 나이로 8살에 초등학교를 입학한다. | O |
| 6 | 초등학교에서 수영은 필수 과목이다. | X |
| 7 | 초등학교~고등학교는 모두 1년에 4학기이다. | X |
| 8 | 월요일부터 토요일까지 학교를 간다. | X |
| 9 | 초등학교 때부터 학교에서 영어를 배운다. (공교육에서 영어는 초등학교부터 시작) | O |
| 10 | 초등학교에서는 학생에게 점심 식사를 무료로 준다. | O |
| 11 | 보통 중학교까지 교복이 없고, 고등학생은 교복을 입는다. | X |
| 12 | 초, 중, 고등학교 졸업식은 보통 3월이다. | X |

## 9장 문화 관점 – 활동지(2)

**1.** 1) ④ 2) ③

## 9장 문화 체험

가. 한국 문화를 배워요

| | |
|---|---|
| **바른 생활** | 초등학교 교과 과정에 포함된 과목이다. 공동체 역량, 자기관리 역량, 의사소통 역량을 교과의 중요한 역량으로 삼고 있다. |
| **도덕** | 도덕적인 인간과 정의로운 시민이라는 인간상을 지향점으로 삼아 네 가지 인성의 기본 요소(성실, 배려, 정의, 책임)을 내면화하는 것을 목표로 삼는 교과목이다. |
| **사회** | 사회의 여러 현상의 특성을 지리, 역사, 정치, 경제, 사회 제도 등과 관련지어 이해할 수 있도록 하는 교과목이다. 이를 통해 민주 시민으로서의 자질을 함양하는 것이 목표이다. |

→ 제목을 토대로 학생들에게 어떤 교과목인지 추측하게 한다. '사회'의 경우, 학생들이 '사회'라는 단어는 알겠지만 '사회'라는 교과목에서 구체적으로 어떤 내용을 가르치는지에 대해서는 여러 가지 의견이 나올 수 있다. 추측해서 이야기할 수 있도록 한다.

나. 한국 문화를 체험해요

**2.** 교과서 안의 옛날 한국어는 요즘 한국어와 다른 점이 있습니까? 무엇이 다릅니까?

→ 가장 많이 볼 수 있는 것은 '–읍니다'에 대한 부분이다. 또한 '순이 야'처럼 이름 뒤에 호격조사 '야'를 띄어 쓴 것도 볼 수 있으며 '–아/어 주셔요', '부끄럼장이'와 같은 표현도 찾아볼 수 있다.

**3.** 박물관에서 아래 질문들의 답을 찾아봅시다.

1) 철수와 영이
2) 농사짓기, 셈본, 잇과, 국어교본, 고장생활, 과학공부 등
3) 국어, 수학, 사회, 윤리와 사상, 수학익힘책, 한국 지리 등

## 10장 문화체험

### 가. 한국 문화를 체험해요

**2-2**

숲이 사라져요.
사막이 늘어나요
바다에 플라스틱 섬이 생겼어요.
빙하가 녹고 있어요.

**2-3**

재활용 쓰레기는 분리해서 버려요.
일회용품은 꼭 필요한 때만 사용해요.
간단한 포장이 되어 있는 것을 사요.
음식은 남기지 않고 맛있게 먹어요.
옷과 장난감은 깨끗하게 사용하고 친구나 동생들과 나눠서 써요.
종이는 앞면, 뒷면 모두를 사용해요.

**2-4.** 차례대로 O, X, O, O, X, X, O, O
프랑스에서는 쓰레기통을 푸벨이라고 부른다.

**2-5.** ① 300– ⑤ 250– ② 105– ③ 100– ④ 25

## 10장. 문화관점 – 활동지(1)

| 번호 | 질문 | 정답 |
|---|---|---|
| 1 | 미세먼지와 황사는 같은 말이다. | X |
| 2 | 미세먼지의 농도는 여름과 가을에 높다. | X |
| 3 | 미세먼지는 요리를 할 때도 발생한다. | O |
| 4 | 미세먼지가 심하면 차량 2부제를 시행한다. | O |
| 5 | 하이브리드차, 전기차, 수소차를 친환경 자동차라고 한다. | O |
| 6 | 친환경자동차는 세금 할인만 혜택을 받는다. | X |
| 7 | 승용차 요일제는 주말에 차를 운전하지 않는 것이다. | X |
| 8 | 식당에서 1회용품을 사용하면 벌금을 내야 한다. | O |
| 9 | 커피 전문점 실내에서 1회용 컵을 사용할 수 있다. | X |
| 10 | 공공기관의 여름 실내 온도는 28도를 유지해야 한다. | O |
| 11 | 쓰레기 종량제는 1995년부터 시작했다. | O |
| 12 | 폐가전제품은 전화하면 무료 수거를 한다. | O |

**1.** 황사는 자연적으로 발생한 흙먼지로 대기 오염 물질로 구성된 미세먼지와는 다르다.
**2.** 미세먼지는 난방을 사용하는 겨울과 지표면이 건조한 봄에 높다.
**6.** 친환경 자동차는 구매 보조금 지원부터 세금, 주차장 할인 등 다양한 혜택이 있다.
**7.** 승용차 요일제는 평일 중 하루 요일을 정해서 차량을 운행하지 않는 제도이다.
**9.** 커피숍 매장 외에서 음료를 섭취하는 고객에게만 1회용 컵이 제공되고 있다.

## 10장. 문화 관점 – 활동지(2)

**1.** 1) ③ 2) ④
**2**. ②